龚鹏程作品

龚鹏程

江西吉安人，一九五六年生于台北市。

曾任淡江大学文学院院长、南华大学校长、佛光大学校长、中国古典文学研究会会长、世界中国哲学会副会长、中华武侠文学会会长、中华历史文学会会长、联合报主笔、艺术行政学会会长、自然医学学会会长、中华道教学院副院长、国际佛学研究中心主任、少林禅武学会会长、南洋学会会长、龚立述教育基金会董事长、台湾视障学会会长、中华易学研究院院士、东亚孔庙联谊会召集人、美国欧亚大学校长等。亦曾负责台湾的两岸文教交流业务。

现任北京大学特聘教授、国务院国学中心顾问，有龚鹏程国学院等学术组织及活动，遍及各地。

有文史哲宗教艺术社会学等著作近百种，精博渊懿，为世所称。曾获中山文艺奖、中兴文艺奖章、教材改进奖、朱自清散文双年奖等。亦常在世界各地举办书法展。

國學入門

龚鹏程 著

人民东方出版传媒
東方出版社

总 序

我耽迷于文字，喜欢探索文字中的世界，也乐于以文字记录我对世相的观察、对天道人情的理解。历年涂抹，出版者近百种，主要涵括文、史、哲、宗教、艺术、政治、社会、教育诸领域，未刊稿尚数百万言，佚散难以捡拾，我也不自爱惜。总觉得仍在写作中、仍在努力求学问道中，还不急着作总结报告。

但旧学商量，益加邃密，做过的研究、有过的思虑，统汇起来。便于检核修订，自是进学之良方。对读我书的朋友来说，也未尝无益。因此，劳烦东方出版社帮忙辑成了这套作品集。

说作品，其实甚感歉然。古代以创作为神圣之事，故曰“作者之谓圣，述者之谓明”。高明如孔子，也仅自称述而不作，吾辈小子，何敢妄言作者作品？一时笔谈，多属因机因地之权；偶然墨戏，或邻谤佛谤圣之讥，聊等佯狂，肆此乱世之哀感而已。知者怜其瞀悖，会者通其神韵可也。

甲午秋分写于燕沪旅次

目 录
Contents

乙　登堂篇

自 序

我写这本书，有些缘故。

一是近年北京、南京、武汉、人民诸大学纷纷开办国学院、国学研究所、国学班、国学营；社会上各类国学讲习机构与活动，更是不计其数，而其实皆乏教材。唯翻印八十年前梁启超、钱穆，或三十年前台湾杜松柏、朱维焕诸先生之作以应时需而已。旧作不废江河，当然该重印；但无论语言、材料、观念，现在似乎总应有一本新的作品才好。

其次是我自己对于做学问，有个基本看法，那就是什么都该由国学传统中发展出来。故国学非一门专业、一个科目，而是各种学问之土壤。这个道理，本不难懂，也绝不会错。但只要一说，立刻就会有无数不知学问为何物的妄人来乱嚷嚷，说是故步自封啦、文化保守主义还魂啦、遗老复辟啦、不能与世界接轨啦、西学才能救中国啦等等等。此辈对中国学问根本未尝究心，固然是不懂的；他们对西方学术之发展，又何尝有所了解？试问：西方学术之发展，难道不是由其文化学术传统中生长起来的？难道竟是切断了来搞，或向中国借来的？

还有些人则不断质疑：国学范围如此浩瀚，皓首尚且不能穷经，想把国学都弄通了，再以此为基础发展出一些东西，怎么可能?

欸！有什么不可能呢？不说别人，我自己就淹贯四部、博涉九流、兼综三教。这些话，听起来像是自夸自炫，其实一点也不。以我之鲁钝，做到这一步，也不过就花了三几年工夫。在我大学时期，便已把国学诸领域大抵摸熟了，掌握了中国学问之大纲大本，此后不过渐次精修，并与西学新学相孚会、相激荡、相印发而已。前辈学者，如康有为、刘师培、章太炎、王国维……谁不是这样？皆不过二十许岁，于国学皆已通晓，且亦不妨碍其吸收西学。以后因机触会，赓为发皇，工力之积，固然远胜少时，但若说国学非皓首不能究知，则天下没这个道理。

其中关键在于：通晓国学，重点在通。淹贯四部三教九流百家，打通文史哲及社会学科，正是通人之业。通人不是什么都懂，天底下没这种人，更没这种需要。通人只是通达博雅，故在知识与心态上可以通贯地去掌握事理。做学问，精力和时间，大家都是一样的，天资尤其相去不远，可是入门路头不同。为通博之学者，略沉潜，即能致广大而极精微，成为通人。走专家狭士一路者，则终究只能成为专家狭士。专家狭士，对于自己花了那么多气力才终于在某个领域里稍微有了点知识，既自卑又自负，根本不相信有什么通人竟能在极短的时间里通贯他们那些专业。夏虫不足以语冰，那也是没办法的事。

不幸近百年来之学风，趋新骛外，国学颇遭鄙弃；为学又贵专业，而不知天地之大美、学术之全体大用。以致一种宽易博大的治学之道，反而甚为寂寥。偶欲从事者，亦以为必是荆棘榛莽之绝学，非有绝大愿力，不敢问津。

其实此道甚为平易，圣贤教人，本来如此，今人自己犯糊涂罢了。我偶得师友护惜，于此稍有所见，自然就常想略述心得，接引同道，共窥国学之堂奥。十六七年前，与林安梧等人游贵州龙场驿，访阳明书院时，安梧即劝我好好聚生徒、讲国学，传此一路治学方法。

然传道之机缘一时尚未具备，倒是获得了创办南华、佛光两所大学之机会。当时集资募化的星云法师，与我本不相识，或问为何请我来办？老和尚都说：“仰慕他是个国学大师啊！”其实那时我也才三十多岁，长者厚意，闻之不无感奋，于是略依通识博雅之义，以为规擘。制礼作乐，讲习人文；并根于国学，发展出许多新学科。一时震动，以为能稍复古代书院之旧。社会观听，不无兴发，教育部亦迭有奖励。可见这个路子，在现代教育体系中仍然是能发展的；如何发展的制度规划，亦经试验而颇见实绩。在未来教育史上，当可有一席之地，较昔年北大清华之国学门更值得研究。因其规模意量皆较宏阔，制度性之建构也多得多。

只不过，世缘变灭，人事不恒，我既卸任，其风或渐消歇。凡事之因人因势者，大都如此，本无足怪。但亦可看出这种制度性体制化的国学建构方向，似易实难。今人所办国学院，规模虽远不能跟我当年的建制相比，但也是难的；即或办成，亦未必久长。反不若仍如孔子般，随机讲学，辅以著述，也许还能形成较大的影响。

甲申以来，游居大陆，颇肆讲席。在北大及珠海联合国际学院所讲，已辑为《国学十五讲》。在首都师大所讲，则写成了这本《国学入门》。当时是首师大开设了一个实验班，命我为新生讲说国学的入门之道，共十讲。后来在武汉大学，也讲了四讲。今年在北京师范大学，我又开了个新国学讲座，凡六讲。三者并起来，略有损益，作为“门径篇”。再加上一些评述民国初年国学家及国学教育的文章，作为“登堂篇”，合起来就成了此书。

因此，综合地说，写这本书，一方面是应时代之需，一方面是消个人之业。国学是我的缘，也是我的业；是我的力，一切力量的来源；也是我的愿，愿昌明其学于天下。作此小书，略述门径，虽不足以宏阐整体国学之纲维与精神，起码为之尽了点心力，我自己是很欣慰的。

本书既然原是讲稿，便希望它真正达到接引的功能。门径篇凡十四章，分四个部分：(一)前三章，谈国学的名义、材料与方法。(二)四、五、六章，讲基本语文能力如何训练，介绍文字、声韵、训诂的知识与观念。(三)七、八、九、十章，说经史子集四部概况，以及运用其文献之方法。(四)十一、十二、十三章，论儒道释三教之历史、内涵及研究法。十四章是补充之余论，亦是总说，谈治国学者的精神意态。

各章讲说，自然都只能针对个别领域，例如儒、道、释，或经、史、子、集；各章又各有主题，看来不甚统属。但我切望读者能通贯地看，时时想到我前面说的：治国学须有通识，亦在养成通识、成就通人。知识总是分门别类的，但读书的却是个人。人的知、情、意，必然整合为一体；其知性知觉知识，来源虽繁，门类虽别，亦仍是内在整合于人的。读书人焉能舍己徇物，依从外在知识分类而忘了自己呢？

学者又当知：博学之道，重在精神心态，不是知识上的不断相加。致知求学，亦非要做个技术性的学术工人。否则东谈一点西说一点，猎时名而昧大道，岂不哀哉？

以上十四章，介绍基本材料、知识与方法，是拆开来说，一项一项、一类一类。"登堂篇"倒过来，借评述民国初叶国学运动之人物与教育，来看其中蕴涵之各种问题。康有为、梁启超、章太炎、王国维、胡适、马一浮、陈寅恪诸人，或讲说国学，或开列相关书目，都声誉宏著，影响深远，是研习国学者重要的导师。但这些导师，这个如此说，那个如彼说，其持之有故之故、言之成理或不成理之理，到底何在，则不能不再略做些分梳、略有些辨正。通过这些讨论，治国学者方能算是登堂了，可以窥见堂奥。此后渐修，不难入室，得睹宫室之美矣。

本书为初学者说法，因此写得较为简饬，许多问题仅是略陈线索，未予展开。读者若欲进阶，则每一篇我都有相关之专论或专著可供参考，可以自行找来看。当然，为学贵自得：师傅领进门，修行在个人；孟子曰："子归自求之，有余师矣。"诸君未来进境，岂我所能测度？我的这些言说，聊当津筏可也！

甲

门径篇

第一章：名义

一、国学的兴起与消亡

国学这个词，指的是中国传统的学问。但这个词本身却恰好不是传统的东西，而是清朝末年才出现的新事物。

当时讲国学，有两条脉络。一条脉络发自朝堂，一条生于草莽。

（一）

发自朝堂的，是因清光绪末年开始推动新式教育体制，废科举、立学堂，而这整个改革活动与其说是政府戮力革新以救亡图存，不如说是社会总体思想的倾向使然。故影响中国达千年以上的科举制度，以及与之相关联的教育体系，才能一夕崩溃，幡然改途。但亦因如此，新式学堂打一开始就显示了它的反传统性。要教习西学，以富国强兵。学堂的教学内容，乃因而皆以西学为主。光绪二十九年（1903）学部所拟《奏定学堂章程》就提到当时社会上已弥漫着废经灭古的言论："无识之徒喜新灭古，乐放纵而恶闲检，唯恐经书一日不废。"针对这种风气，政府觉得应该在新式教育中仍保留中国学问的地位，希望学生仍要读经。

这就是当时讲国学的第一条脉络。想在西学冲击之下，读点经书“以免抛弃中学根底”(《奏定学堂章程·学务纲要》)。

此时虽未提出国学一词，但谓:“中小学堂宜注重读经以存圣教。”把经学当成是立国之根本。认为若大家都不读经，都不晓得这个根本，“中国必不可能立国矣”(《奏定学堂章程·学务纲要》)。显然是把经学视为中国根本之学了。

到光绪三十四年(1908年)，四川中书科中书董清骏便提议设立国学研究所，“以保存国学……冀一线之延，为将来发达之种子。庶几有光大之一日也”(《四川提学使方旭致叙永厅劝学所札》)。

朝堂之议论与政策如此，草莽之士的见解又如何呢?

(二)

1902年梁启超首先介绍了日本的国粹主义，他致书康有为说:“日本当明治初元，亦以破坏为事。至近年然后保存国粹之义起。”接着他又写了《日本国粹主义与欧化主义之消长》一文，介绍了国粹主义者:“谓保存本国固有之精神，不肯与他国强同。如就国家而论，必言天皇万世一系；就社会而论，必言和服倭屋不可废，男女不可平权等类。”(《读书汇编》第五期)随后，黄节亦在《政议通报》发表了《国粹保护主义》。除了介绍，也有批评，认为日本的国粹主义是封闭保守的，只知“我国所有之谓国粹”，不知吸收外国文化为我所用也是国粹。故他所说的国粹保存主义，乃是开放性的取精用宏，有萃取集粹之意，故曰:“本我国之所有而适宜者焉，固国粹也。取外国之宜于我国而吾师以行焉者，亦国粹也。”

黄节这种意见，可以代表当时革命党人的国学观。因为革命党人黄节、邓实、章太炎、刘师培等人于1905年在上海成立的国学保存会，就同时发行着《国粹学报》。可是其提倡国学，并不尽同于清政府，后者是想借提倡国学以减少、降低，甚或平抑欧化之冲击。因此当时许宁微就在《国粹学报》上发表了一篇《论国粹无阻于欧化》的文章，认为欧化不能貌袭或橘逾淮而为枳式的，只有把自己田亩耕垦好了，外来的种子才能在这块土地上结出好果子来。

革命党人国学观之不同于清廷者，不惟于是。清廷的国学观，用张之洞的话来说，重点在国不在学：“保国、保种、保教，合为一心，是谓同心。保种必先保教，保教必先保国。”因为：“国不威则教不循，国不盛则种不尊，保国之外，安有所谓保教保种之术哉？”（《劝学篇上·同心第一》）可见保教之目的在于保国。革命党人也主张保国，但这个国的含义却与之不同。在他们看来，国应该是与君分开的。所以国学应当是一个国家的立国精神：“国粹者，一国精神所寄也。其谓学，本之历史，因乎政俗，齐乎人心之所同，而实为立国之根本源泉也。”（《国粹学报·论国粹无阻于欧化》）故这个国学并不是“君学”。

依他们看，中国自秦汉以降，都只是君学，国学已亡，故国亦不国。所以黄节说：“秦皇汉武之立学也，吾以见专制之剧焉。专制之统一，而不国、而不学，殆数千年。”（《国粹学报·国学真论》1907年第2期）凡以为忠君即是爱国，以为功名利禄即是国学，不知考郡国之利病，哀生民之憔悴，都是君学、伪儒，都不是国学。换言之，革命党人之国学观，是具有反君主专制之强烈批判意识的。

正因为如此，故其所谓国学，内涵也就不再指经学。经学是儒家一家之学，且是汉代帝王独尊儒术后才形成了那么崇高的地位。革命党人要推翻君主专制，自亦不再宗经；其所欲取法者，乃是秦汉专制王权尚未建立以前，九流十家争鸣的那种学问。

此即称为复兴古学。邓实《古学复兴论》说：“吾国周秦之际，实为学术极盛之时代，百家诸子争以学术鸣。”道光咸同以后诸子学渐盛之风气，在他看来，就反映了国人已由君学回归国学且与西学逐渐合流的趋向：“诸子学而与西来之学，其相因缘而并兴。”

古学的内涵，便因此是指诸子学，儒家则只是诸子学中之一支。

复兴古学之另一意念，则是把这种风气或趋向比拟于欧洲的“文艺复兴”。邓实把周秦诸子比拟为希腊七哲，把秦始皇焚书比为土耳其焚毁罗马图籍，把汉武帝罢黜百家比为欧洲封建神学之束缚。而说:“15世纪为欧洲古学复兴之世。而20世纪，则为亚洲古学复兴之世。”欧洲文艺复兴时，不但由学说上追踪古希腊罗马，也收集整理流散亡佚之古籍，邓实他们也在国学保存会底下设有藏书楼，收搜丛残，然后刊刻出版，因此影响宏远。

国学保存会此等“以复古为解放”的行动，显示了草莽的国学观。国学，在其语脉中又名国粹、古学。具体内容则是具批判精神、反封建君主专制的诸子学。革命党人以此振起民气、激扬国魂，最终战胜了朝廷，启建民国。

（三）

但国学运动并未因此而告终。一方面，沿续国学保存会这种思路的，仍在继续发展，例如1912年高旭、高燮、柳亚子、李叔同、胡朴安等人就又成立了国学商兑会。商兑什么呢？原来在晚清复兴古学阶段，重点在于复兴。因此辑佚钩沉，要把九流十家久遭沉埋的学说与著作通通找出来复兴一番。可是老东西渐渐钩稽出来以后，就逐渐产生了选择的问题。到底九流十家，儒、道、墨、法、名、兵、农、阴阳等，什么才是今日中国应该倚以为国魂的？什么才是现在我们所需要的？这就不能不有抉择，不能不好好商兑商兑了。这种国学商兑之风，不仅表现于国学商兑会这一个团体，事实上也是民国初年很广泛的一种思路。例如有一阵大兴墨子热，觉得墨子比孔子更符合现代之需，便是此风之影响。

另一方面，古学复兴运动中激进的一面也在深化。例如当时说中国几千年来都是君学，都是伪学，都应打倒；或把孔学儒学跟专制统治挂钩，一并批判，就逐渐带生了对儒学与传统的整体拒斥态度，出现了整体性反传统的浪潮。国学商兑会所编《国学丛选》第一集收有高旭《答周仲穆书》就说:“孔学实为专制之学,孔子一生教人唯尊君而已”,主张废孔用墨。且说“鄙人十年前所抱宗旨即如是,至今未变。近见蔡孑民先生亦有此观念”。可见五四运动所倡行的那种反传统思潮,要打倒孔家店等等,与古学复兴运动确实有其内在的渊源。

但五四运动是极复杂的。从某方面说,它反传统,要迎接“德先生”与“赛先生”,肇启了全盘西化之说,要向西方去寻找真理,令国人对旧学弃若敝屣。但像胡适这些人自己评价五四时,却未必如此看,反而说五四是中国的第一次文艺复兴。胡适英文专著 *The Chinese Renaisance*(《中国文艺复兴》)即指出:“中国第一次文艺复兴是禅宗之出现;第二次是宋代新儒学取代了中世纪宗教;第三次是明清戏曲与章回小说兴起,对爱情与人间生活乐趣坦然颂扬;第四次是清代朴学反抗理学,在文献上带来重视证据的新方法;第五次就是五四。”

由“文艺复兴”这个角度看,五四运动所带给文化界学术界的,就不是对中国学术文化的扬弃,而相反地是要发扬。如何发扬呢?延续第四次文艺复兴之方法,即清儒在文献上带来的新证据之方法,结合西方的科学方法,来对中国学术文化传统仔细清理一番。

此说后来凝结为一句口号叫作:“以科学方法整理国故。”什么叫国故呢?那就是中国从前的历史文化传统。著名的国学家章太炎曾写过一部《国故论衡》,表明了此时学人之基本想法,乃是要对国故好好讨论并衡定其价值。1925年清华设立研究院时,在章程中规定:“先设国学一科,其内容约为中国语言、历史、文学、哲学等。”研究院主任吴宓又补充曰:“兹所谓国学者,乃指中国学术文化之全体而言。”此与稍早胡适起草的北大《国学季刊·发刊词》把国学、国故定义为“研究中国过去历史文化的学问”相似,都是以文化史为国故国学之具体内容的。无怪乎东南大学《史地学报》

在介绍北大国学所时会说："在今日情形之下，吾人谓北大国学研究所为国史研究之中心，殆无不可也。"

在这个意义上，我们才能了解胡适所开列的"国学最低限度书目"为何会把《三侠五义》《九命奇冤》等都列入其中。它们既非经学，亦非诸子学，只因国学在此时已是"研究中国过去历史文化的学问"(《国学季刊·发刊词》)，故才得以厕身其中。

当时除北大、燕大、清华、厦门大学等校普遍设立国学研究所外，中学也设有国学科目。钱穆的《国学概论》就是他在无锡教中学时所编之讲义，可见一时蔚然成风之国学研治风气。

（四）

但把国学视为整体历史文化研究，范围毕竟太大了，陈独秀就批评："国学本是含混糊涂不成一个名词。当今所谓国学大家，胡适之所长是哲学史；章太炎所长是历史和文字声韵学；罗叔蕴所长是金石考古学；王静安所长是文学。除了这些学问之外，我们实在不明白什么是国学。"顾颉刚则解释说国学的范围太大，是因中国各学科都不发达，所以研究国学的人什么都要研究。倘若"中国各方面都有人去研究了，那么我们的范围就可缩小，我们就可纯粹研究狭义的历史"。

这些批评表示当时已有一种西方现代学科分化的观念。依这个观念看，国学也者，主要是史学，但又往往包涉太广，因此范围辽阔、义界不明。把这个观念明确发挥出来，且奠为制度，形成国学之变革者，则是傅斯年。

"整理国故"一词最早使用的就是傅斯年，但自1922年起就因"见到中国之大兴国学"，便生了"绝国故"之念。这当然只是因心理上反对浮嚣，可是心理产生行动，在他办中研院史语所时，便明建旗鼓反对国学国故，谓国学之内容"不外文学声韵之考订、历史事实之考证，前者即所谓语言学，后者即所谓史学。此外如中国专有之材料，亦皆有专科治之”（《与朱家骅函》，又参见《历史语言研究所工作之旨趣》一文）。也就是说国学应该拆解开来，论文学的归入文学；论历史的归入史学科系；论政治、经济、社会科技什么的也各应放入专门的学科中去研究。国学的那个国字，本来是有保国、保种、保教之神圣意涵，也消解了，只是指中国的材料罢了。治地质学的人，大可以拿着中国地质数据去研究，说这就是中国地质学。但中国地质学，与欧洲地质学并无本质之不同，仍是地质学之一环，只是材料主要用中国的罢了。地质学如此，中国经济学、中国政治学等又何独不然？于是一个普遍的学术分科的体系，就把原先基于与欧西学问相对比而形成的国学概念彻底拆卸了。国学也迅即在随后的学术分科中被拆开，归入各个科系。1949 年后，大陆沿袭了这种观念并扩大了学术分科，且分得极为琐细。例如文史哲不但分了家，文学中还要分古代、近代、现代、当代等。那种综合的，统包的大国学概念，遂在中国绝了踪迹，距其兴起不过 50 年左右。

一线之延，是在中国台湾。台湾的大学分科，一样没有国学的地位，但台湾的中文系，情况却与大陆颇不相类。它并不是文学系。虽然名称仍唤作中国文学系，但文学二字采古义广义解释，可以是文字，可以是文学，也可以是文化，犹如《论语》中说孔子门人中有文学一科，指的是对古代文献文化的了解那样。学生修课，则兼辞章、义理、考据。研究所写论文，亦不限主题，举凡中国文化事务，几乎都可研究。因而中文系实质上就仍是国学系。学风的两大来源，一为北大之整理国故派，一为传承自清儒语文考证之章（太炎）黄（侃）学派。到 20 世纪 80 年代中期以后，因种种原因，这样的学风传承才出现转折，国学气味渐漓。

可是随之大陆却开始复兴了国学热，逐渐开办了不分文史哲的实验班，恢复国学研究所与国学刊物，甚或开办了国学院。国学浪潮重起波涛，而距其倡议之始，则已百余年了。百余年来，国学、国粹、古学、国故、经学、文学、史学，名义与内涵变动不居，观察者宜由历史中见其变迁之轨辙焉。

二、国学复兴的意义

国学之提倡，自初起时便有反对者。例如，《国粹学报》1905年第1期《好古》一文中就说："数千年老大帝国之国粹，犹数百年陈尸枯骨之骨髓，虽欲保存，无奈其臭味污秽，令人掩鼻作呕何？"这类论调，晚清已然如此，五四运动之后当然更不会少。在主张中国应该走全世界普遍都走之现代化道路的人看来，国学与保守、反今、反西、反科学乃是同义词。凡一方有人要保存国粹，一方就有人痛批五千年来老大帝国只有"国渣"没有国粹，全是酱缸文化、吃人的文化、封建礼教的文化，不如趁早丢开了的好。

这种思想在清末民初蔚为主流，一直发展到"文化大革命"，巴不得革故鼎新，把所有中国的语言、文字、文学、文化都废了，全改用西洋的。近来始逐渐觉悟此法殊不可行，文化的全球化，反而显现了在地文化的价值不容芟弃。

而我国的国学运动，虽然由欲矫崇慕西学之弊而生，但它也不是保守性反对吸引西学的性质，它最多只是弱势的保存而已，非积极的排外。国学保存会甚至还要提出"国粹无阻于欧化"的讲法来自圆其说，便可见情势之一斑。与日本之国粹主义相较，日本在政治上尊奉天皇制，抵拒民主，精神上发展出神道教与君国一体之军国主义，又主张男女不可平权，都显示日本的国粹主义比我们更激烈反西。我们的态度乃是多元化开放的。当年提倡国学或被称为国学大师的，多有西学背景。如清华国学院的梁启超、王国维译有洋书不少；赵元任、陈寅恪留学西方；吴宓还是英文系教授。北大的胡适既说要整理国故，又说要努力西化。就是学衡一派也是深通西学的。

再与伊斯兰世界相较。奥斯曼帝国于19世纪中叶就开始进行现代化改革，帝国的体制逐渐转型为现代国家，但也激生了泛伊斯兰主义之对抗。到了20世纪70年代，伊斯兰激进主义更是遍及西亚、北非、南亚、中亚，主张回归传统、振兴伊斯兰教原来之精神，才能解决他们面临之困局。认为伊斯兰教之教义应再度成为所有伊斯兰人民之世界观，因为它的渊源是神圣的，本于真主之启示；它又有恒久的适用性，其内容涵盖社会与人生各领域，具有广泛的包容性。故如今应依《古兰经》所昭示的道理，作为生活的道路，重建伊斯兰文明。

这种激进主义，看起来很像我们的兴复古学运动，但它们有几点不一样：一是伊斯兰激进主义本质是宗教的，复兴古学或保存国学却是学术的，康有为所提倡的孔教运动，一直没发展起来。二是伊斯兰激进主义是政教合一的，谓“宗教兴则民族兴”以及“宗教政治化、政治宗教化”，我们学术与政治却只是相关，不是合一的了。国学运动后期之整理国故阶段，政治性尤低。三是伊斯兰激进主义是宗教运动，我们却是国族运动。前者是在宗教底下框着许多民族与国家，后者重在追求国家民族之复兴强盛。四是伊斯兰激进主义具有反世俗的精神，国学运动虽有把国族神圣化的精神倾向，但基本上仍是世俗性的。

相较之下，国学运动在激烈的西化浪潮中其实起着提醒之功与平衡之力。使中国旧学未随狂潮波流卷袭而去，但又不至于走入日本国粹主义或伊斯兰激进主义那样较极端的路子，仍是值得称道的。它具体兴复了某些“绝学”，带动了民初学术之发展，其功绩亦颇足称道。事实上，现今重新检讨民国以来之学术，在学习西方方面，其实无多新猷可述，一些主要的学者及学术贡献，倒都还是国学运动这一脉络下的产物，这也就足以发人深省了。

但国学运动亦有其问题。一是由晚清以降之国学运动，固有各时期之差异，然皆是一种国族主义下之国学论述。学字上面那个国字，就充分显示着这一点。兴国学，旨在救国，欲以振国魂而保族命也。即使是五四运动之后的整理国故，号称科学方法，用意仍在于改革积弊，以图强国，这是国学运动的精神血脉所在。

但如此论国学，恰好大违中国学问的根本精神。中国学术，从来就强调为己之学。不但孔子说："古之学者为己，今之学者为人"，道家庄子也说要"独与天地精神往来"，而嘲笑那"智效一官，行比一乡，德合一君，而征一国者"是不能逍遥的小麻雀。什么是为己之学？就是读书做学问不是为了父母、为了邻里、为了国家、为了任何其他人其他事，只是为了让自己明善知理，成就为人，或为我之求知而求知。这与国家主义底下的学术观，要求读书报国、科教兴国等等是迥然异趣的。

晚清以来，国家主义之教育观学术观大盛，今人或已视此为理所当然之理，殊不知其间大有分际。昔顾炎武《日知录》有云："有亡国，有亡天下。易姓改号，谓之亡国；仁义充塞，而率兽食人，人将相食，谓之亡天下。故知保天下，然后知保其国。保国者，其君其臣其肉食者谋之；保天下者，匹夫之贱，与有责焉。"（卷十七·正始条）天下是文化的概念，国家是政权的概念，读书为学是以天下兴亡为己任，而非以国家兴亡为己任。国家兴亡，国民也无法负责，那是主政者的责任。故庄子云"独与天地精神往来"，孟子云"君子穷则独善其身，达则兼善天下"，成己之学，正是天下之学。此与国家主义下以学术为富国强兵之工具或手段者，恰好相反。在国族主义底下，国家其实又吃掉了家族、乡里、社团等共同体与人的联结，使个人直接与国家联系起来。因此，"君史"固然没有了，国却代替了君，"民史"仍旧是不可见的。

其次是由讲经学到讲史学，由讲国学到讲国故，国学成了"遗产"成了"故"，讲国学只是存古。这里面就表现出一种断裂的历史观，国学也成了与现在异质对立之物了。章太炎说："说经者所以存古，非以是适今也”（《与人论〈朴学报〉书》），林纾说：“仆乘乏大学文科讲席，犹兢兢然日取《左》《国》《庄》《骚》《史》《汉》八家之文，条分缕析，与同学言之，明知其不适于用，然亦所以存国故耳”（《畏庐续集·文科大辞典序》），都是这种观念。

他们不晓得历史遗迹虽是过去之物，但人面对历史的经验，却永远是现存的、直接的。故客观过往的历史物事，一旦涉及对历史的理解活动，便一定是人与历史互动互融，客观进入主观之中，主观涵容于客观之内，即传统即现在。所以，历史不只是已完成之物，历史的意义以及它到底是什么，都有待人投入，与之交谈，才能彰明。借着这样的彰明，历史又对新时代的人产生作用，推动着新时代的发展，因而国学绝非故物、绝非亡者之遗产。其命维新，正待人之钻研参赞呢。

20世纪90年代以后，新国学运动之兴起，似乎即表示了新时代参赞钻研之机。这时新国学运动发展之脉络又与以前不同了。一方面是经过从五四运动到“文革”激烈反传统思潮之后，冷静下来反省，不免要重新寻找那久已失落的民族文化传统，修补“文革”所造成的裂痕。这无论从感情上或理智上说，都是应时当机之举。故由伤痕文学，一步步发展到文化热，再到国学研究，发现我们对中国传统业已睽隔太久了，所以需要补课、需要重新理解国学。

再从大环境看，全球化趋势中，中国经济逐渐崛起，也需要寻找自己的文化身份，确定自己的文化角色。因此回头试图了解国学，亦符合人情之需要。

若更由教育的角度看，则亦不妨说此番国学热乃是西式专业化教育之反省。自引进西式现代化教育之后，中国的教育就在向专业分科的方向走，到50年代效法苏联而达高峰。迄今大学教育基本上仍是专业分科的体制。文理工农先分，文中再分人文与社会科学，再分人文为文史哲等。文中再分文学与文献，文学继分古今，已而古分若干段，今又分若干段；史分中外古今，亦各分若干段；

如是等等，切割细琐已极。自谓专业，便于一门深入。这种西方分类思维下的产物，不利于中国学文之讲习，是必然的。就像中医看重其整体性，西医看重其分解。割裂而言学，在中国古人便认为会不见全体大用，不足为训。可是在整个现代教育体制中，不分就无法归类、无从研究。国学之终遭拆解，消融于各专业科系中者，正以此故。

但专业化既久，其病亦愈明显。西方反省现代化的思潮，于20世纪40年代以后，就不断批判现代大学教育体制已经造成了专业性的分割。不同制式专业领域出身的人，例如学人文和学理工的人宛如活在两个世界，根本无法讲通；各专业所形成的壁垒与鸿沟，也彼此无力跨越。因此70年代开始提倡科技整合，80年代开始提倡通识教育，希望能济专业之穷。中国受教育改革之风的影响，也开始提倡素质教育，希望能给学生在尚未专业化之前，先打下较广博的文化教养基础。这当然仍是不完全的改革，未动摇专业教育体系，只是以通识教养为其基础，稍救其弊罢了。

此外就是重提国学。因为其他领域要不要专业，难以论断；国学却是讲中国传统学问的，中国传统学问割裂为文史哲等，经数十年之实验，显然并不成功，所以该重新将专业壁垒打通了来教来学。这就是许多学校纷纷开办打通文史哲之实验班的原因。

换言之，90年代以后，新一波的国学运动，至少有对五四新文化运动之反思、对“文革”之反思、对专业化之反思、对未来民族文化身份认同之思考等诸因素促其兴起，非可泛泛视之为保守主义复辟也。

从做学问的角度说，中国学问也确实自有特点，应该阐扬。

钱钟书先生就曾比较中外诗篇说：“西洋诗的音调像乐队合奏，而中国诗的音调比较淡薄，只像吹着芦管”，“我们最豪放的狂歌，比了你们的还是斯文。中国诗人狂得不过有凌风出尘的仙意，你们的诗人狂起来可不得了，有拔木转石的兽力和惊天动地的神威。中国诗绝不是贵国威德门（Whitman，今译惠特曼）所谓野蛮犬吠，而是文明人话，并且是谈话，不是演讲，像良心的声音，又静又细”，“中国社交诗特别多，宗教诗几乎没有”，“中国诗用提问语气做结束的，比我知道的西洋任何一国诗来得多”（《写在人生边上的边上 · 谈中国诗》），这是中外诗作上的一些差别。

在文学批评方面，同样有点儿不同，钱先生说：“把文章通盘的人化或生命化（animism），就是中国文评的特点，如《文心雕龙》云作文须‘以情志为神明，事义为骨髓、词采为肌肤，宫商为声气’，或什么气、骨、力、魄、神、脉、文心、句眼、肌理等等用来评论文章的术语，都显示着这样的特点。西方没有这样的评论方式，故不会说文章可分阴柔阳刚，也不视文如人，想象着文章本身就像人一般，有其气骨神脉种种生命机能和构造。再者，西洋人就是讲到气，也只是指气压，而非气息。”（《写在人生边上的边上 · 中国固有的文学批评的一个特点》）

在中国文史哲等其他各领域，大概都可以找到若干钱先生所举的这类事例，足以说明中国的文化表现、思维模式、批评术语，均有不类于其他文明之处。西洋人的学问，自成体系，自成格局，中国亦然。既是如此，研治国学，便是对学术忠诚的一种表现，针对中国学问的特性来予以开发，乃是新时期学人应尽的义务。

第二章：材料

一、文献及其保存

国学之材料，古称文献。孔子曾说：殷礼吾能言之，宋不足征也。夏礼吾能言之，杞不足征也。为何杞宋不足征？就因文献不足。若有充分的文献，孔子认为夏商等古代之史实也仍是可以征考的。这就是文献的重要性。古代史事，已随风而逝，谁也见不着去年的雪。到底去年是否下过雪，便只好凭文献去判断。若无文献，则虽亦可凭着我们的记忆或访问曾历其事的老人而做推测。但那也只能说说近几年的事，若要追究百年千年以前下过雪没有或其他什么事，便无能为力了。是故考史者，均非考那历史实存之事，只是征文考献，以仿佛昔年曾有之事罢了。

文，指典籍。献，指贤人。欲考旧事，不征信于典籍，就须询诸贤达长者，故文与献合言。后世保留这种用法的还不少，例如明代焦竑《国朝献征录》120 卷，内容是当代人物传，献字显然就是指耆老贤达。清代李桓《国朝耆献类征》720 卷，情况也是如此。但大部分说文献的，都渐集中指文字数据，因此这个词意就发生了变化，主要是指文字，而且不是一般的文字数据，乃是指重要典籍，例如元代马端临首先以文献一词为书名，编《文献通考》。这文献二字，便非泛称所有文字数据，而是各朝各代的重要典章，故《四库全书》将它列入政书类。其他人用此词，未必如斯严谨，但大体也是指有用的文字数据。

时至今日，文献之含义又逐渐扩大了，因为金石竹帛乃至地下出土文物，用于考史之作用大增，远非文献一词所能涵括，因此我们综合文、献及一切可以考古知往的材料而说，就仍老老实实称它为我们研究国学时之材料。

凡此等材料，古代皆保存于史官。《周礼·天官》："大宰之职，掌建邦之六典"，《周礼·春官》又说："小史掌邦国之志"，孙诒让注："小史掌邦国之志，盖所藏者多当代典籍，外史掌四方之志及三皇五帝之书，则兼藏古书。又御史为柱下史，天府掌祖庙之守藏，二官亦并掌藏书。"这种政府藏书的传统，历代都延续弗衰。

周秦政府藏书之处，曰金匮、石室、柱下。汉有石渠阁、天禄阁，又称秘府。东汉更有兰台、东观等地。广泛收集图籍并加以整理，依刘歆《七略》所录，当时政府所收图书 13000 卷以上。东汉光武帝建都洛阳时，藏书的车子就多达 2000 余辆，可见收贮之多。魏晋以后，虽因战乱频仍，文献毁损严重，但政府稍得宁定，亦仍以聚书为事。因此到了唐初修《隋书·经籍志》时就有了 37000 余卷。宋人修《新唐书·艺文志》时，则增至 80000 卷左右。北宋用这批书集编了《太平御览》等书，将书藏在秘阁、崇文院等处。北宋被金攻破后，这批书押运到北方，南宋政府另行收集，又聚了 60000 卷左右。元灭南宋时将书运到大都，交秘书监收掌，另国史院、宏文院、集贤殿也各有藏书。明兴，于北京紫禁城内设文渊阁，正统年间，杨士奇编的《文渊阁书目》就约略反映了当时皇家藏书的状况。但此犹不包括南京国子监和北京翰林院等处的藏品。清朝在明朝的基础上扩大征集，除选编为《四库全书》外，一般书贮翰林院，善本藏昭仁殿，称为天禄琳琅，编有书目。另在武英殿、昭仁殿、国子监也有藏书。这是皇家收藏之大略，也是主要的国学文献。

然而天下之大，文献无穷，皇室岂能收罗净尽？许多图籍史料散在民间，靠的就是私人的收藏。墨子时已说："今天下之士君子之书不可胜载，子墨子南游使卫，关中载书甚多"（《墨子·贵议》），可见春秋战国以后，学不在官府，民间的藏书就很不少了。秦朝焚书，意在复古，想令天下人仍然以吏为师，可是事实上也无法完全禁焚民间之藏书。汉兴以后，政府的图书，主要就是由民间征集而来。刘向、刘歆父子校勘整理古籍时说的中书，就是指宫中原本收藏的本子；外书，便是由民间收来的版本。另外提到"臣向书""臣参书""射生校尉立书"等，则是私家的藏本。汉晋间，这些私家收藏也是很可观的，《晋书·范平传》说苑蔚藏有书 7000 余卷，远近来读书者恒有百余人，蔚为办衣食。则竟是座私人图书馆。到唐代，韩愈说李泌家富藏书："邺侯家多书，插架三万轴"，吴兢则自己有目录，号《西斋书目》。宋元以下，那就更多了。清朝修四库时，主要也是由民间征集。

文献资料除了靠史官的传统、政府之收集、民间的保存外，地下埋藏也占了一大部分。我国历代刀兵水火，文籍损毁至为严重，幸而有一部分因陪葬于陵墓或其他因素得以埋藏保留。例如 1996 年长沙市中心走马楼工地出土竹简、木牍、封检等，内容有户籍、名刺、信函、账簿等，总数约 150 万字，超过整个《三国志》的字数。1930 年以来，在甘肃发现的居延汉简，陆续获得 30000 枚，敦煌汉简也达 27000 枚以上，对汉代西北地区之屯戍活动、历史兴衰、民族关系、交通、经济等，也都有极重要的研究价值。敦煌石窟所藏经卷、图像数据尤为巨观，更不用说数以万计的墓志了。这些文物资料性质多样、内容丰富，足以补充史传文献之不足，特别是对重建中国古代人之生活史社会史，作用胜于传世材料，皆研究国学者所宜取资者也。

二、文献的整理

文献资料，在收存者手上，大抵会有不同程度的整理。秦汉以前，整理之情况不明，但以河南安阳殷墟甲骨的挖掘来看，那些甲骨可能就是有意存放的。《礼记·曲礼》说："龟策敝则埋之"，郑玄注："不欲人亵之也"，正与挖掘所见相符，因此埋葬甲骨可能就是一种制度。依此推测，其他简册数据之收藏、档案之保存或销毁，大概也有一套制度，只是现今不知其详罢了。

秦焚书以后，汉代广收佚籍：至成帝时，诏光禄大夫刘向校经传及诸子诗赋、步兵校尉任宏校兵书、太史令尹咸校数术、侍医李柱国校方技。"每一书已，向辄条其篇目、撮其旨意，录而奏之"(《汉书·艺文志》)。这次整理工作，史书上写来只有这几句话，其实是规模庞大、任务艰巨的事，先后长达 20 余年。刘向没完成的，则由其子刘歆完成之，一共校订完成了 13000 多卷。

这是目前所知第一次大规模整理图籍。其方法，一是校勘，即所谓太史令尹咸校数术、侍医李柱国校方技之类。利用不同的本子相互比对，雠校异同。二是"条其篇目"，也就是整理出目录。三是"撮其旨意，录而奏之"，把各书之大意，摘要写出，成为提要。除此之外，刘向他们还做辑佚的工作，把早先已经散佚的资料，通过收集整理，使之成为较完备的图书，例如《战国策》，其实就是利用战国所传各个游说纵横之士的相关数据集编而成的。

刘向等人这样的整理工作，后来就成为文献整理的基本模式，历代依循着不断做下去。规模大小不一，工作精粗有别，但大体相似。像许多朝代都设有校书郎等官，其职务就是去宫中校书，只要时世承平不乱，校定图书就会一直做下去，成为政府例行的业务。

汉代以后，"魏氏代汉，采掇遗亡，藏在秘书中外三阁。魏秘书郎郑默始制《中经》"(《隋书·经籍志》)。晋秘书监荀勖又依据《中经》，编了《中经新簿》，分为四部。

这里要稍微解释一下。刘向、刘歆父子校定图籍的具体成果是《别录》。因它采用七部分类法，所以又称《七略》。略，在古代有流类之意，指书可分为这七大类。荀勖的工作，据《晋书》本传记载，乃是："依刘向《别录》整理记籍"，可见也是采刘向之成法的。但在分类上，他改七分法为四分法，分成甲乙丙丁四部。这便是我国图书四部分类的起源。甲乙丙丁后来具体指经史子集，因此人们若说"乙部之学"就是指史学了。我国图书分类，在清末改采西洋分类法以前，以四分法和七分法为两大宗，四分法又比七分法更为普遍，都是受荀勖影响的。

东晋李充整理图书，作《四部目录》，南齐王亮等编《四部目录》便都是如此。隋时为观文殿，东屋藏甲乙，西屋藏丙丁。北宋崇文院建史馆书库，凡四库，分贮四部，亦皆如是。可见四部分类已基本定型。

隋代整理文献的成绩主要见于《隋书·经籍志》，凡著录四部书 3127 部、36708 卷，乃隋代收罗校写之成果。唐代的文献，见于两唐《经籍志》者，更达 79221 卷。北宋仁宗时，编《崇文总目》，南宋时又编了《中兴馆阁书目》及《续书目》。明代，正统年间杨士奇编《文渊阁书目》只录 7297 部，则似不足以反映皇家整体藏书量，因为据《明史·艺文志》说宣宗时秘阁贮书就约 20000 余部，近百万卷，故知当时整理，尚未完竣。

编目，只是图书整理的一个方面，近乎商家的盘点。与编目配合的校对、提要，甚或把不同的本子删并，整理出一个足本，也只是对原有文献的处理。可是历代政府之文籍整理并不止于此。除了整理旧材料之外，往往还要从旧材料里生出新文献。

比如魏朝就出现了《皇览》这样的类书，把许多书上的文句，分类抄摘，排撰成一部新的书。百衲成衣、积腋成裘，它和西方的百科全书相似，都是包罗万象且分门别类的。但百科全书不是抄集而成，只是综合归纳的词条，类书却是收录原书，编辑成新的工具书。

《皇览》有40几部，800多万字，篇幅巨大。嗣后政府所编，也一样规模巨侈。唐代有《北堂书钞》160卷、《艺文类聚》100卷、《初学记》30卷等，可以见一代文献之盛。宋初也仿其例，编了《太平广记》500卷、《太平御览》1000卷、《册府元龟》1000卷等。明代编《永乐大典》更可观，共22877卷，有3.7亿字，是古今最大的类书。可惜庚子事变时，遭了焚掠，现在残存于海内外者仅808卷，不及全书的百分之四。清初所修《古今图书集成》10000卷，则是《永乐大典》被焚后现存最大的类书。另有《佩文韵府》444卷、《骈字类编》240卷等，也都是政府修纂的。

类书因为是分类摘抄，因此其功用特别便于查找数据，要查什么，一索即得。相关主题的诗文、典故、史地、制度，应有尽有，十分便利。其次是这些类书往往也有助于写文章、考出典、摛词藻。例如《佩文韵府》秋字底下收了278个词语，而且每个词语都注明了例句与出处，对于注释古诗词或自己创作时要押韵，都极有帮助。类书又因收罗甄录的范围广泛，故其所录文字有助于考订校勘古书。一部分古书后来已亡佚，也可由类书中辑存出来。像《太平广记》所引小说500种，大半失传。《太平御览》引书1669种，十之八九也都失传了。鲁迅作《古小说钩沉》时，就从这些类书里辑出了不少古小说。二十四史中，《旧五代史》也早已失传了，现在的本子，是清朝邵晋涵从《永乐大典》《册府元龟》里辑出来重编而成的。凡此等等，可见皇室以抄录辑编大型类书的方式来整理文献，作用殊为不小。

类书之外，尚有丛书。但类书主要是政府编纂，丛书却多由民间辑刊，它与类书不同。类书乃分类摘录，丛书则是分类存书，大体是把整本收入一大类丛书中，不像类书一段一段地选录。如《古今说海》《百陵学山》收的都是些杂著，《昭代丛书》收的都是清人著作。不过，丛书之分类其实甚杂：有以一个时代为类的，只收那个时代人的书；有以地域为类的，只收那个地方人的著作；又或以人为类，某人刊刻的书合起来就叫某某丛书；又或辑刊了一大堆书，合起来加个总称，丛书内部不一定有什么关系，真正以性质分类者较少。

最著名的丛书，当然是《四库全书》。但以政府之力，集编丛书，来源却甚早。如唐宋明三朝编《道藏》就是道教类的大丛书。清朝除了修《四库》外，亦编有《天禄琳琅丛书》《武英殿聚珍版书》《钦定古香斋袖珍十种》等。民间出版社或私人藏书家集编的丛书就更多了。由于丛书内容复杂，包罗巨富，到底什么书收在什么丛书里，一般不易明了，读者如想运用，可查《丛书子目录类编》。

三、文献之学

综合上述文献保存与整理之状况来看，我国在先秦时代，政府之档案文书、帝系世本、列国史记、诸侯谱录，乃至稗官野史，便已极为丰富，保存与管理亦具传统。汉朝整理文献之基本规模与方法亦已粲然大备。其后出现四部分类，六朝时期佛教道教书目也开始集编。唐代则大规模修类书、编丛书。宋、元、明、清，文献愈盛。

面对这么多的文献和资料，初涉国学藩篱者辄有望洋之叹，觉得典籍浩如烟海，不免令人望之生畏，废然止步。

但这恐怕是心理障碍使然。看见资料太多，就觉得算了吧，反正读不完，乃是怠惰者的借口。假若我们到一处糖果铺，看见满屋子糖果，都是没吃过的，我们会因此而说“算了吧，还是别吃了”吗？对一个有求知欲、有好奇感的人来说，资料丰富，正有使其见猎心喜，如入宝山之感。资料之多，确实也让人采挹不尽，玩索无穷。

其次，是探宝山、挖矿藏，亦须有工具有方法，才不致望洋兴叹。整理文献的基本方法是什么呢？

历史上，因整理文献而形成了一些经验，这些经验就是我们的指南。前文于此，已略有所述，以下再分别言之：

（一）目录

目录之学，起于刘向。其内容就是上文提到的：“条其篇目、撮其旨意。”也就是编定目次和撰写提要。目次，指篇章次第。古籍整理时，因为有散佚、有脱落、有错简、有重复、有歧异，故确定篇卷多寡与先后秩序，非常重要。另外就是分类，看书属于哪一类，将之编入哪一类目录中去。所以编目既指大分类，也指书中各篇的次第。

大分类以四分法和七分法为主。七分法出于刘向，他把历代文献分成六艺略（易、书、诗、礼、乐、春秋、论语、孝经、小学）；诸子略（儒家、道家、阴阳家、法家、名家、墨家、纵横家、杂家、农家、小说家）；诗赋略（屈赋之属、陆赋之属、荀赋之属、杂赋、歌诗）；兵书略（兵权谋、兵形势、兵阴阳、兵技巧）；数术略（天文历谱、五行蓍龟、杂占、刑法）；方技略（医经、医方、房中、神仙）。六类之前另有一个辑略，算是总论，因此实际上乃是六分。

后来刘宋时代的王俭《七志》分为经典志（六艺、小学、史记、杂传）；诸子志；文翰志；军书志；阴阳志；艺术志（诸方技）；图谱志（地域及图）；道经；佛经。这是七分法再附加佛道二录，实为九类。梁阮孝绪《七录》则分为经典录、纪传录、子兵录、文集录、术伎录、佛法录、仙道录，共七部。

四部分类，今存最早的完整目录是梁元帝萧绎《金楼子·著书篇》，仍保持着甲乙丙丁四部的面目，至《隋书·经籍志》就已是经史子集了。其分类为：

经：易、书、诗、礼、乐、春秋、孝经、论语、纬书、小学。

史：正史、古史、杂史、霸史、起居注、旧事、职官、仪注、刑法、杂传、地理、谱系、簿录。

子：儒、道、名、法、墨、纵横、杂、农、小说、兵、天文、历数、五行、医方。

集：楚辞、别集、总集。

子部是由七略的诸子略、兵书略、数术略、方技略合并而成，史部则是独立出来的。晋荀勖《中经新簿》把史记、旧事、杂事等列为丙部，实质上近于后来的史部。到东晋李充又把它提升为乙部，可见史部不但已由经部的“春秋类”中独立出来，而且地位越来越高。

由这个比较，就足以证明目录之学不只可以查考书及其篇次而已。分类本身就是重要的思维方法，所谓“方以类聚，物以群分”。对于同类或异类的判断，乃是“别同类”的工作。若同类，就可以推类。同一类的书，其性质宗旨必相近。所以，利用目录便可以发现学术上的流别，这一类与那一类，犹如水之分流，可以区别开来。又可以发现学术的源流。同一类书，性质既近，彼此间就可能有渊源影响之关系。两者综合起来，古人即称为：“辨章学术，考镜源流。”此即目录学之重大功能。

凡熟于目录者，不仅可由目录检索到需用的书籍数据，因类求书，更善于利用不同的目录间的比对，观察学术的流变。像上文所说，从七略到四部，不只是分类不同，具体内容上也就可以看到史部如何独立，由附庸蔚为大国。就是《七略》到《七志》《七录》，显然也增加了佛教道教的大量图籍。再者，丁部本是指《七录》中的诗赋略，后来却改称为集部。集这个名称，古代就没有，乃是魏晋南北朝的新生事物与新兴现象，故清章学诚《文史通义·文集篇》说："集之兴也，其当文章升降之交。……文集之名，实昉于晋代。……集部著录，实昉于萧梁，而古学源流至此为一变，亦其时势为之也。"由目录可以观学术之流变，大抵如是。

例如刘向把诗赋略分成诗与赋两大类，赋中又分三小类：一源于屈原，一源于陆贾，一源于荀子。这分类本身就显示了学术史的观点，如若铺展开来，就是很好的赋史论述。近代鲁迅作《中国小说史略》基本上就是用这套方法，其书第一篇叫"史家对于小说之著录及论述"，第二篇"今人所见汉人小说"，是对历代小说目录的整理与说明。其后把明代小说分为讲史、神魔小说、人情小说；把清代小说分为拟晋唐小说及其支流、讽刺小说、人情小说、才学小说、狭邪小说、谴责小说、侠义小说等，均是以目录分类为基础，再附上说明，故实质上与古人之目录无异。

因为目录学并不只有篇目次第及分类，还需对各书"撮其旨意"，予以提要说明，以《四库全书总目》来看，它就包括书名、篇卷、时代、作者、内容提要各部分，一一叙明之，其内容就等于是一篇浓缩的研究报告。把整个提要读完，不仅对各书之来龙去脉、内容梗概可有了解，于古今学术之渊源流别亦可了然于胸，此即目录之大用也。

（二）版本

版本，指雕版印刷的本子，后用以泛称书籍的各种本子，包括抄本、石刻、电子版等。一份文本，在传抄及刊刻的过程中，难免会有不同，各种版本间相互比较，说明其源流、关系、异同，就叫版本学。

古代未有雕版印刷以前，文件刻写于甲骨、金石、简牍、绢帛、纸张上。有了雕版之后，写刻在绢、纸、石上依然很不少，写的叫写本或抄本，刻的叫刻本。刻本分时代，如宋刻、元刻、明刻；又分地域，如闽刻、蜀刻；也分出资者，如官刻、坊刻、家刻。若以先后分，则有初刻、重刻、覆刻，或初印、复印、重修之不同。以印刷方式分，有木刻、活字、石印、珂罗版印、套印之异。以墨色分，又有蓝印、朱印、墨印。以版式看，有黑口、白口。由行款说，更有十行本、八行本；还有大字本、小字本。刻本上面若有题跋、有批校，便是题跋本、批校本。这些都是由形式上分的，若由价值上说，则版本有好坏，好的可称为善本。所谓善本，可能指它刻印特别精，错误又少，印刷又好。也可能指它稀罕，甚或竟是孤本。还有可能是它有著名学者批校过，为之增价。当然也有人以早期的本子为善本。特别珍视宋版、元版。一页宋版可以值若干黄金。但从做学问的角度，版本往往是后出转精的。例如史书，清武英殿刻《二十四史》胜于明版，民国时商务印书馆的百衲本《二十四史》又胜于武英殿版，其他今人校订重刊的古籍，往往也远胜旧版。故治学而论版本，着眼点应不同于玩赏文物。

因不同版本之差异甚大，故版本学十分重要，以《水浒传》为例。人民文学出版社就印过三种版本：1952 年的，七十一回，结尾是“梁山泊英雄排座次”；1954 年的，一百二十回，结尾是“徽宗梦游梁山泊”；1975 年的，一百回，比 1954 年的版本少了第九十至一百一十回，即少了征田虎、征王庆的故事。除这几个本子外，其实还有一种《第五才子书施耐庵水浒传》七十回，结尾是“梁山泊英雄排座次”。同样崇祯本《新刻绣像批评金瓶梅》和《新刻金瓶梅词话》打一开头就不一样。第一回，崇祯本作“西门庆热结十兄弟，武二郎冷遇亲哥嫂”，词话本是“景阳岗武松打虎，潘金莲嫌夫卖风月”。内容也大半不同。第八十回，词话本是：“吴月娘大闹碧霞宫，宋公明义释清风寨”，崇祯本把清风寨的故事全删了，所以第二句也改成：普静师化缘雪涧洞。《红楼梦》更是版本问题复杂，一般都说原作仅八十回，程伟元、高鹗的刻本补了后四十回，实则前面八十回各本便多差异。庚辰本第六十三回讲宝玉命芳官改男装，且取名耶律雄奴那1000多字，在程甲本中就没有。程甲本与程乙本也不同。如冷子兴演说荣国府一段，程甲本说宁国公生了四个儿子，程乙本改为两个。诸如此类，若不弄清各版本之源流差异，很多事便无法讨论。

（三）校雠

不同的版本，既然差异颇大，自然需要对勘，确定差异、判别是非，这就是校雠。两人各持一本，如雠人相对，以校定是非，故称校雠，又名校勘。

版本间的差异，有时在篇卷多寡、次第先后，有时在文句上。篇帙多少和次第先后容易察觉，文字不同，就得仔细核对。像《水经注》里提到“水流松果之上”，崇祯本有谭元春的评点。他觉得水流松果之上这个意象很美，所以就对这一句连打了几个圈，表示激赏。殊不知此非水流松果之上，而是水流松果之山。《水经注》是讲山川地理的书，松果山是个地名，见《山海经》。明代刻本刻错了，大文评家谭元春才会闹出这个笑话。上与山，形近，故易讹误。此类讹误，常要仔细校勘才能发现。

常见的讹误，除形近而讹外，有些是脱，漏掉了字句；有些是衍，多出了一些文句；还有些是错倒了；有些又是错乱了。脱又称夺，古人抄书或刻书，有时抄漏了刻漏了字甚或跳行，乃常有之事。古时用竹简，一条条简片用牛皮绳串编起来，有时也会编错了秩序。年深岁久，绳子脱落。或如孔子读书读得太用功，“韦编三绝”，竹简就会散落，重编者偶一失察，便会发生“错简”的现象，这都是文件有待校勘的原因。清代大考据家惠栋《松屋随笔》卷二论仁说："《春秋元命苞》曰：人者情志，好生爱人，故其为人以其人，立字二为仁。仁人言不专于己，念施与也。"他引的这段古书，宋版《太平御览》曾经引录过，文句却是："《春秋元命苞》曰：'仁者情志，好生爱人。故其为仁以人其立字二为仁。'注：二人，言不专于己，念施与也。"惠栋把本文和注弄混了，又把仁讹为人，还脱了个人字，倒了人其为其人。为何短短几句话，会有那么多错误？其实这是任何人都难免的，一时眼花，读起来又文从字顺，更不易发现。

要校勘，当然得找许多本子来对勘，尤其要找个善本。这称为他校法。但没有其他版本便无法校对吗？那也不尽然，依每本书的性质、文句的文例、作者行文的习惯、韵文押韵的规则、文章的体式等，仍然可以判断哪脱、哪衍、哪错、哪倒，此称为本校。又称为理校，即依文理事理而校对之意。

（四）辑佚

刚才我们举了个例子，说用《太平御览》可校对惠栋引用《春秋元命苞》的错误。这就是类书的功能之一。因它多摘录收存古书，故可用以对校。此外它所引用的古书，若已亡佚，更可用来辑佚。

就像二十五史中，《旧五代史》本来已经亡佚了，清邵晋涵从《永乐大典》等书中重新辑出。那样辑佚的工作，从古就有，也不限于类书中找材料。例如宋黄伯思自唐代马总《意林》、李善《文选注》中辑出《相鹤经》；王应麟自各书中辑出郑玄《易经注》《尚书注》，又辑《三家诗》，都是显著的例子。到了清朝修四库，更是大规模辑佚，光是《永乐大典》中辑出的，就多达285种，4946卷，存目127种。有许多都是极重要的典籍。乾隆以后此风未衰，重要成果有马国翰《玉函山房辑佚书》610种、黄奭《黄氏逸书考》341种、王仁俊《玉函山房辑佚书续编》269种、严可均《全上古秦汉三国六朝文》746卷等。

寻找佚书的方法，是由古注、类书及其他古书中去找。现在出土文物越来越多，许多久已亡佚的古籍均得以重见天日，为之整理，亦可视为辑佚工作之延伸。再就是由海外寻访。

因为许多数据流失海外，中土已不见存，或已残缺，海外资料足供参证。民国初年罗振玉所辑《敦煌石室遗书》13种、《鸣沙石室佚书》23种、《鸣沙石室古籍丛残》30种、《贞松堂藏西陲秘籍丛残》35种，均属于由出土文物辑佚之例。清末黎昌庶编《古逸丛书》26种，又续编47种，三编43种，则属于由海外辑存者。现在这类工作，仍未穷尽，仍待访查采拾。民国以来许多学者，均善于运用此类方法，寻找新材料，如孙楷第去日本东京查小说资料，郑振铎去巴黎，董康去查日本内阁文库等都是。治敦煌学者更需结合二者。故辑佚之业，犹大有可为，唯在人善于运用其法耳。

（五）辨伪

文献资料相传既久，版本难免多有错讹。有时误题作者之名；有时一书拆成两书，胡乱加了个书题；有时坊肆刻书不规矩，割去序跋、冒充古本；有时拼凑好几本书，造为新编；有时摘取片断、改换名目；有时加添部分，自矜全本。这些都称为伪，就是真中有些不真实、不准确的意思。辨伪就是要把伪的东西找出来。

古人也不乏造伪的。例如汉代征求佚书，张霸就把《尚书》原来的篇章拆散，又博采古书上记载的事，编造成102篇本的《尚书》，比当时所传《尚书》29篇多得多，送到朝廷去请赏，结果被刘向识破了。这就是辨伪。汉代搜求遗书时，此类事甚多，号称什么地方什么人得到了一个古本，大家都先要打个问号，考验辨伪一番。东晋释道安对于西域传来的佛经，也同样持有疑问，因此《综理众经目录》便有《疑经录》一篇。梁僧祐也有《出三藏记集·新集疑经伪撰杂录》，在目录中明确区别出伪作来。至唐，僧人不只辨佛经之伪，还辨道经，撰《辨道经真伪表》，批评当时道教徒为了与佛教竞争而伪作了许多经典：“增加卷目，添足篇章，依傍佛经，改头换尾。”

宋元以后，此一方法愈趋成熟，其成果日益显著，不但直接影响清代乾嘉考据学的兴起，对民国期间古史辨运动亦有重大促进之功。经考证，认为是伪书者，可详张心征《伪书通考》。

辨伪的目的是为了求真，事实上等于重绘学术史地图。因为假若证明我们所依据来用以建立古史图像的材料不实在，我们所相信的那个历史自然就要瓦解或重构了。此即辨伪之重要意义。故宋人讲理学讲心性，喜欢引用《尚书》里“人心惟危，道心惟微，惟精惟一，允执厥中”，清人要反宋学，就去论证那句话根本就出于《伪古文尚书》。材料的考证，关系学术的变迁，往往如此。

但辨伪也是需要谨慎的工作，历史知识本来就建立在残缺不完整的材料上，我们对古籍真伪的判断，只能以目前能见的资料、目前所拥有的历史知识来做，因此某些书伪不伪，其实也只是我们目前以为如此，真相或许恰好不然。如《孙子兵法》，相传是春秋末期孙武所作。孙武是帮助吴王阖闾打败过楚国的名将，时代与孔子相仿，如果这本书是孙武所著，那岂不比《论语》之编订还要早？可是孔门后学所编之《论语》，文字简朴，仍保留着语录形式，显然比较简古，不似《孙子》篇体完整，文采丰赡。故历来均以为此书乃后人重新整理而成，殊非原貌，也就是伪书之一种。另有许多考证，谓该书为孙膑所作，非孙武之文。在清末民初，辨古史者几乎都同意了这个论断。不料 1972 年山东临沂银雀山出土了两部兵法，一为《孙子兵法》二百余简，一为《孙膑兵法》三十篇，是过去大家都没见过的。这样的事例，就提醒了我们：材料之收集永无穷尽，对历史之认识随时更新，我们面对材料时，要更虚心、更谨慎。

第三章：方法

一、由资料到系统性思维

(一)熏习

治国学，首先要熟悉材料。但这所谓的熟悉，并不是具体地找什么课题的数据，而是如家人一般。其熟悉，来自每天生活上的各种接触，逐渐养成了心理及感情上的理解。治学犹如生活，读书仿佛交友，首先也就需要培养这种熟稔亲切之感。不能如现今研究生那样，光顾着做报告写论文，找固定方向、固定范围，乃至特定题目的材料。

这就叫随时熏习。熏，是如露重熏衣、香气袭人。人在兰麝之室待久了，自然遍体生香。习，是幼鸟鼓动着翅膀不断练习着飞，久之亦成自然，振翅即起，不待思维。随时，则是说此种熏习要不择时地，随处、随机为之，什么材料都看看、都摸摸、都问问。

古人常称羡那些书香门第或有家学渊源的人。什么是家学渊源呢？并不是家中父兄真有秘传，或曾经教了他读什么书、帮他上过什么课，而是在生长环境中有机会随时熏习，因而获得了许多具体性的了解。这些了解往往也会构成他们解决个别问题的支持意识(subsidiary awareness)。

所谓具体性的了解，不同于抽象性的了解。如火之热、如冰之寒，只要碰着了就懂得，不待知识之说明、概念之辨析、理论之阐述，此即称为具体性的了解。许多学者，因缺乏此类具体性了解，故论古人古事及古代思想，总是概念太多而常识太少，说解万端，辄如隔靴搔痒。

至于支持意识，是说我们在进行一切知识活动时，自然会需要有一堆不可明言的知识成分在支撑着我们。例如椅子坏了，要用钉子钉牢。拿铁锤敲钉子时，我们的注意力集中在榔头与钉子的撞击上，这称为焦点意识（focal awareness）。但控制着我们挥锤的角度、力度、手掌的移动、掌中之感觉的，却是我们无法明言的支持意识。是它协助、支撑乃至引导着那个挥锤的动作。它不直接呈现在当下的行为或认知活动中，可是它才是影响行为的作用性力量。这种支持意识又并非专为钉钉子而设，它融贯在我们的意识中，碰着需要时，便相应生起。故事实上乃是我们身体以及一切相关知觉、感情与意识理性之综合作用。一个人，在处理一件事，认知一个道理时不妥善，大抵不是因他焦点意识不佳，而常是因他缺乏丰富的支持意识。

庞大丰富的支持意识，来自长期熏习涵茹，古人称之为学养，如养花育婴一般，需要时间，故又曰熟习。如水渐积、如瓜渐熟，生命与学问是一齐成长的。

我愿特别强调这一点。今人治学，只是知识或材料上的计较，焦点意识高度集中，以知解、概念、理论，钩稽材料、拼凑排比之，便可弋科名、博学位、评职称。学问不是涵茹养成的，遂亦使生命与知识隔为两事，致知活动被孤立起来，与整体生命意识了不相干。因而纸上固然说得井井有条，其人之性气心光却常令人不敢恭维。此乃近时学界之大弊，非古人治学之道也。

近日言治学方法者，亦只知如何收集数据，如何排比检核，如何做卡片、制图表，如何利用工具书、数据库，如何套理论、析概念，如何安章节、做调查……此皆“有为法”，且为第二义，割裂生命以为学，其弊滋甚。故我首揭此好学乐习之义，希望从学者能在熏习涵茹之中，养成内丹。

（二）离章辨句

熏习不只指读书。随侍长者、饱饫胜论，或摩挲古迹文物、写字操琴等等，也都是熏习之法，而当然读书仍是主要的。

中国人读书，讲究讽诵。亦即不仅是阅读，更须体会文章字句中蕴含的声情。起承转合，抑扬顿挫，韵律之铿锵、文气之卷舒，都应在讽诵中体会出来。

其次是读书须辨章句。《礼记·学记》说学生入大学后一年，应考核他是否能“离经辨志”（郑玄注：“离经，断句绝也。辨志，谓别其心意所趋向。”）指读书时能否妥善分章断句，了解作者章句之意旨。这分章断句，不就是现在文章分段、分行及标点符号吗？何难之有哉？为何说得如斯郑重？

一来古书没有现在的标点分段，需要自己去圈点断句。就算有新式标点排印本，古籍中未标点重排者仍然甚多。我们未来治学势必也要大量阅读古籍原本，故离章辨句之基本功夫不能不具备。二则看已点校过的书，和自己圈点讽诵是两回事。对熟习文章肌理、语气轻重、文意曲折之效果，不可同日而语。三是现代标点本不尽可依赖，不仅错误时见，新式标点看起来便利，但古人之所以未发明此一便利之工具，却有其道理。因为新式标点有时反而会狭隘了，或误导了我们对文意的了解。钱钟书就说过：“新式西洋标点往往不适合我们的旧诗词。标点增加文句的清楚，可是也会使流动的变成冻凝、连贯的变成破碎。一个错综复杂的心理表现，每为标点所逼，戴上简单的面具。标点所能给予诗文的清楚，常是一种卑鄙贫薄的清楚。”（《写在人生边上的边上·论中国诗》）。只要仔细点读过中国古书的人，都可找出好些例子来印证他的话，因此此处也就不用再举例了。

读古书须辨章句，还有一个理由，在于中国语文之语法结构迥异西方。我们的词语没有格、式、时态等形态变化，表达语法功能的，主要靠语序。语序又不是前后字词排列的问题，而是字词间语意组合的关系问题。例如，古代有一人赖在友人家吃住不走，友人欲催他走，留一字条谓："下雨，天留客；天留，我不留"，该友人却读为："下雨天，留客天，留我不？留！"又传说翁同龢书法佳妙，人欲求其字不得，乃日在其家门口小便。翁氏甚怒，写了张字条贴到墙上说："不可随处小便。"那人大喜，撕了下来，回去重新裱褙，挂在书斋中道："小处不可随便。"这类笑谈，讲的就是语序的问题。

后者是字词位置移易，词意就产生了变化。我国一些回文诗及相关文字游戏，如茶杯上刻"可以清心"，颠来倒去，怎么念都可以，就属于此类。前者则是语序维持不变，但字句之语法功能改变了。怎么改变的？断句不同就变了。这就叫以意联结的语序关系，意断则句绝。

例如《论语》中描述马厩失火了，孔子听到消息，只问："伤人乎？"不问马。这是形容孔子重视人而不在乎财物之损失。可是也有人以为孔子不应不惜物。故这应只是轻重有先后罢了。句子应读成："子问：伤人乎不？问马"，亦即先问人再问马。这两种读法，代表了两种理解。古书之不可能有统一的标点，也不应只有一种标点，正肇因于汉语本身所具有的这个特色。

这是辨句。离章方面，中国文献以不分章分段为常态，但那是形式上如此，读时自成段落，与文句没有句号顿号，而读时须读出句顿是一样的。汉儒解经称为"章句"，就是分章讲说的。南北朝以后则有章门科段，分章、分段、分科，如皇侃《论语义疏》云："学而为第一篇别目，中间讲说多分科段点……"《左传序》疏云："此序大略十有一段明义……"都是如此。分章分段之不同，也代表着理解的差异。最著名的例子，就是《中庸》《大学》。它们原先在《礼记》中只是一篇，宋儒摘出，视为独立一书，为之分章，意义便与其在《礼记》中迥然不同。而宋明理学家对其义理掌握之歧异，也都表现在不同的分章上。

讽诵与句读，均是基本功。诵不必都要能背，但典籍必须至少基本精熟，句读也须择二三典籍通读点断过。台湾过去凡中文博士均须点读完毕《十三经注疏》及段玉裁注《说文解字》等，于今虽未必须要如此，但选择一部分圈点仍是必要的。

（三）知类通达

诵读圈识之后，便可再做些整理文献的工作。

怎么做呢？古人整理文献时如何做，我们也就如何做。例如替每本读过的书做目录。除章篇目次之外，可做分段细目及索引。整本书中，引过的书、提及的人物事地、讨论到的事类，均可一一签识出来，编成目录，已备查考。其次是做提要摘要，再则是分类辑录，都是可行的读书之法。

且此类读书法也不仅是读，也是著述之“述”。古人传世纂述，不少即是此类读书方法之产物。如《说文解字》的次序，本来是始一终亥，共分五百四十部，每一部的字是以义类连贯的，自成体例，所以要查某一个字并不容易。后人就把《说文》的字重新用笔画数或新的部首分类法做成目录，如《说文检字》《说文易检》之类，查字就方便了。又有人从声韵的角度把《说文》的字重组，如朱骏声《说文通训定声》之类，不唯嘉惠士林，本身也有很高的学术价值。这其实就是目录索引之学的神明变化，同理还有顾炎武《日知录》、赵翼《廿二史札记》一类书，乃是平日读阅时将同类事一一摘记。再予以条例组织，便可以见诸书异同及古今变迁了。这样的书，已不止是述，可称得上是著作了。但方法却亦无多巧妙，甚为平实。

目录之学，除可再变化为索引、类纪外，还可以发展为图表。

图表之体，本是史官整理古史时常用之法，观《史记》十表可见。后世名作，如顾栋高《春秋大事表》、黄本骥《历代职官表》等都是采用此法的，纲举目张，既便于自己了解古人古事错综复杂的关系，也有益于后人。

再就是由一书之类纪，发展为一类书一类事之辑录。如余萧客《古经解钩沉》、任大椿《小学钩沉》、沈寿祺《三家诗遗诗考》等，鲁迅作《古小说钩沉》也属这类工作，是辑同类之相关者。当然，辑录亦可以补旧有著作之不足。如诸史艺文志，后人均有补作，亦有补兵志、食货志、疆域志，或补年表的。凡此辑录辑补，看来甚难，为之则易。不外乎选定了某一类资料，在读书时留意收集、整理排比之而已，近乎章诚所谓“史纂”。但功不唐捐，往往有益人我，故亦为通人所不废。

同样的工作，还有比较。同类书，常可以比较，例如《史记》《汉书》都有对汉代的记载，因此便足以比较，宋倪思乃因此作《班马异同》。新旧《唐书》互有异同，赵绍祖乃作《新旧唐书互证》，后来岑仲勉又以《通鉴》所载唐代史事跟两唐书互勘，撰成《通鉴比事质疑》。这样的比较，可以无穷无尽地做下去。例如一本书的笺注，可以辑录在一块儿，成为集注、集释、集解、集校，也可以比较各家注释之殊歧。同一件事，各家记录不一，既可辑为合论，也可比较异同。版本之殊、文辞之别、观点之异、优劣之判，不唯可增见闻，亦可养成思辨之力。

因为随时熏习既是因机因时因地，便以泛览为主，要让人仿佛泡浸在学海中那样。但为学亦不能毫无焦点意识。把心力集中到某一类书或某一本书，就是令心气归摄于某一处，不至于太过浮散。

可是这种收摄又不是把心气凝定于一处，乃是收于一而又通于类的。也就是说虽专力于某一本书，但须就此一书以通于那一类书。故是借着专精来通览通贯。

其法是因类求书。知某书本在某类，便借以推考某类与其他类之关系为何，某书在此类中地位如何。如《汉书·艺文志》分兵书为兵权谋、兵形势、兵阴阳、兵技巧。某书若在兵阴阳类，必有与兵权谋、兵技巧不同之处。但它与数术类中之阴阳刑德却又可能有关系。虽有关系，又重在以阴阳论用兵，故与数术家仍有分别，属于两类。这是由《七略》说。阮氏《七录》则把兵书、阴阳、方技分为三类，可见此三者关系复杂。凡军兵数术阴阳之书，均须注意这错综复杂的关系。此即所谓“知类”。

知类之另一法，不是就目录之已分类者去求索，以探流别，而是以类求书。例如就某一时代、某一地域、某一人、某一类人、某文类、某一问题去找那一类书来参稽比对着读，此即所谓连类及之。

古时教大学生，要求肄业三年要能知类通达，《学记》曰：“古之学者，比物融类”，荀子《劝学》亦云：“伦类不通，不足谓善学。”类是指物以类聚、事以群分，别同异而定宗旨，是为知类。为学，先要能运用此种思维，分而析之；然后又要连类通达，融而贯之，才能让思维逐渐系统化。

二、由方法到方法意识

（一）方法与工具

治国学者之病，通常不是读书太少、腹笥太俭，而是书卷太多，撑肠拄肚。材料积累太多，不知如何剪裁调理，以致鸡鸭鱼蟹堆垛几案，却无烹饪手段，教人如何下咽？因此批评冬烘老学究的人，总会觉得他们光会积聚数据，惜无方法。又或因此而诟病中国传统，谓中国人向来就不讲方法，只知读书找材料；就是考证也很零碎，缺乏西方那种理论系统。迩来研究生谈起方法便欲取经于西方，正是此一想法之表现。

其实文献学本身就是一套方法。如上所述，利用目录知识，足以辨章学术、考镜源流，更可以把东一本西一本的书籍，整理成一个知识体系，把数据变成系统性的思维。因此，整理文献，本身既体现着方法运用的效能，在进行此一工作时，亦可培养系统性思维。那些摸了许多材料，却无法形成其知识体系的人，事实上也就是昧于整理文献之法的人。他们不是拥有许多资料读了许多书、只是不谙方法，而是根本就不能掌握资料！那些去西方取经，想借助于西方的系统、方法、理论来调理旧有数据的人，则是想以烤牛排的方法来庖制粉蒸排骨，方法不是依据材料本身的性质形成的，当然不会成功，既显得理论硬套，又往往糟蹋了材料。

再进一层说。方法之形成，必有一方法意识。犹如我见一蟹，要拿石子砸它，用酒泡它，煮汤沃它，或升火烤它？采取什么方法对付它之前，须有一思维：是准备打死它，抓来养，或弄来吃？吃又要怎么吃？生食，熟食，半生熟食，自食，合食，与他物搭配，或单食……等等。这个思维形成了我的方法意识，于是才去找能达成我预期目的的方法。方法是做的问题，方法意识则涉及做的目的，以及准备做成个什么样。由这个方法意识之萌发，进而诱导我们找到方法来达成目的。

因此，我们不能只去学一种方法。学那些方法而不追究其方法意识，是毫无意义的。拿着别人的方法来用，以为方法只是单纯的工具，自己又根本没有方法意识，更是可笑。看见别人拿石头砸蟹，也就跟着砸，不知道此外尚有其他想法；而就是砸蟹，也未必非用石子不可。

此皆近世学风之弊也。工具论思维甚嚣尘上，把方法工具化，工具客观化。仿佛方法是人人均可用也通用的工具，且只要人人不自己乱出主意，根据这套客观之方法工具，就可以达成同样的结果。因此方法是科学的。它本身就代表了理性、客观及科学。利用此方法达成的结论，亦因此而保障了它的科学性。

此真大谬不然。不说别的，就如前文介绍的文献整理之法，编目、做提要、辨伪、辑佚、找善本、校勘等，乍看之下，似乎是做学问、读书必循之途。我们在介绍时也努力令读者产生此一印象。可是这些整理文献之法，实况却不如是，乃是为整理文献而设计出来的。

文献为何需要整理呢？因为它有散乱、有缺失、有讹伪，故须整理之，以恢复旧观。对了！这就是它的方法和意识。所有文献学方法均发轫于此一意识。因此我们才会去拾遗补缺，考订作者、作时、原本、原貌究竟如何。凡非原作的，统统称为伪书。把书还原了，原作的状况弄清楚了，接着我们才能把书本子里记载的事情还原，逐渐重建古史。

在拥有这种方法意识的人看来，这才是正确认识历史唯一且不可或缺的方法。可是，假如方法意识变了，以上这些方法可能就完全用不着了。

举例来说。一首诗，到底是不是某人作的，原本如何，后人如何改动，原作写于何时等问题，依探寻历史原貌者之见，乃是十分重要的，所谓的学术，就是要解决这些问题。但某些学派，如新批评（new criticism）便觉得原貌根本不重要，因为我们读诗时常常不晓得作者是谁，一样能产生审美的愉悦。且审美活动不是指向历史而是活于当下的，形成于我们阅读的那一刻。这时，美的感受来自作品文辞所给予我们，而非遥远不可知的历史事件。通常读者对那些历史事件或身世难明的作者，也缺乏认识。读诗的目的，更不是要重建历史。故此学派甚至会说："作者已死"，无须理会。对他们来说，辨伪、辑佚、版本校勘考订，只是诉诸历史的谬误，非适用之方法。适用之方法，乃是对文辞美的分析。

若依读者反映论者之见，则对作品进行分析，却又是无甚意义的。此派认为作品不是孤立地表达意义，其意义是在读者阅读时形成的，所以仁者见仁、智者见智。故其方法，既不在确定作品之原貌，探寻原作者为谁、原意又为何，亦不在作品本身，而是要观察读者如何与作品形成互助。

由此可见：方法是根据你想干什么而发展来的。想炒菜的人，绝不会用十字镐，只能用锅铲；想锄地的人，也不会用个汤勺。什么方法有效，应看是在什么场合，在什么方法意识的导引之下去运作。

同时，我们也会发现：方法并不是客观的工具。以上用锄头锅勺等做比方，只是方便借喻。其实治学之方法殊不等于锄头锅铲，因为每一种方法均关联着一整套想法。对作品是什么、人与作品的关系为何、文学研究之目的何在等，彼此都见解不一，所以才会有截然不同的方法。故方法绝不是孤立客观的，方法即是思维。

（二）方法与思维

方法即是思维，证例太明显了，可惜许多人偏要忘却它。实则相信知识本属于经验的，发展了实验的方法；相信只是依据理性的，发展了推理术。可是推理术在亚里士多德那儿，只提到范畴和逻辑，其逻辑是公理、推论、证明三段式的。到培根写《新工具》提倡归纳法，就是要沟通经验与理性两路，找出从实验发现公理之方法。笛卡尔、洛克、莱布尼兹反对归纳法，认为由经验无法获得真理，所以发展建设先验假说再演绎的方法。孔德则主张无论知识之来源是推理或试验，都必须与现象一致，所以加上了实证方法。我们近代胡适所提倡的科学方法，所谓“大胆假设，小心求证”，就是假设演绎加上实证法的结果。

这是西方方法论的概括描述，但此方法发展史何尝不是思想史呢？今人把归纳法、演绎法、推论法、证明法完全简单化、通俗化，一下说演绎，一下说归纳，浑不知其方法有特定之哲学立场，事实上是对西方思想史之无知。不知方法与其思想乃是一体不可分割的。亚里士多德的哲学，就是他的形式逻辑；培根的哲学，就是他的《新工具》；黑格尔的哲学，就是他的辩证法。

在中国，不甚谈形式逻辑，因为思维本来就不一样。我们的致知活动，原不限于推理与经验二途。例如《大学》说的“格物致知”，知既不同于西方所说的知识，致之之法亦非推理与经验。格物之物，又不是概念，也不仅指外物。因此，若以逻辑、归纳、演绎、实证来说格物致知，均属方法之误用，毫不相干，乃是对此思想本身就不能掌握。从前熊十力曾质问冯友兰：“你说良知是个假定，良知怎么能是假定？良知是呈现！”涉及的就是这个问题。

亚里士多德的推理又建立在矛盾律、排中律、同一律上。A只是A，为同一律。A与非A相反相背为矛盾律。A与非A中间没有其他，为排中律。可是中国人之思维却是强调中的。“允执厥中”“中庸”“致中和”的“中”，并不是折中和稀泥各打五十大板的“中”，而是既A又非A的“中”。《管子·白心篇》：“为善乎？毋提提。为不善乎？将陷于刑。若左若右，正中而已。”善与不善，是矛盾的。但人若为善，将被提扬而陷于名利；人若不善，又将陷于罪刑。所以人应取乎中道。《庄子·养生主》说“为善毋近名，为恶毋近刑，缘督以为经”也是此意。然而善与不善既是矛盾，岂能有“中”？故此“中”是不居善亦不居不善的“中”，即非A又非非A。同理，佛经中屡见这样的句式：“我说佛法，即非佛法，故是佛法。”若依亚里士多德之说，是佛法即非非佛法，两者矛盾。但佛经却是A即非A，打破了矛盾律。可见东西方思维本身就颇有差异，因此而表现在推理上亦颇异其趣。

由于方法是思维，故我们不能把方法孤立客观地看，应知一种方法即代表一种思维体系或学说，方法与方法间不同，常是思维体系的差异，因此不能随便接合拼组。对方法本身、方法如何使用、方法之效能、方法与研究对象之关系，均须有方法论的考虑。

（三）方法与方法论

方法与方法论是两个层次的事。方法指我们运用什么办法去解决问题，方法论则是对我们运用方法这件事的后设思考。

前文已说过，方法是在方法意识底下催生形成的某种方法，往往有一整套思维体系、哲学思想为其支撑，因此方法与方法之间虽未必可以沟合会通，却足资比较。可以观察它们各自生发于何种问题意识，具存于何种方法论之思考中。对于它想解决的问题，是否有其他之思路，可以提供不同之方法？此方法与彼方法，在处理问题时，优胜之处、未及之处各何在？各法之适用度与限制又各如何？讨论这些，就是方法论了。

大部分研究者都是由老师或学派那儿学到了一些方法，做出了点成绩，于是便奉其法为金科玉律，不知由方法论角度对其方法做一检讨，逐致胶柱鼓瑟，抱残守缺。

例如治国学者最常见的毛病，就是奉清儒考据之法为圭臬，要由语言文字去穷经学之奥。这是衍乾嘉学者所说的“训诂明而后义理明”之绪，其基本设想是原子论式的。认为由字构成句，再由句构成篇，因此须明白字义才能明句义，进而掌握篇义。但是，我们对句子或文章的理解真是这样的吗？有时我们对某一个字并不了解、不认得，可是由文章上下文意脉络，仍可以确定那一句是在说什么，甚或可以猜着那个不认得的字是什么意思。为什么？这就是语境脉络之作用。换言之，对事物之认识，也许并不是由部分到全体，可能正好相反，是由全体来理解部分的。一字一词究竟什么意思，常得看它放在什么脉络中。由这个角度说，那就是“训诂明而后义理明”，乃是义理明然后训诂明的。古人注释，先掌握义理纲维，再据以训诂字义者，比比皆是，如《庄子·齐物论》：“滑疑之耀，圣人之所图也，为是不用而寓诸庸。”滑疑之耀，是圆滑多智的样子。这种圆滑的样子，会是庄子所赞赏的“圣人所图谋”的吗？注解者都认为不会，因此“图”都被解释为“不图”或“图域之”，也就是把智谋限域住。为何如此训诂字义？不就是本于我们对庄子义理已先有了整体的掌握吗？完形心理学反对原子论式心理学时，曾主张部分之和不等于整体、全体先于部分。其说未必是。但现今若仍主张训诂明而后义理明，便须由方法论层次对其方法再进行后设思考，响应挑战。

清人论训诂，又主张因声求义，王念孙《广雅疏证·自序》：“训诂之旨，本于声音。”此法利用古音知识，寻找假借字，可突破历来只从字形字义上进行训诂之局限，确实是十分有效的方法。但此法本身也有局限性，它把训诂只局限于语言性的了解，忽略了训诂还常要考虑历史性和心理性的层面，故其适用度仍是有限的。

晚清以来，又有种人文地理学式的研究，如梁启超《地理与文明的关系》《近代学风之地理分布》，刘师培《南北学派不同论》《南北文学不同论》，陈寅恪《天师道与滨海地域之关系》等都采此方法，根据地域风土特性来说明该地所具有之文化传统。

以地域特性论述文学之方法，虽然已广为人所采用，但如何说明一个区域的地理范围同时也是一个文化或文学范围并不容易。理论的说明者往往从以下几个角度立论。一是由人与自然的结合关系上说。即一群生长在某自然地理区域中的人，与该地自然景观的关系。如说“北方之地，土厚水深，民生其间，多尚实际；南方之地，水势浩洋，民生其际，多尚虚无”。地理景观直接影响人的性格，当然也就影响了该地居民的文化创造，“民崇实际，故所著之文，不外记事析理二端。民尚虚无，故所作之文，咸为言志抒情之体”。此外，各地自有方言土语，语言的隔阂，也自然形成了一个个不同的文化区域，“声音既殊，故南方之文亦与北方迥别”（刘师培《南北学派不同论》）。

以上这种论证，早见于《汉书·地理志》，是最常见的论证方式。但地理自然景观只能大略示指它与人的关系。事实上同一个地域中的人，性格差异也很大，南方自有尚实际者，北方亦有好玄虚者。而且文化是否直接关系于地理，也不无疑问，因为文化会传播、能流动，是众所周知之事。发生于海滨的文化，传播入沙漠、高山、平原地区，一点也不稀奇。文化之生存假若并不仰赖地理条件，何以其发生就一定与地理有关？而凡以地理自然景观及物质条件来论述文学之风格与传统，皆必须强调地理的偏殊性，并借此说明其地文学之偏殊性。但这种论述非常危险，因为它必须技术性地忽略人性共相及其在文学中之表现。同时，我们也常忘了：正是基于共同的人性及文学审美之类似，我们才能了解并欣赏不同地域的人所写出来带有特殊地域风味的文学作品。所以，所谓地理之偏殊，可能反而是吸引我们，而非区隔我们的质素。而强调某地如何偏殊不同，反倒可能只是代表了希望为他人所注意、接纳之行动，未必在事实上存在这样的偏殊差异。

人与自然的亲和关系，倘不足以证成区域文化传统之异，则论者或由人与人的自然关系上立论。同一地域中人的同乡关系及异代同乡关系，可能是构成一地文化传统的重要因素。乡党之间，亲戚族属彼此影响；或壤地相接，闻风兴起；乡贤对同乡后辈的启迪示范，都可以形成文化传统，出现一个特殊的雷同状态。这个道理不难明白，例证也随处可见。汪辟疆推江西之诗风，渊源于陶潜，即基于这一理论。但是苏轼是蜀人，其诗文皆与蜀地文学前辈无甚关系。蜀地虽出现他这样的大文豪，该地却没有闻风继起、绍述其风格，如江西人之学黄山谷者。因此这种人的关系，未必便能构成地域文学传统。而且本乡先贤对乡后辈没有什么影响，却影响了其他地区的情况亦甚普遍。这显示了文学上风格的选择与形成，主要是一种文化价值的认定与追求，与地域并无绝对关系。本乡先辈及大师，固然最可能直接影响一地之文风，然文化价值的追寻，实难以地域限之。

（四）法与活法

以上强调法即思维，希望论法者能有方法论的思考。具有明晰的方法意识，目的不外乎提醒方法的探寻者：是人用法，而非法缚人。用法者当知法意，使法为活法，才不会死在句下。

以拳为喻。每套拳法，在它的动作招式中，必贯穿着一个拳理，其拳法乃是依此拳理而创。故习拳者不必尽习其招式套路，只消掌握其拳理，即可知其拳脚。东坡有诗云："吾虽不善书，晓书莫如我。苟能通其意，常谓不学可。"第一句是自谦，后面讲的却是至理名言。拳法、书法如此，其他亦莫不皆然。我们读书人，有时不免羡慕别人天资高，像东坡那样，什么都能精通、什么都一触就会；或如黄宗羲所形容的那些才士："五行一览，半面十年，渔猎所及，便企专门"（《南雷文定·前集卷三·魏子西基志》），读书如不费力，略一涉猎，就比得上老专家。但事实上，天资固然不同，但亦相去不会太远。其所以悬绝者，在于读书得不得法。得法，也不是指真有什么秘法诀窍，而是指能否知法意。苟能通其意，常谓不学可，确实是不需花太多气力就可以掌握那一门学问之精要，胜似苦练苦读若干寒暑者。我自己，于此便深有体会。

我治学，不名一家，泛滥于三教九流，于经史子集咸有著述，且旁及西方古今学术。这固然是困勉力学所成，花的精神不比任何人少。但一人之精力毕竟有限，在每一个领域都不可能如专业耆宿那般寝馈功深，是必然的。可是我涉足任何领域，略渔猎，便不仅能有专家的水平，甚且常可指出老专家们的盲点误区。许多人因此甚不服气，觉得我狂妄，我也因此到处得罪人。其实这跟我狂不狂没关系，原因只在读书得法。而得法与否，其实亦没什么神妙，不过如上文所说而已，人人都可自度金针。可惜，每举此以教人，人多不悟，斯则可惋叹者也！

教书如教拳，教人练一套拳，并不太难。反复教习，纠正姿势，自然熟练其招数套路。学生随套式演练比划一番，亦可以有模有样，煞有介事。一般所谓教与学，不过如此。此何难之有哉？但谈到治学方法，却不是这个层次的问题。比如习拳，谁会去追问这一招那一式为何是这样？这一套拳又是怎么创出来的？照着拳套，一式式演下去，当然不难，但若猝然应敌，何时宜用“黑虎偷心”，何处须使“白鹤亮翅”，便费斟酌了。

这才是治学方法之难以言传处。现在一般谈治学方法者，不过是拿着语意、逻辑、版本、校勘、归纳、分析、比较、量化等，讲些套式罢了。这算什么治学方法呢？学生学了这些，不过如练拳的人学了几个套子，表演表演还可以；一旦应敌，弓也不弓、马也不马，手忙脚乱，哪想得起什么“高探马”“揽雀尾”？如果更问他演绎法与归纳法是怎么来的，他为什么相信归纳法及史料考证在文史研究上是必须而且有效的，则大半瞠目结舌，未曾想过。勉强要答，也只能说是书上如此说、老师如此教、大家流行着这么做而已。

但治学方法不是只去教人学一些套式，乃是要教人创拳之法，乃是要人去思索太极拳为何不同于八卦拳，它们依据何种原理，而被创造成如此两种拳。更重要的，对我来说，它们提供了什么，使我能够发展出属于自己的这一套拳。

如不嫌我拟喻不伦，这样的譬况不妨再继续下去。事实上，一般所谓学习，都是拿自己的生命去就那一个个套子。所以，你入了劈挂门，就得学猴拳，而且只知道猴拳，以为所谓拳术就是大圣劈挂，以为劈挂门的武术可以应付一切攻击。大家似乎并没有想到，自己这样的身材、性向，对武术的看法，是否合适去学猴拳。而如果猴拳可以对付一切攻击，那为啥又还有其他各种拳？

这就是说，当初创立这套拳的人，是依着他对自己身材、能力的衡量，以及他所特别关切的一些问题设计，才建立的一组答案。学拳的人，不是呆呆地机械式地去演练一套拳，而是要在掌握其拳理中，发现搏击的道理，并依自己的需要，发展出自己的拳式来。

这个道理，说来简单，然学界中人至死不悟者，岂不正是在于此乎？学界亦有学派，每派也都有它们的套子。讲结构功能理论的社会学家，分析什么东西，都是那一套。依赖理论来了，乍见新鲜，定睛看去，仍是套套。我们的学者，根本不考虑自己的文化背景、社会状况，各人出国去拜在各派拳师门下，学那一套拳，学了回来便大演特练，自鸣得意，批评别人的拳根本不叫拳，因为不符合他自己这一派人对拳术的基本认定与特殊关怀。

此“舍己徇人”之为学途径也。滔滔学坛，莫非此风，吾独期期以为不可。后学俊彦，当亦能于此悟入乎？

第四章：语言

一、音的演变

一般都把中国地区语言划归为汉藏语系。在这个语系底下再分侗台、苗傜、安南、藏缅诸小系。有人认为汉语、缅甸语、藏语中有非常多相似的语根，因此它们可能来自一个已不存在的古老语言：汉藏语原型（Proto Sino-Tibetan）。

从语音形式看，汉语的词，有单音节的，如天、地、山、水；也有多音节的，如观世音、王八蛋、社稷、君子。但多音节的词，其实仍是单音节词的缀组，其词单独仍可成立，故多音节的复合词，仅是单词在使用上的辅助或变化。正因为如此，语言学界普遍认为：整个汉语，乃是一个与其他语系极为不同的单音节语言体系。

汉语一字一音，但这个音又可细分为声和韵两部分，或称声母和韵母。另外，汉藏语系语言还有个特色，就是都有声调。因此，声、韵、调便是汉语的组成部分，不过并不是每个字都有这三部分，像友字缺声母、事字缺韵母，只有声调和韵里的主要元音是不可少的。

凡声母相同的，称为双声。凡韵母相同的，称为叠韵。如婵娟为叠韵，参差是双声。声母韵母怎么样看它们是相同的呢？这就要对声母韵母做些分析了。

对声母的分析，唐朝和尚守温曾归纳为30字母，宋代扩充为36字母。牙、舌、唇、齿、喉，指发音部位。清浊指轻重。清轻浊重，事实上是说声带颤不颤动。又清指不送气，浊指送气。另外，声调阴为清，阳为浊。

对韵的分析，则一般分为韵头、韵腹、韵尾。韵头是介音、韵腹是主要元音、韵尾是收音。古人编韵书时，韵腹和韵尾相同的就编在同一韵部中，例如先、天、千、烟、年、贤、玄、渊……都归入《平水韵》的平声先韵。《平水韵》是宋金时期的韵书，反映的是南宋的分韵状况，更早则有唐代的《切韵》与北宋的《广韵》。再早些，比如上古音韵，就没有现成的书可用了，须靠音韵学家推测。如王力认为上古声母有32个，古韵有30部。

不同时代的韵书，反映了不同时代的语音现象。这就显示了语音是有演变的。例如《诗经·邶风·谷风》:“凡民有丧，匍匐救之。”《礼记·檀弓》引作“扶服”，扶是轻唇音，匍是重唇音，古人读起来一样，所以才可以通假。再结合其他许多例子看，可以确知古人是把所有轻唇音都读成重唇，也就是古代并无轻唇音。现在闽南语“分”（ㄈㄣ）读成ㄅㄨㄣ，“飞”（ㄈㄟ）念成ㄅㄨㄟ，便是其遗迹。至于“猪”（ㄓㄨ）念成ㄉㄧ，则是古无舌上音的缘故。舌上音的知、彻、澄、娘各母，只读成端、透、定、泥。

声调部分，古今变化更大。上古只有平入两大类，其后各自分化，就形成了四个声调：平、上、去、入。元代以后，北方官话消失了入声，入声字并入其他三声。只有一些方音，如客家语、闽南语、广州话中才保存着。

不过，语音虽然已经改变，韵书却也造成了读书人的语音凝固现象，如《平水韵》乃宋金间的韵书，讲四声平仄。元代以后，语音已变，但所有作诗的人，直到现在仍采用它作为押韵的凭据。清代一些工具书，如《经籍纂诂》《助字辨略》也是依平水韵来编排的。倒是作曲的人，因以元曲为典范之故，用的是元代周德清的《中原音韵》，而非《平水韵》。

二、词的特点

单音词的特点，是简无可简，结构上已不可再分。一个词指一件事、一个概念、一个动作、一项基本性状。而词音与其所指之间，则亦非毫无关联的任意编派。

古代的语音现象，如今当然已无法复原了，但部分语音现象仍可于文字中寻其遗迹，因为文字本来就有部分记录语音的功能。历来均说中国文字为象形，殊不知汉字十之七八是形声，形声的音符部分就是表音的。转注、假借，在汉语及汉字中亦屡见不鲜。而两者也都与音有关。假借是同音字相替代，转注是有声音关系的同义字。同音字可以替代、有声音关系的字可以同义互训，正表示古人认为声音与意义是有关联的。某事某物之所以唤为某某，非任意为之，声与义相关，故同音者义近，可以替代或互相解释。

同理，形声字的声符除了表音之外，亦有表义的功能。这个道理，清代王念孙、段玉裁等人均曾予以阐发，认为形声必兼或多兼会意。如支声词有分支义，肢、枝、歧都是；少声词有微小义，杪、秒、眇、妙都是；囱声词有中空义，窗、葱、聪都是；仑声词有条理义，纶、论、伦、轮都是；交声词有纠缠义，绞、狡、饺、校、跤、咬都是；奇声词有偏斜义，倚、寄、畸、骑都是；皮声词有分析或偏颇义，披、破、簸、颇、跛、坡都是。古代词书，如刘熙《释名》；或近人著作，如章太炎《文始》、高本汉《汉语词族》，也都循此原则去因声求义。

因声求义之方法也可以找出汉语的同源词。例如枯、涸、竭、渴、槁，声音和意义都相近，即是同源词。此类词不见得字形相近，而纯是声音的关系。如背、北、负、倍，均有相反义；逼、迫、薄，均有靠近义；冒、蒙、冥、盲、雾、瞀、梦、眠，均有迷蒙不清义；陟、登、腾、乘、升、蹬，均有升高义；无、莫、靡、亡、昧、罔、蔑、勿、毋、不、否、弗，均有否定义等等。这些词，更明确体现了音与义之间的关系。

单音词，一词一义，且词之音义如此密切相关，这些都是汉语的特点。然而，汉语另一些特点，恰好是与它们相反的。比如，一词多义。

单音词是最简化的词形，一词一义。但词义因人类文明发展越来越繁、指涉越来越多，势必越来越扩大，这时单词便不敷使用了。除非不断增造新词，像印欧语系那样，词典越编越厚、收词越来越多。可是，汉语语音的音节单位是有限的，单词并不能像英语那样增造新词。此时就会出现派生词（如有虞、有夏、勃然、莞尔）、复合词（如壁虎、土虱），不再只用单词。因一词一义的单词，会随机与另一个单词组合而再变出另一个词及另一个意思来。所以也不需另造新的单词。

另一个让单词不增加而又能适应指义需要的办法，就是让单词可以指不同的义，一词多义。这看起来与单词原来确指一事一义相反，但词义的来源若在音声，则声变有限，义指无方，一声之中本来也就蕴涵多种意谓。如后来常见的释义法：“易，一名而含三义，所谓易也、变易也、不易也”（《易纬乾凿度》），“诗有三训，承也、志也、持也”（《毛诗正义·诗谱序》），“深察王号之大义，其中有五科：皇科、方科、匡科、黄科、往科。合此五科以一言，谓之王”（《春秋繁露·深察名号篇》），都是以一音之周流说义蕴之多方。可见单词多义，有其必然性在。中国人也善于掌握这个原理，好好地发挥了一番。

如何发挥呢？一词多义虽然是各民族语言的普遍现象，可是汉语单音词的多义状况最特别。本义、引申、假借，可以多义流转到匪夷所思的地步。如绳，是绳索，绳墨、纠弹、正直，也是惩办（绳之以法）。引，是开弓、拉长、引导，也是拿取。首是人头、首领、发端、首要、朝向，也是自首。归是回家、出嫁、汇聚、归属、依附、自首、称许、趋向、委任、归还、终于，也是死亡。凡此等等。词义非常广延灵活。

其中更为特别的是“正反合义”和“词性不定”。

一词多义中，往往包括了完全相反的两种意思，谓之正反合义。如花落，是指花的生命结束了；大楼落成，却是说楼刚刚建好。故《楚辞》所谓：“餐秋菊之落英”，可能指的就是始英而非残卉。落，兼开始与结束两义，相反相成。同类者，如乱，治也。乱与治恰好含义相反。一个乱字即兼治乱两义。面，既是面对面又是相背，如面缚就是指反背而缚。薄，既是少，又是多，如薄海腾欢之薄。逆，既是违背又是迎接。息，既是气息又是停止、休息，既是增长（如利息）又是减少。隐，大也。废，大也。归，往也。戾，善也。危，正也。诞，信也。虔，杀也。啬，贪也。让，诘也。寥，深也。困，逃也。亢，遮也。眇，远也。……这些都是正反合义。乖，既是乖张也是乖巧。易，既是变易又是不易。其他语文中非无此类语例，然远远不如汉语普遍。传统训诂学上所谓“反训”，所指即为此一现象。盖为常态，并非特例。

词性不定，则是因一词多义，绳指绳索时是名词，指绳人以法时就成了动词，很难定称某词的词性如何。本来，跨词性的词，各种语言中也都有。如英语的 fire 是名词火，也可以是动词点火。home 是名词家、动词回家、形容词家乡的，也可以是副词在家。但汉语情况特殊。印欧语言，可以依词性不同分为八类：名词、动词、形容词、副词、介词、连接词、叹词、冠词。汉语则自《马氏文通》模仿印欧语也分词为九类（加了一类印欧语所无的“助词”）以来，争议不断，大部分语言学家都主张汉语之词性难定或可以活用。“春风风人”，前“风”为名词，后“风”为动词，风又为风化之风、风教之风、风诗之风、风动之风、风土之风、风谏之风，义不定，词性也就不定，很难把词分类。

一词多义、正反合义、词性不定，都是其他语言也有，但在汉语则为特别普遍的现象，可称为汉语之特色。助词则更是特色了，因为印欧语就没有助词。

清末马建忠编《马氏文通》时，发现汉语没有冠词，而助词（如的、呢、吗、也、乎、焉、哉）却很多，所以特立了助词一类。谓此乃“华文所独”。汉语中为何会独有这类词呢？在甲骨文时代，助词并不发达，周秦两汉才逐渐形成的“虚词”系统，计有30几个虚词。虚词是与实词相对而说的。词分虚实，这就是汉语的特点，其他语言并不这样分。而正是在虚实相对的情况下，虚词系统越来越完备、虚词越来越多，许多实词虚化成为虚词，如也、聿、其、岂、因、而、然、亦、且、勿、弗、不等本来都是实词，后来才用为虚词。虚词体系越庞大，助词当然也就越来越增加了。其重要性也越来越获重视，《文心雕龙》就说：“至于夫、惟、盖、故者，发端之首唱。之、而、于、以者，乃札句之旧体。乎、哉、矣、也，亦送末之常科。”认为这些虚词：“巧者回运、弥缝文体，将令数句之外，得一字之助矣。”对于传达语气、神情，虚词助语确实功效甚大，特别汉语发展这方面，正可看出运用这套语言的中国人，其思维特性何在。

三、句的形态

以上说的都是汉语基本单位（词）的特点。合数词以构句，则形成另一些语法上的特点。

世上语言，可略分为四种语法结构：孤立语、黏着语、屈折语、复综语。其不同可以看底下的例子：

汉语	俄语
我读书	Я читаю книгу
你读书	Ты читаешь книгу
他读书	Он читаег книгу
我们读书	Мы читаем книгу
你们读书	Вы читаеге книгу
他们读书	Они читают книгу

这六句话里，汉语的“读”和“书”没有任何变化。俄语的动词 читатъ随着主语的人称和数的不同而有不同的形式，而 книга 也必须是宾格的形式 книгу。类似主语与谓语，形容词修饰语与中心语的组合要求有严格的一致关系，动词对它所支配的宾语也有特定的要求。词在组合中这般多样的词形变化，在汉语中是没有的。因为汉语和俄语正好代表两种不同的结构类型。语言学中把类似俄语那样有丰富的词形变化的语言叫作屈折语，而把缺少词形变化的语言叫作孤立语。汉语即是孤立语的代表。

孤立语的主要特点是不重视词形变化，但是词的次序很严格，不能随便更动。上述的六个汉语句子，每一个词在句中的位置都是固定的。虚词的作用很重要，词与词之间的语法关系，除了词序，很多都是由虚词来表达的。比方“父亲的书”，“父亲”和“书”之间的领属关系是通过虚词“的”表示的。这种关系在俄语里就须用变格来表示：“книга отца”中的 отца 是 отец（父亲）的属格。汉语、彝语、壮语、苗语等都属于孤立语这一类型。

屈折语的“屈折”是指词内部的语音形式的变化，所以又叫作内部屈折。屈折语的主要特点是：有丰富的词形变化，词与词之间的关系主要靠这种词形变化来表示，因而词序没有孤立语那么重要。像俄语的“Я читаю книгу”这个句子中的三个词，由于不同的词形变化都已具体地表明了每个词的身份，因而改变一下词的次序，比方说成“Я книгу читаю”，或者去掉 Я，说成“Читаю книгу”或者“Книгу читаю”，都不会影响句子的意思。俄语、德语、法语、英语，都是这种屈折语类型。

黏着语的主要特点则是没有内部屈折，每一个变词语素只表示一种语法意义，而每种语法意义也总是由一个变词语素表示。因此，一个词如果要表示三种语法意义就需要有三个变词语素。土耳其语、芬兰语、日语、韩语就是黏着语类型。

复综语可以说是一种特殊类型的黏着语。在复综语里，一个词往往由好些个语素编插黏合而成，有的语素不到一个音节。由于在词里面插入了表示多种意思的各种语素，一个词往往构成一个句子。这种结构类型多见于美洲印第安人的语言。

从孤立语和屈折语的比较来看，最大的差别在屈折语的形态变化多。其变化有以下各项：

一、性。俄语和德语的名词与形容词都有性的语法范畴，分阳性、中性和阴性三种，不同性的词有不同的变格方式。法语名词也有性的范畴，但只分阴性和阳性。“性”是一个语法的概念，它和生物学的性的概念未必一致。例如德语的“das Weib”（妇女），“das Mädchen”（少女）在语法上是中性。其他各表事物的名词也分成各种性，例如太阳在法语里是阳性，在德语里是阴性，在俄语里是中性等等。这种分性的观念，墙壁、门、窗、桌、椅都有性别，中国人常感莫名其妙，且常会与生物学的性别相混淆。

二、数。指单数和复数。如英语的名词、俄语的名词和形容词都有单数和复数的变化。在中国，若讲到狗时，说“狗们”，则会笑死人。我国只有景颇语、佤语的人称代词有单数、双数和复数的区别。

三、格。格表示名词、代词在句中和其他词的关系。俄语的名词、代词的格有六种形式（名词单复数各有六个格的变化，故有十二种变化），修饰它们的形容词、数词也有相应的格的变化。名词、代词做主语时用主格的形式，做及物动词的直接宾语时用宾格的形式，做间接宾语时用与格的形式，表领属关系时用属格的形式。英语的名词只有通格和所有格两个格，芬兰语则有 20 几个格。中国人学外语，对这些格的变化，常感到一个头两个大。

四、式。表示行为动作进行的方式。英语动词有普通式、进行式和完成式。“be + 动词的现在分词”表示进行式，“have + 动词的过去分词”表示完成式。

五、时。表示行为动作发生的时间。以说话的时刻为准，分为现在、过去、未来。如英语“I write”（我写，现在时），“I wrote”（过去时），“I shall write”（将来时）。英语语法中通常说的“现在进行时”，实际上包括时和式两个方面：现在时，进行体；“过去完成时”则是：过去时，完成体。法语语法中通常说的“复合时”，也是包括两个方面的，如“愈过去时”（plus-que-parfait）实际包括过去时和完成体两个方面。

六、人称。不少语言的动词随着主语的人称不同而有不同的形式。俄语、法语都有三种人称。英语动词只在现在时单数的时候有第三人称。汉语不只无此变化，连我你他有时都很模糊，上海话说“侬”，有时指你、有时指我，即为一例。

七、态。态表示动作和主体的关系。一般分为主动态和被动态两种。主动态表示主体是动作的发出者，被动态表示主体是动作的承受者。

以上这些语法的形态变化（性、数、格、式、时、态、人称），汉语几乎全都没有；某些语法功能，则是用助词来代替。例如“我吃了”表完成式，“我吃着”表进行式。其他形式上的表现只有语序。词与词缀合成句，由语序关系确定其含意。一些回文诗等游戏语的故事，都可以显示汉语中句子的意义，是靠不同的读法，或对语序不同的处理而定的。

不只此也。汉语一些结合字句的词语，如前置词、接续词、关系代名词也都不被重视；在组成一句话时，主语、述语、宾语、形容词、副词也都可以颠倒或省略；主语亦不具备印欧语式的主语功能；句子更可以没有主语；主语与动词谓语之间的关系又非常松散，不存在必然的“施事加行为状态”及“被表述者（主语）和表述成分（表语）”等关系。这些，也都是它迥异于其他语言的地方。

由于印欧系语言单词本身有丰富的形态表现，体现丰富的语法意义，因此早在亚里士多德讨论静词和动词时，就有了“格”形式的概念和“数”形式的概念。他把动词和静词的所有“间接形式”（形态变化）都纳入“格”的语法范畴中，还指出静词的“性”的区别。其后语法学之研究亦历久不衰。印度则在公元前四世纪就有系统的《梵语语法》。可是，汉语的语法形态变化甚简，只要明白了词，又明白了词序，句子自然就能通晓，不须做句法的形态结构分析。因此，从古至清末，中国只用训诂之学去释词、用句读之学去讲明语序就够了，根本没有印欧语系中那样的语法学。

由此差异，亦可发现印欧语言显示了较强的形式逻辑性，句子的谓语必然是由限定动词来充当的。这个限定动词又在人称和数上与主语保持一致关系。句子中如果出现其他动词，那一定采用非限定形式以示它与谓语动词的区别。因此，抓住句中的限定动词，就是抓住句子的骨干。句中其他成分，均须借位格或关系词来显示它们与谓语动词的关系。而主谓语之分，又是从形式逻辑来的，以形成一种从属关系句法。反观汉语的形式限定很弱，词序所构成的，乃是意义上的、事理上的逻辑关系，而非形式的（也有人称为“意向性意涵的逻辑”或“隐含逻辑”）。故非“以形定言”之形态，乃是“意以成言”的。语意之明晰与否，不由形式逻辑上看，而要从词意的关系上认定。

语言学上称此为“形态优势”和“意念优势”之对比。形态优势的语言，讲究形式逻辑的关系，时态、语态、人称等均有明确的规定。语句的意思，可由结构形态上分析而得，故句意较为固定。意念优势的语言，是意念（词）的直接连接，不必仗赖形式上的连接，所以形约而义丰。对词意本身的掌握越准确越深刻，句意也就发生了变化。有些人因此认为汉语不如印欧语明确，具形式逻辑性、含混、语意游移，以致用此语言所表达之思想也无明白的推理程序，显得囫囵、简单；有些人则推崇汉语抛弃了一切无用的语法形式，直接表达纯粹的思想，把所有语法功能全部赋予了意念运作，也就是思维，仅以虚词和语序来联结意义。若把思维或概念外化为语言的过程称为“投射”，则汉语是直接投射式的，英语等则须经词的形态变化、结构成形等程序整合手续，所以是间接投射的。相较之下，汉语自有简约直截的优点。

“形式逻辑／意义关系”“形态优势／意念优势”“间接投射／直接投射”“以形定言／意以成言”等区分之外，印欧语与汉语还可以“动词为主／名词为主”来区分。汉语是以名词为主的语言，动词远不如在形态语中那么重要，注重名词的基本义类，然后利用句读短语组构语句。印欧语法则注重动词的形态变化。上古汉语动词还比较多，占71%，名词占20%。现代汉语动词则已降到26%，名词高达49%。可见整个汉语史有朝形态简化、动词作用弱化、名词作用强化的趋向。

四、语言与思维

意念优势的语言，本来就以词为主，而不以语法为重。它在一些缺乏语法形态变化的地方，要完成其语法功能，也仍然要靠词。如前文说过的“我吃”“我吃了”“我吃着”那样，词本身无形态变化，但助词可以完成时态表示的功能。数也一样，数在汉语中也是以词及词语表示的。如人们，加助词以示复数；五匹马，加数词量词以示复数；异议，以词义融合表示复数；若干时日，利用表示复数的词语；重重关卡，以叠字示复；年久月深，以成语示复。这些都是运用词汇手段（lexical means）的办法。这种办法极为灵活，因为词与词是可以随机缀组的，因此它是个开放系统。语境不同，便可缀组不同的词。其手段包括利用副词、助词（如竟、竟然、就、就像、真、想、多想、多么、也许等），连词（如若、假使、倘如、即使、本来、原本等），助动词（如应、应该、理应、似乎、本可、会等）。

以词语手段济语法功能之用，当然更强化了汉语“以意为纲”的特点。屈折语中语法形态上的转折，变成了汉语式的意念转折。善于听受汉语的人，也就不必去分析什么句法的结构，只须注意其遣词命语即可。

注意遣词命语，除了要留心其语法功能的词语手段外，当然还要斟酌玩味其所遣之词。汉语的词语，本身也是颇有特点的。古人所谓“言为心声”或“心生言立”。特殊的语汇，乃是内心世界之观念丛，本此而展开对外在世界的命名或描述。那些实体词（名词），主要是用来命名的，山、川、花、鸟、草、木、竹、石。那些描述语，如“有白马，白马非马”“山外青山楼外楼”则是以话题形式建立的句子。

这些句子，可能仍由实体词构成，如“春风桃李一杯酒，江湖夜雨十年灯”“古道西风瘦马”“小桥流水平沙（多作‘人家’）”，句子都是话题形式而非命题形式，主谓结构不明显。当然，句子也可能利用虚词组成，如“时方随日化，身已要人扶”，虚词的作用不在表达语法范畴，而在显示思路转折，但词无固定词性，功能上的意义也不定。同样地，实体名词在句中一样可以具有语法功能，一个句子没有虚词、没有动词助词，照样可以理解（但若习惯了印欧语及其思维形态，对汉语语意可就拿捏不准了。民国以来，学者不乏此种毛病）。

这特殊的词语状况，结合其语法特性，就构成了汉语独特的形态。此一形态，与思维之关系，最明显的，是句子短。即使是长句，也往往可拆成若干短句，句中以意联结，意断则句绝。因此“离章辨句”非常重要，古代大学，要求学子入学一年后须有离章辨句之能力，即源于此。不同的断句法代表对语意之掌握有所不同，因此这是以语意为主的句子。语意之单位是词，一词一意，故一词为一句的情况极多，至为简约。短句在思维上代表简捷、直接。中国人常常也有把一些复杂的事相或概念，浓缩为三四个字的习惯，《三字经》及大量成语即为明证，思想是极缩约的。《诗品》称陶渊明“文体省净，殆无长语”，大约即是中国人对言词运用的极则。此亦代表了思想上的要求，所谓“言简意赅”或“文约意丰”，都是指这个特长。

短句精简的特色，因摒弃了机械式的关系结构，可能会使中国人不善于推理思维。汉语的概念直接投射形态，也可能使它较擅长直觉。但推理思维是否一定只能是透过形式逻辑式的方式？以意定形，在不同语序中体会不同词意的变化、比较其差异，同样是一种推理思维，只不过它与印欧语系语言所显示的或所优长的状况不同罢了。

何况，汉语的语法形式匮乏，使得一个语句到底是什么意思、一个词语在语序组合中到底恰当否，都只能从实际的语词中去认清楚它的意义而定。这样的语言，语义的掌握就更为重要，“语言学”势必成为“释义学”。古代形容圣人，都强调其聪智；圣与听本来也就是同一个词。聪是耳朵听的能力，故圣人之圣（聖，繁体），从耳，从口。听得懂话，才能掌握意义。孔子自谓：“六十而耳顺”，境界尚在五十而知天命之上。注云：“耳顺者，声入心通。”发言者心生言立，听闻者声入心通，两心相印，才能形成一次透彻深刻的意义传达。此种理解与传达之关系，比诸形式推理，更需要体会、诠释的工夫，亦非形式推理所能奏功。此则非只懂印欧语、只晓得形式推理者所能知矣。

若语句之重点不在形而在意，句子的重点也就不在句而在词。这种情形有点儿像古代的音乐。琴瑟钟鼓，都与汉语一样，不重曲式变化，只由一个音一个音缀合；听音乐时，虽寻声而赴节，但重点在于品味那一个个的音。好的音乐，“曲澹音稀声不多”，并无繁复的曲式变化，却可由其简素朴直的声音中透显无穷韵味，令人玩绎不尽，故又称为“大音希声”。能听得懂的，称为知音。知音殆如“知言”，亦圣人也。

由语言到音乐，声音的表达及其作用在上古的重要性，是毋庸再强调的，每个人都知道：语言先于文字，语言也是人禽之分的关键。但语言不是工具，它是人类心灵状态在声音上的表现。不同的民族、不同的心灵状态，即有不同的语言、不同的表现方式。因此，了解我们自己的语言，才能明白我们的文化。

第五章：文字

一、真正的文字

西方文化主要以口语传达。虽有文字，仅为语言之辅贰，以备遗忘。因拼音文字符号系统，实际上并不能摆脱语言或脱离语言而独立存在。它是记录语言、表现语言，由语言诞生的一个仿拟语言系统。故时至于今，库玛斯（See F. Coulmas）仍认为根本不存在文字学（Grammatology）这样一个学科；索绪尔（Ferdinand de Saussure）的符号学也不讨论文字，只把语言视为所有符号的结构原型。他们这些态度，正显示了欧西毕竟仍是个以语言为中心的文明。而这样的文明，跟中国可说是迥然不同。

中国的语文关系，与欧西不同，肇因于文字本来就不一样。中国非拼音文字，这是大家都知道的特点。其次，是我国文字创造极早。在《荀子》《韩非》《吕氏春秋》等书中都说是仓颉所造，而仓颉是黄帝时的史官。后来的典籍更把仓颉称为“史皇”，如《淮南子》；也有人以仓颉为古帝王，如《春秋元命苞》之类纬书。以现今考古资料来看，属仰韶文化前期的半坡遗址、临潼姜寨遗址，或大汶口文化都有不少陶文。若以此为汉字出现之征，则其时间大约在公元前 4000 ~前 3000 年间，恰与仓颉作字的传说时间相符。纵或不然，河南偃师二里头文化所发现刻契，年代也在距今 4000 年左右，汉字之创制及系统化时间至迟不会晚于这个年代了。比古苏美文字、埃及文字、克里特文字都要早。

这些历史比较悠久的文字，无一例外，都不是拼音式的。过去，欧西中心主义者常以此论证原始文字均是图书象形式的，其后才逐渐“进步”到拼音。殊不知此乃文字系统能否独立之关键。

文字若在极早时期就已创造出来，那时，语言系统尚未完善，也仍在发展中，故语言与文字可以有一种较平衡的动态关系，文字系统乃得以日趋完备。像中国，距今 3600 年之商朝，便已是“惟殷先人有册有典”（《书·多士》）了。今所发现之甲骨文，单字已达 3500 个以上，“六书”皆备，可见系统已甚粲然。唯甲骨文仍不足以反映当时整个文字系统。因为甲骨文主要是用以占卜，功能有限，记载亦有限。若为其典策所载，文字当又更完备于现今所见之甲骨文。反之，若文字创造较晚，在语言系统已较完备之后，文字便会只能以语言为结构原型，作为语言记录或辅助。欧洲自希腊以降，均是如此；印度文明也是如此。

世界上，那些早先创造文字的文明，如古埃及、古美索不达米亚，都灭亡了，仅存的是中国。而且美索不达米亚地区及埃及均亡于希腊人、拉丁人及闪族人。因此看起来好像世界上主要文明后来均改用拼音，只中国是例外，其实哪是这样呢？希腊人、拉丁人、闪族人，灭了这些古文明，然后说文字是由图画象形逐步“进化”为拼音，不又是岂有此理吗？

也就是说，汉字是历史最悠久，也是最典型的文字系统。即使在欧西，人们只要发现语言系统有所不足时，所能设想建立的真正文字系统，仍要以汉字为基本思考模型。

例如笛卡尔便曾说：“字母的不协调组合，常令读书听来刺耳。……在我们语言中听来愉悦者，德国人或觉粗俗，不能忍受”，

“语言运用于不同民族时，你们无法避免此种不便”[①]。因此他才想到书写，云：“若出版一本涉及所有语言的大辞典，并给每个词确定一个对应于意义而非对应于音节的符号。比如用同一个符号表示aimer、amare、φιλεῖν（三个词都表示‘爱’），则有这本辞典且懂得语法者，只要查找到这个文字符号，译读成自己的语言便可解决问题了。”

他这个想法，在中国乃是尽人周知之理。因各地方言互殊，无法沟通，故文字之用兴焉。而各地语言虽异，但只要看文字，大家就都是懂的，也都可以用自己的方音土语去读同一个文本。

但在欧西，早期大家可没有想到这一层，因为其传统中并无表音之外的另一种对应于意义、而非对应于音节的符号。至笛卡尔、基歇尔（Athanase kircher）、威尔金斯（John Wilkins）、莱布尼兹等人，才因中西交通而认识到汉字，因而构思一种叫作“关于文字和普遍语言、万能沟通手段、通用思想符号”[②]的哲学计划，简称“通用字符”。所谓普遍、万能的沟通符号，是说只有文字才能跨越语言鸿沟，成为普遍的通用沟通符号。而他们能设想到要建立这个新的、且在其历史中未曾被想过的新哲学语言模式，乃是取法于汉字。莱布尼兹即认为汉字与发音分离，使它适合于哲学研究。而且汉字与埃及文还不一样，汉字有更多理性的考虑，意义还须取决于数、秩序与关系，不只是符号与某种物体相似的笔画而已。故埃及的、通俗的、感性的隐喻性文字，与中国的、哲学的、理性的文字应分开来看待。

莱布尼兹等人所设想的通用字符（非表音文字），当然不就是汉字；他们认为汉字完全与声音分离，是“聋人创造的语言”，也不尽符事实；为了反抗欧西中心主义或逻各斯中心主义，而代之

① ［法］德里达：《论文字学》，汪家堂译，上海译文出版社2005年版。

② 同上书。

以“汉字偏见”，亦无必要。但总体上说，汉字并不只是一个国家、一个汉族的文字。且不说它曾在东亚形成这一个庞大的“汉字文化圈”，汉字实际才是真正的文字系统。现在讲语言学的人动辄说：“世上只有两种文字系统，一是表意文字系统，二为表音文字系统”，索诸尔固然如此说，研究文字学的人也如此说。其实表音“文字”系统，哪能视为真正的文字系统呢？

纵或退一万步，承认表音文字也仍是一种文字，则所有表音文字为一类型，汉字自为一类型，与其颉颃，故其地位与价值，仍是超越世上任何一国一族之文字的（至于埃及、古西腊之文字，仅是系统发展尚未完备者，在非表音体系中聊备一格可也，与汉字完全无法相提并论）。

二、表意的体系

但表音或非表音这样的描述，对汉字来说，仍不贴切。因为，所谓非表音文字，不是说文字系统不呈现其声音。汉字中的形声字就以声符来表音，小篆中形声已占78%，现代更高达90%，所以俗话说：字若不会念，“有边读边，没边读中间”，大抵就能读出来了。这样的文字，不也表音吗？这就是这个术语易滋误会的地方。需知汉字之表音与拼音文字颇有不同：

一、汉字以表意为主，表音为辅。文字形体直接显示的信息是语意而非语音。例如英语 book、俄语 книга，以直接拼读出意义为“书”这个词的声音来作为文字符号；汉字则用皮线穿过竹简的形态“册”来表达这个意义。册字是表意而不表音的。

二、汉字表音的形声字，除状声字等以外，极少单独示音，都是形与声结合。形符固然表意，声符在表声之外同样也表意。清朝人讲文字声韵学，所强调的“因声求义”原则，即本于汉字这一性质。只不过，形符所表示的，是意义的类别；声符所表示的，是意义的特点。例如带木形的都属树木这一类，带水形的都属川河这一类；可是构（構）、沟（溝）均从“冓”得声，指的就是木类与水类中，具交合这一特点之物。故构屋须交合木材、沟渠须纵横交错，二人言语交合曰讲、婚姻交合曰媾、两人相遇曰遘。“冓”音就是表明这个意义特点的。其表音者，毕竟仍在表意。

三、纯从语音上说，汉字属于“音节—语素文字”，一个汉字基本上只记一个音节，一个音节又往往只代表一个语素。如“人”这个字记录了“ㄖㄣˊ”这个音节，这个音节即代表人这个语素。英文字母所代表的则是音位，如 thing（东西）这个词，th、i、ng 分别代表 θ、i、η 三位音位，故 thing 就是三个音位结合的词。

四、形体方面，拼音文字，只能在一条线上，靠前后字母的排列去区别不同的字，所以是一种线性排列的形态。汉字则是两维度的排列，上下左右数量的变动，就会构造出不同的字。如日、昌、晶，是数量相加；杲、杳、加、另，枣、棘，本、末，是位置不同；比、从，是方向不同。

也因为汉字在形体上可以如此变动，因此它的形体要件可以极少。早期汉字尚是“随体诘诎”，笔形不太固定，难以统计；汉代施行隶书后，整个汉字体系，其实就只有六种笔画组成。哪六种呢？横、竖、撇、捺、折、点。古人常说只要练好“永字八法”就能写好一切字，讲的就是这种基本笔画。但八法系为书法而设，故强调挑与钩，其实真正综合起来，只有上述六种。以这么简易的形体组成部件，就可以组构如此庞大的文字体系，其他文字是没有的。原因非常简单。其他文字要记录语音，语音中，唇、齿、喉、舌音，乘以塞、塞擦、鼻、边音，再加上清音、浊音、送气、不送气之分，其数必在数十个以上。且不说别国，仅是汉语，若要用拼音表达，字母也得用上几十个，何况那些音位复杂的语言？过去许多人搞不清状况，老是抱怨中国字太多太繁，羡慕“人家英文，廿六个字母就搞定了”。不晓得那廿六个字母是字的组成部件，就如笔画是汉字的组成部分一样，英文需以廿六个字母去组构基本文字体系，汉字仅需六笔，孰多孰少？

汉字构造上，还有一个归部首的原则。许慎把 9353 个汉字归入 540 个部首底下；现代字典收字可达 50000 以上，但部首更简，大概并成 223 个部首左右。一个部首，既是对字做形体上的归类，也是意义的归类，例如人部、口部、竹部，由形见义，据义归部，整个系统纲举目张，便可以以简驭繁。

繁，是相对于笔画之简、义之简而说的，整个汉字体系也充满了简约的特质。以极少的笔画、极简的义类，以简驭繁的结果，迄今也不过造出 50000 左右个字，这还不够简吗？

“什么？50000 还叫简？《康熙字典》收字 49000，多如繁星，认不胜认，岂能谓简？”“老兄，英语如牛津字典之类，收词动辄在四五十万以上。汉字与之相比，小巫见大巫矣！”

何以能如此？一者，汉民族夙尚简约，不可能造出如此繁富的体系来自苦；二，仰赖汉字的造字原则。在原先本无文字时，当然要不断造新字，以指涉新事物；但文字“孳乳而寖多”以后，便利用假借等法，不再多造新字，而以同音同义字替代。如“其”字，原本是指簸箕，后来借为第三人称的其；而本是指人须；亦本是指下腋。借得字了，就不必另行再造。还不行，则以原有之字拼组成词。如电灯，古无此物，现在有了，但并不需另造一字，把电与灯重组即可。这些原则均可节制汉字的数量，使勿膨胀。

这就是说，汉字是一种表意的、简约的文字体系，而此一体系内部，又有它组构这个体系的原理。这个“原理”，与拼音文字的原理完全不同。拼音文字系统的原理，即是语法的原理，汉字则拥有它自己构建其文字体系本身的原理，这些原理与语言并无关系。

三、构造的原理

汉字的文字构造原理，当然不会是在仓颉那个时代就已设想出来，然后再据以造字。现在所说的象形、指事、会意、形声、转注、假借等所谓“六书”，是汉朝人由既成文字上分析归纳而来的。依其分析所见，视为古人造字时实有此六种方法，字形之构造具有此六项原理。古人造字时可并不是先想象象形这一法，然后据以造若干字；又设想了会意、指事等法，再造若干字。故此乃推源溯始之说，并不能直视为原初造字时的实况。但是，文字符号之创造，旨在表意涉事。以某符号指某事，必不会毫无规律；符号本身，也当有其法则。否则一横一竖，为什么可以是人所共知共许的符号呢？据此而言，其创制必有其创制之原理。迨其体系既成，更有这一套体系的原理。那些不符这个体制化原理的文字，就会被排除在体系外。汉人编《说文解字》，归纳造字法为“六书”以后，世皆把不符合这些原理者归入古文、奇文、异体、俗体、谬体、误文之列，即以此故。因此整个汉字的构建原理，现在用“六书”来代表，其实也没什么不可以。

六书，指象形、指事、会意、形声、转注、假借。它另有些异称，如指事也有人称为象事、形声也有人称为象声之类。排序先后，也有争论，某些人认为造字时指事先于象形。但我这本书本非文字学史，可暂时不管这些，谨以《说文解字》所述为基础。

象形，是用笔画去描刻物象，如日、月、水、火、雨、土、石、山、果、木、竹、米、佳、虫、鱼、牛、羊、马、犬、人、目、耳、口、手、田、井、郭、宫、门、京、弓、矢、刀、工、贝、网、片、带、衣、皿、壶、肉、豆、酉、册、聿、卜、兆、回、乐等字，都是象形。

象形字近于文字画，但它不是画。因为对“象”有所取意，于形又不尽拟似。日，用眼睛看日，所见只有一轮红光，可是日字中间却有一点。那一点，表示红轮之中是实的。故《说文》云：“日，实也。”月亮中间画了两点，取象则非一轮满月，而是月缺之状。为何只取缺月不取圆月呢？《说文》云：“月，缺也。”这实与缺，就是两个观念，是人对日象月象的体会。于日见其实有力量，于月生起盈缺变化之感。故象形者，其实非象其形，乃象其义也。就像人，人可以有许多形，例如可仰卧成一、跪地而跽，但人字只取人站立之形。站着才是个人，其他动物就不甚能“人立”，故此为人之特征。人若正面站立，堂堂而立，那更就是大了。“天大、地大、人亦大”，虽老子之语，然于造字之际，取义本来就看得出这种思想。

宋代，郑樵曾说象形有两类：一是山川、天地、井邑、草木、人物、鸟兽、虫鱼、鬼物、器用、服饰等，均象实物之形；二是象貌、象数、象位、象气、象声、象属，均象抽象之物。其实，象抽象之物，固然是取义立象，非同描摹刻画（因为本无具体形状可以画）；即使是象实物，如上文所述，仍然是取象而非画象。许多文字学家不知此理，只从形象上去推考，遂觉象形造字毫无规则，有从前看的、有从后看的、有从侧看的、有变横为直的、有省多为少的。不知象形者本是以义构形，非以形为字（许慎说象形，乃“依类象形”，已分明说了构形是依据义类而来）。

指事，据许慎说，是“视而可识，察而见意。上下是也”。在一横上画一点或一笔，以示在上之意；在一横之下，画一笔或一点以示在下。这一点或一笔，就是指事的办法。如刀上加一点为刃，木下加一笔为本，凡此等等，其为以义构形，也是不用再说的。

会意，则实为指事之扩大。因为指事多是在独体象形文上加一些符号来示意，若加的符号本身是个独立的文，那就构成了会意字。所谓：“比类合谊，以见指㧑”。谊就是义，是义的古字。此云比合或会合两意以上，即为会意。如人言为信、持戈赴战为武、日月为明、鱼羊为鲜、人牛为件、子女为好、两手为友、两月为朋、心脑相合为思、以手执耳为取、分贝为贫、躬身困居洞穴为穷、困坐一室为囚、女子执帚为妇、室有家畜为家、以火烹狗的民族为狄……

形声，从构字原理上看，与会意完全相同。不同者，在于会合的意符中有一个是兼具声音性质的。街坊的坊，意思就是一个地方，故合土与方见意，可是方又代表了这个字的音。这即是形声。方音之字，有坊、访、芳、彷、枋、钫等；分音之字，有纷、粉、盆、盼、忿等；古音之字，有姑、估、固、诂、苦、罟等，都是形声。形声的声符基本上也都是义符（除了一些状声字，如江、河；一些方国特名；一些假借造字，如禄的彔声是由鹿借来的等），因此形声字仍是以义构形的，非音标文字。其次，音标文字的字形是随音读而变的，如英语里的副词 faste，音读上失去了末尾一个音缀，书写上便也省去了末尾的 e。汉字则虽古今音已变，字形却依然维持。如最初占与帖，都因有相近于占之音，而同用占作为声符；可是现在占与帖读音完全不一样了，字仍然写作旧式。女与汝、兑与说、舌与恬……都是如此。

转注，许慎说："建类一首，同意相受，考、老是也。"历来解释有两类。一以形为类。就是说像考、老两字，字形同类，而又意义可以互通，即为转注。一说类为声类，考、老二字之声同类，意又雷同，故可转相注释，故为转注。总之是指声义或字形上有关联的同义字。

假借，则是同音字。但音同而意义上无关，纯属借用，所以名为假借。许慎云此乃"本无其字，依声托事"。

有些文字学家认为构字的原理其实只有四种，转注、假借并未构出什么新字形来，用的仍然是原有的字。有些人则认为转注、假借仍可造字，如西字、来字，本来没这些字，假借鸟栖之栖以示日头西斜的西方之西，又假借麦子是由外地传来的来以示意。构形方法上虽未增加一法，实际上仍以此达到了创造新字的目的，故仍为造字之法。而许多形构上是形声的字，可能也是循转注之法造出的。

也有些人觉得“六书”义类不妥，不如改为三书，把文字分成象形、象意、形声三类。或又说象形即有兼声者，如牛、羊字均与牛羊之鸣声有关，故象形有形兼声、形兼意，指事亦有兼声、兼形、兼意之分，形声则有谐声、兼意之别。如此，竟可分到十几类。

斯乃文字学家间的争论，此处毋庸细说，只须晓得汉字大体上有这样的构成原理就可以了。这些原理，我讲过，并非仓颉造字之初即已有之。且会意与形声，在古代也较少，周代才大量增加，显示这些构字原理也有发展的历史。但无论如何，汉字打从一开始就没有走上音标符号的路子，而是采“以义构形”的方式逐步发展，则甚为明显。六书之法，其实均是以义构形这一原理的逻辑推演，故若谓六书之法，即肇端或具存于造字之初，也不为过。

四、发明的历程

仓颉造字之际，笔画虽简，但肇始之功，不容抹煞；开创了汉字未来发展方向的创造性，更是可惊的。《淮南子·本经篇》说他这一创造惊天地动鬼神，竟至“天雨粟、鬼夜哭”，实不夸张。

古波斯神话，谓魔鬼从善良神那里偷走了楔形文字，并藏了起来，英雄塔赫穆拉特王（意为大狐狸）又由魔鬼那儿再夺出，乃播诸天下。这跟仓颉造字的传说相比，意蕴境界就差多了。仓颉造字，天雨粟、鬼夜哭，代表这才是人类创制之始。非神赐、非盗获，一画凿破鸿蒙，气象俦乎远哉!

当然，此等神话传说，只是就其意义说。文字始造，仍是逐渐发展来的。如何发展呢？郑樵认为是逻辑推演的。其《通志·六书略·起一成文图》说:“衡为一、从为丨、邪丨为丿，反丿为乀，至乀而穷。折一为㇕、反㇕为㇅、转㇅为㇄、反㇄为㇁，至㇁而穷。

折一为┐者，侧也。有侧有正，正折为Λ、转Λ为V、侧V为<、反<为>，至>而穷。一再折为ㄇ、转ㄇ为凵、侧凵为匚、反匚为コ，至コ而穷。引而绕合之，方则为□、圆则为○，至○则环转无异势，一之道尽矣。”他又主张八卦就是文字之始，因为《易纬乾凿度》已说八卦就是天、地、水、火等八个字的古文，依这八个基本字就可以把整个文字系统推衍出来了。迩来一些讲汉字与易思维的朋友，颇喜欢阐发此说。

无奈“起一成文”之说过于机械；且仅就字形立说，无当体实；论字形，亦仅就楷书笔画说，不能解释上古“随体诘诎”的字形构造。“八卦字原”说，又多属附会，震、艮、巽、兑的卦形，无论如何总与雷、山、风、泽几个字不像；就算像了，如何由八卦推出庞大的汉字系统，仍旧是难以自圆其说的。

另一种发展观，是历史的。《易·系辞》云“上古结绳而治，后世圣人易之以书契”云云，即属此。

据《庄子·胠箧》载，伏羲神农之世，民结绳而用之。《系辞》本身也说伏羲“作结绳而为网罟，以佃以渔”。故伏羲所画之卦，彼亦不以为就是文字。而结绳记事，是以大小及数量来示意的（金文中几个十的倍数的字，如十作丨，廿作∪，卅作ψ，四十作卌，就可能是古代结绳记事的遗迹），它可能确是文字未形成时主要的示意符号。在各少数民族调查中，我们也可发现此法颇为普遍。

“后世圣人易之以书契”，讲的就是文字的创造了。契是刻，《释名》云：“刻识其数也。”原本也与结绳记数的功能差不多，记一物即用刀在木板上刻一画。许多民族在文字未造时，也用这个办法，如《魏书·帝纪·序》云：“不为文字，刻木记契而已”，《隋书·突厥传》说：“无文字，刻木为契。”但用刀刻契，跟“书写”这个行为就很接近了，文字便因此逐渐创造了出来。我们看陶文、甲骨文就都仍是书与契并用的。

我比较相信这种历史的汉字起源说，因此顺着此说要再谈一下汉字的性质：结绳与契刻，都是记量的符号，它们作为汉字的源头，正表示汉字形成的原理不应只由象形这方面去认识。

在与西方拼音文字做对比时，论者常谓汉字为象形。而所谓象形，又与图画、图像有关。在讲汉字形成史时，亦辄云系由图画逐渐演变而来。连段玉裁都说："象形、象事、象意、象声，无非象也，故曰'古人之象'。文字起于象形。日月星辰山龙华虫宗彝藻火粉米黼黻皆象物形，即皆古象形字。古画图字与文字非有二事。"近世论文字者，当然更会说汉字是由图画→文字画→文字逐步演进的。谈六书，也必以象形居先，认为象形是汉字的根本原理。

象形是汉字构形的基本原理之一，当然不错。象形由图画演变而来，大概也是事实。但象形也者，表明了所象者为形，事与声如何借图画表示呢？段玉裁只看到"象事、象声"（这是《汉书·艺文志》对六书中指事与会意的称呼）的象字，就把它们跟象形视为同类，且跳跃推论古图画即文字，真是大谬不然。不是说指事、会意、形声皆造字之法吗？怎么又变成原先文字只有象形了呢？

许慎论六书，就先指事而后象形。契刻识数、结绳记事，正是指事先于象形之证。考古数据中，有刻识记号者，如半坡、临潼姜寨、甘肃马厂等处皆早在新石器时代晚期；而有象形符号者，现今最早只能推到大汶口文化晚期，似乎也显示象形不见得早于指事。

我倒不是要争辩象形与指事谁早出现些。而是说：从结绳与刻契，可令我们注意到文字形成的过程其实是多元的。我们相信必有一部分是由图画逐渐变成了符号，是视思维的发展；但另一些是由结绳、刻契等数思维发展而来，要以符号表示物的数量和质性；还有一些则是由语言来的，利用符号来记录或代表声音。不同的民族，可能会在某一方面特别着重些。例如埃及文字、纳西族东巴文字，以图画这一路为主；前文说过的突厥，刻木为契；希腊、闪族等就是以文字记音了。汉字兼综了这些方面，因此形成了一个含摄形、音、义的汉字体系。

五、思想的历史

汉字的形、音、义是相互穿透、互融互摄的。纯象形字，数量极少，仅百来个；纯指事、纯谐声亦然。绝大多数都是以象形指事为“初文”，去相互搭配孳乳。字，原本也就有孳乳之意。可是，如此孳乳繁衍，形、音、义三者却又并不等重，而是以义为主去融摄形与音。相对于拼音文字来说，实乃一表义文字系统。

表音文字中，语言是心境的符号，文字是这个符号的符号，是中介的中介，因此它间接而外在，不足以真实代表语言及真理。汉字则相反，德国语言学家洪堡特在讨论汉字对中国人思维的影响时曾说:“一般而言，汉字的影响在于把吾人对语音及语音与概念的关联的注意力转移。此中，用以取代语言的，并非一具象图形（如埃及圣书的文字），而是一约定俗成的字符。由于字符的意义必须从其与概念的关系中去寻求，因此吾人的精神必须直接面对着概念。”(《洪堡特语言哲学文集·论语法形式的通性与汉语的特性·汉字》) 印欧民族的文字，仅是语言的机械的表达，不需耗费什么“精神”。可是汉字不然，每一个字的字形字义及其与声音的结合，都得花脑筋，以“精神直接面对概念”，直接运用思维以构造之。因此，整个文字建构的过程，即是一场庞大的思维活动，精神贯注于其间。洪堡特乃以此称汉字是“思想的文字”，并说:“汉字的种种型构中，本即显示了哲学工夫（Philosophische Arbeit）在其中。”

换言之，汉字非但不是语言的符号，比语言次一级，不能表意；它本身直接关注意义，更令它成为一套思想的文字，思想性极高。

其次，汉语是与印欧语不同的语言。在印欧语中，语音与意义的关系，大抵（依洪堡特的分析）有三类模式：一是拟音，亦称直接模仿或描绘。二是间接模仿，或称联觉（Synesthesia），指语音与该事象无直接关联，但二者可对吾人之音感器官和心灵产生同样的感觉；透过这一共同感，语音可以跟事象意义产生间接的联系。三是模拟，指语音与意义并无直接间接关系，只因概念相近而成语音的相近。印欧语的第一种模式极少，次为第二种，第三种最发达，洪堡特甚至认为其语法形式及语音成素都是依这个模式原则而建立的。索绪尔则强调此一方法是要语言用户依照一些既成的范例或转换模型，透过有规则的模仿，由一原初的语词，按例导生出与该词相关的另一词语。

汉语则第一种模式最发达，且以对人感情方面的语音类拟最多。联觉模式就少了，基本上只用元音，辅音甚罕。第三种模式更薄弱，无印欧语之各种语法形式变化。因此，许多印欧语系的学者，会据此以质疑汉语的表意功能较弱，至少与印欧语比较，属于相对弱势。洪堡特则认为汉语缺乏形态变化，反而令中国人把精神集中到概念的实质意义上去，反而形成了另一种长处。

于是，这就要说到汉字了。汉字是与汉语配合的，汉语的优点与长处，汉字都一样具备着；但所谓汉语表意功能较弱这一“缺点”，汉字却足以弥补之。文字的意符各部件，可以任意重组，令使用者“依照一些既成的范例或转换模型（如部首、六书），透过有规则的模仿，由一原初文字，按例导生出与该字相关的另一文字”，形成文字的模拟（Analogie der Sehrift）。有了汉字，汉语还需要在语法形式上发展形态变化吗？

然，于此亦可见汉字在表意功能上比汉语更完整。此外，文字与记忆的关系，亦优于语言。

文字本于书契，原先就是为了记忆，以防止遗忘。《系辞》郑注：“书之于木，刻其侧为契，各持其一，后以相考合。”为了避免约定之事日久彼此记忆有误，或遭遗忘，或遭背信，所以要刻契为证，日后才好考核。后世房契、地契、契约文书都仍用这个契字，就是此意。文字记录跟语言相比，其特征亦在此。中国人常说：“口说无凭”，要求写下来才好做个凭证。

这个文与言的差异，是极明确的。然而，它是否即是文字的优点呢？在中国人看，当然是啦！那还用说吗？外邦人见此，则未必云然。西方自柏拉图《斐德若篇》以来，大抵认为文字代替了人类自然的记忆力，因此，以文字助辅记忆，恰好就意味着人类正在遗忘。而且文字是语言的中介，所以距真理更远。唯其“不在场”，未聆真理之发声，才需要透过文字去追拟。一如隔世或异地之人，方只能借由文字追想实况。故文字的记忆功能，适乃暴露了它的弱点。据此而言，文字对人的影响力若逐渐增强，是不正常不应当的“僭越”，会危害该语言的地位；人若有“文字迷信”，亦属“对文字——图画的反常崇拜”，是偶像崇拜的罪过之一。

为何中西差异如此之大呢？关键有二：一是人与真理的关系认知不同。凡语言必有一个说话者，为意义之来源。语言优位的文化，重视人与那个真理本源的关系。用德里达的话来说，语言中心主义者，也是逻各斯中心主义。文字优位的文化，则强调人之用文，人就是意义的本源，文字所显示的意义，则就是宇宙天地万物之意义（这个道理，后文会不断谈到）。二是中国人对“不朽”的强调。

古埃及人也有不朽的观念，但他们追求不朽的方式，是把人制成木乃伊。中国人追求不朽、超越时间，却是靠文字。不在场不但不是缺点，反而是文字足以超越时空隔阂的力证。铭刻代表一种记忆、书写旨在永恒，故中国人喜欢书于竹帛、镂诸金石，以垂诸久远，传于后世。不像语言那样，唾欬随风，纵然语妙于一时，终未能在人或事消逝之后供后代凭考。

这里才会形成“历史”的观念。甲骨文中，史作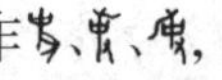，后分化为史、吏、事三字。以手执笔或执简册者为史，史所记之事才是真正存在过的事，正显示着这样的观念。我国历史书写最早、历史观念最强，亦由于此一原因。反观印度，佛教兴起以前，几乎没有确切的历史可说，也根本不重视历史记载，与我国恰好相反。

第六章：训诂

训诂，就是解释，原本指对古人古书之语言文字的解释，也指广义的文献解读或意义诠释。

此词始于汉代《毛诗诂训传》。孔颖达疏："诂训者，通古今之异辞、辨物之形貌，则解释之意尽于此。"即是解释古代之语文和名物制度。汉代经学家主要就是在做此等工作，后来清朝乾嘉学者兴复汉学，用的也是这套方法及工作内容。清末民初讲国学，颇以续乾嘉之绪为说，以乾嘉之学为国学基本法门。这个法门，简单说就是：文字声韵训诂加上文献考证。不懂这套方法，或不能从事此等工作，可以成为大学者，但很难被称为国学家。

对此正宗国学方法，我是提倡的。尤其是届此衰世，士不悦学，提倡此一方法，鼓励学子由精熟语言文字、典籍文献，进窥国学堂奥，未始不是好事。只不过，训诂之道，乾嘉以后愈趋窄化，渐至流弊丛生，不能不略予说明。

汉学的方法，用钱大昕的话来说，即是："（戴震）研精汉儒传注及《说文》诸书，由声音文字以求训诂，由训诂以求义理。"（《潜研堂文集》卷三十九《戴先生震传》）一般认为这个方法是乾隆时戴震提倡而风行的，后来因得到王念孙王引之父子之推衍而发扬光大。故王引之述其父之教诲时也曾说，"大人曰：诂训之指，存乎声音。字之声同声近者，经传往往假借。学者以声求义，破其假借之字而读以本字，则涣然冰释”。

但戴震之方法经王念孙段玉裁如此介绍、推阐、发扬之后，却引导着后学走上一条极窄的路子上去，逐渐发展到民国以来的科学实证主义治学法。近年来对此方法之反省，才再重新接近戴震的方法。

从前龚自珍《江子屏所著书序》曾批评乾嘉学风，谓其仅为道问学，并以此询之江藩：“敢问问学优于尊德性乎？”江藩答曰：“否否。是有文无质也，是因迭起而欲偏绝也。圣人之道，有制度名物以为之表，有穷理尽性以为之里，有诂训实事以为之迹，有知来藏往以为之神，谓学尽于是，是圣人有博无约，有文章而无性与天道也。”（《龚自珍全集·第三辑》，王佩铮校，上海古籍出版社，1999 年，第 193 页）

可见江藩也并不同意做学问仅偏于小学。因此龚自珍说：“有后哲大人起，建万石之钟，击之以大椎，必两进之，两退之，南面而挥之，褫之予之。不以文家废质家，不用质家废文家。”（同上书，第 194 页）我以下的讲法，大抵就是定庵之言的发挥。

一、因言以明道

戴震《与是仲明论学书》云：“经之至者，道也。所以明道者，其词也。所以成词者，字也。由字以通其词，由词以通其道，必有渐。”

乾嘉朴学家主张由字义明经义，其见解大抵均类似于此。例如钱大昕云：“六经圣人之言，因其言以求其义，则必自诂训始。”（见《潜研堂文集》卷廿四《臧玉琳经义杂识序》）惠栋谓经之义存乎训，识字审音，乃知其义（见《汉学师承记》卷二）。

古人之义理，存于古书中。古人已杳，其意吾人不可能起九泉之下的幽魂而叩之，故仅能就书中所记述者循迹追蹑，“因迹求道”。正如物理学家所谈的物理学原理，写在书本子上，我们一样得透过他所写下的字词来了解。乾嘉朴学家所讲的，就是这么一个理解的程序与方法。

但这样一个看起来近乎普通常识的观点，为什么乾嘉人物要煞有介事地提出来，并大张旗鼓以宣扬之呢?

原因就是：乾嘉朴学家觉得在此之前，宋明理学家等人讲义理，并不遵循着这样的方法，而是“自晋代尚空虚、宋贤喜顿悟……师心自用，乃以俚俗之言诠说经典”（钱大昕《经籍纂诂序》）。

换言之，这是两种语言观，一种主张因言求道，道在语言之中；一则认为言与道的关系不是合一的，对道的理解，有时反而要在语言文字之外去探求。所谓“言语道断”“不落言筌”“意在言外”“目击道存”“默而识之”“心领神会”等词语，都是用来指称这种言道关系和理解状态的。在宋朝以前，老庄及佛教（特别是禅宗）所采取之语言观即倾向后者。乾嘉学者觉得宋明理学家也是如此，所以批评晋代杂于老庄的清谈、宋代染于禅宗的顿悟，都是离开语言之理解的“师心自用”。

不但如此，他们还认为宋明理学家用他们所处那个时代的语言去解释古代经典的语言，是更进一步地脱离了语文的理解，造成了理解上的困难。所以他们才主张回归到经典本身的语文意义中去了解圣人之道。

在这个时候，释义学就是语文学，正确理解语文就等于正确掌握了经义。故钱大昕才会说：“有文字而后有训诂，有训诂而后有义理。训诂者义理之所由出，非别有义理出乎训诂之外者也。”（同上）

相对来说，庄子就不是这个立场，如《齐物论》云：“道未始有封，言未始有常，为是而有畛也。请言其畛：有左有右、有伦有义、有分有辨……春秋经世，先王之志，圣人议而不辩。故分也者，有不分也；辨也者，有不辨也。曰：何也？圣人怀之，众人辩之以相示也。故曰辩者有所不见也。夫大道不称、大辩不言、大仁不仁、大廉不嗛、大勇不忮。道昭而不道、言辩而不及……故知止其所不知，至矣。孰知不言之辩、不道之道？”

依庄子看，语言的作用在于分辨事物，故有你我、上下、是非、左右等，物物有理、事事有宜，看起来清楚，实则反而形成了障蔽。所以理解不是要从语言上去理解；恰好相反，知应止于其所不知，不再致力于辨析、说明、讨论，而是不言、不辩、不道。对于先王经世之志，只需“怀之”，不必言之。他称此为“不道之道”。反之，若道被说明了，那就是道昭；道昭而不道，道反而要被遮蔽或隐匿了。

戴震、钱大昕等人恰好相反，主张“昭道”“明道”，并强调要透过语言去确定其伦义、分辨。此刚好与庄子的语言观是对诤的：他们希望知之，而庄子却要知止；他们要道昭，庄子却要不道；他们信赖语言、依靠语言，庄子则不信任语言。因此，两者所形成的，也是两种释义学。倘依庄子之见，乾嘉学者乃是“若彼知之，乃是离之”，所以应“天降朕以德、示朕以默，躬身求之，乃今以得”（《庄子·在宥》）。

庄子式的语言观其实自有洞见，戴震之说乃是只知其一不知其二。不过，此处暂且搁下这个问题，单就戴震这一头讲。

二、语言的分析

戴震《与某书》曾说：“治经先考字义，次通文理，志在闻道，必空所依傍。……我辈读书……宜平心体会经文，有一字非其的解，则于所言之意必差，而道以此失。……宋以来儒者，以己之见，硬作为古圣贤立言之意，而语言文字实未之知。其于天下之事也，以己所谓理强断行之，而事情原委隐曲实未能得，是以大道失而行事乖。”主张由字义明义理，说得是极明确了，但《与段玉裁书》又说：

> 仆自十七岁时，有志闻道，谓非求之六经、孔、孟不得，非从事于字义、制度、名物，无由以通其语言。为之三十余年，灼然知古今治乱之源在是。古人曰理解者，即寻其腠理而析之也。……今人以己之意见不出于私为理，是以意见杀人，咸自信为理矣。此犹舍字义、制度、名物，去语言训诂，而欲得圣人之道于遗经也。

两文相比较，批评宋儒之处固然相同，求道之途径却有了差异。前面只讲治经须考字义文理，要知语言文字。后者所谈则将字义、制度、名物三者合起来称为语言性的了解，故说：“非从事于字义、制度、名物，无由以通其语言。”后者的范围显然比前者大得多。两者所讲的“语言”，也不是同一件事。前者指语言文字，后者指道的表现形式，是古代圣人言道之“言”。事实上也就是文化的表现符号，因此这个符号可以是语言文字，也可以是名物度数、典章制度。

戴震对语言文字当然非常重视，但他也同样重视这些名物度数与典章制度。他平生最大的计划乃是作《七经小记》。据段玉裁的摘述，此书中诂训仅为其中之一，其他如《学礼篇》“盖将取六经礼制纠纷不治、言人人殊者，每事为一章发明之。今《文集》开卷《记冕服》《记爵弁服》《记朝服》《记玄端》《记深衣》《记中衣褐衣襦褶之属》《记冕弁冠》《记冠衰》《记括发免髽》《记绖带》《记缫籍》《记捍决极》凡十三篇，是其体例也”。这是讨论制度的。论名物度数，则如《水地记》，讨论水道地理，“使经之言地理者于此稽焉”。又“《原象》凡八篇，一二三四四篇，即先生之释天也；五六七三篇，即《句股割圆记》上中下三篇也；其八篇则为矩以准望之详也”。此即可见戴氏在名物制度方面的用心。

戴震之学，后来却逐渐简化或窄化，只集中去了解语言，不甚谈名物与制度。而且，由“可操作性”来说，名物度数及典章制度的理解，其实乃是解经者广泛的文化知识问题，并非一种可以操作的技术。故后来者据其说以推衍，均只说“训诂明而义理明”。

窄化的趋势尚不仅止于此，更显示在语言文字之间。

在戴震的讲法中，无论是“所以明道者，其词也。所以成词者，字也。由字以通其词，由词以通其道”，“所以明道者，其词也。所以成词者，未有能外小学文字者也。由文字以通乎语言”，或“今之学者，毋论学问文章，先坐不识字”（《章氏遗书》卷廿二《与族孙汝楠论学书》），讲的都是字。“由文字以通乎语言”的“语言”，也不是指语言文字之语言，而是圣人言道之“言”，所以他才会又说：“由语言以通乎古圣贤之心志。”

可是其弟子却越来越把“语言”只看成是语言文字的语言。以段玉裁来说，他曾说：“治经莫重于得义，得义莫切于得音”（《广雅疏证》序），又著有《六书音韵表》，内含“今韵古分十七部表”“古十七部谐声表”“古十七部合用类分表”等。他在《与刘端临书》第八书中更强调：“于十七部不熟，其小学必不到家，求诸形声难为功也。”为什么音韵不熟，小学就必然不到家呢？我国文字，形声占了七成以上。从段玉裁的观点看，形声之字，其义均系于其声，说“凡字之义必得诸字之声”“从某得声之字多有某义”“凡从某声皆有某义”者，在其《说文解字注》中凡80多处。形声字若义均由其声来，则不懂声韵学，焉能通小学？此所以说：“求诸形声难为功也。”不唯如此，段玉裁对会意字的处理也是如此。他说《说文》中有很多形声兼会意或会意兼形声之字，且数量极多，必须知道声义相通的道理才能掌握。

古人文字学重会意而不重形声、重字形字义而不重声音，段玉裁恰恰相反。不但特重形声，且拉会意归于形声。“声义同原”遂成为解释文字孳乳与字义之关键观念。且又不只如此，对联绵词的解释（犹下注："古有以声不以义者，如犹豫"之类）、对假借字的解说，也都从声音上着手。因此张之洞《说文解字义证》序中说："窃谓段氏之书，声义兼明，而尤邃于声。"

戴震另一弟子王念孙以校释名家，其道亦以声音为主。其《广雅疏证》自序说："窃以训诂之旨，本于声音。故有声同字异、声近义同，虽或类聚群分，实亦同条共贯。……今则就古音以求古义，引申触类，不限形体"，其子王引之述其言又曰："训诂之旨，存乎声音。字之声同声近者，经传往往假借。学者以声求义，破其假借之字，而读以本字，则涣然冰释。"王引之自己为阮元《经籍纂诂》作序，也明揭："夫训诂之旨，本于声音，揆厥所由，实同条贯。"在这种为学宗旨之下，不熟于音韵，其小学当然是不可能到家的。

然而，训诂，在戴震那里，何尝是"训诂之旨，本于声音"？戴氏《题惠定宇先生授经图》说得很明白：

> 求之古经而遗文垂绝，今古悬隔也，然后求之故训。故训明则古经明，古经明则贤人圣人之理义明，而我心之所同然者乃因之而明。贤人圣人之理义非他，存乎典章制度者是也。松崖先生之为经也，欲学者事于汉经师之故训，以博稽三古典章制度。由是推求理义，确有据依。彼歧故训理义二之，是故训非以明理义，而故训胡为？理义不存乎典章制度，势必流入异学曲说而不自知，其亦远乎先生之教矣。

故训云云，实就典章制度言之。可是到了段玉裁、王念孙手上，不唯典章制度不讲，仅求诸声音文字以为训诂。而又在语言文字之中，摄文字归于语言，专就声音言训诂之旨。这是双重的窄化。

经此窄化以后，因古人言道之言以求道的径路，事实上已经出现了变化。只能考言，而且只能考语言。古今音韵之变、文字孳乳假借之故，琐琐不已，成为对语言之专门研究，而道遂终于不能明、不暇明，其术终于只是“小学”。

段玉裁晚年撰《宋子小学跋》说：“汉人之小学，一艺也”，又自悔：“喜言训诂考核，寻其枝叶，略其根本，老大无成，追悔已晚。”这正表示着这个惠栋戴震以来“因言明道”的运动，已走入道的迷失之境地，故令这位语文学大师深感怅叹了。汪喜荀《且住庵文集》中《与陈硕甫书》说：“阁下言……段先生欲由训诂以通义理，而未有成书。是诚见道之言。今世为段先生之学者，求之一字一句之间，非段先生所以为学，亦非段先生教人之心也。”汪喜荀曾受教于段玉裁，故此语殊非泛泛，正可与段玉裁自述其为学心境语合看。

三、理解的迷失

戴震“因言明道”的方法逐渐变成“小学”，据上文之分析，主要是由于窄化使然。但此所谓窄化，很可能被误解为只是明道之方法不够全面，实则亦不仅是如此，它还代表着方向上或性质上的改变。

若借用诠释学发展的术语来说，欲明古圣人之言，为什么需要“非从事于字义、制度、名物，无由以通其语言”？因为通字义，可以称为“语言的理解”；通制度与名物，则是为了达成“历史的理解”。这两种理解的性质并不相同。前者只从文字语句上去了解，后者却涉及语境之认识。

以王引之《经籍纂诂序》所举的一些例子来看，他说：“《小雅·采绿篇》：‘六日不詹’，传训詹为至。后人不从。不知詹之为至，载于《尔雅》，乃古之方言，是以《方言》亦云：‘楚语谓至为詹也。’”这就是语言的理解，只就字分析，讲得也很好。但他忘了：詹为至，既是方言、既是楚语，雅言的《小雅》为何却会刻意用此方言？此即不理会语境之问题，反而构成了历史性理解的困难。

在诠释学的发展史上，早期文艺复兴时期之人文主义，可以追溯至中世纪的“解经七艺”。神学院中，逻辑、语法、修辞三学科乃学生进行意义理解之必修入门学科。而它所能达成的，就是语言的理解。19世纪狄尔泰等人讲历史理性批判，则企图超越这个方法，所以又欲使读者通过对时代做历史的了解以进入作者所处的时代。戴震所说，由字义、制度、名物以通其语言云云，正兼括语言的理解与历史的理解两方面。

可是狄尔泰等人所谈的“进入作者所处的时代”，尚含有一种设身处地从心理上进行“移情的理解”之含意。即使是一个逻辑上并不完备的语言形式，若通过读者对隐含在语言背后的活生生之动机的心理学重构，仍可以把个体意向揭示出来。这种精神意向的重构，本于人与人的理解之间有其共同性。靠着这种“理解的共同性”，解释者与被解释对象才能隔着时代而在心理上重新被体验，狄尔泰说道：“每个词语、每个句子、每个姿势或礼仪、每件艺术品、每个历史行动，都是可理解的。因为用它们来表达的人，和理解它们的人之间，有着共同性。个体总是在一个共同性的气氛里有所体验、有所思想和行动。只有在那里他才有所理解。”（见《历史的型式和意义》）用中国一句老话来说，这叫作：“他人有心，余忖度之。”借着同理心去体会，所以说是一种移情的理解。而他人之心，余可忖度而得，则是由于我们相信心是有共同性的。

戴震的方法学，当然不即等于狄尔泰，但他有没有这个面向呢？有的。他说：“治经先考字义，次通文理。……我辈读书……宜平心体会经文，有一字非其的解，则于所言之意必差，而道从此失。……宋以来儒者，以己之见，硬坐为古圣人立言之意”，虽然仍从文字上论理解，但已提到“平心体会”，不要“以己之见硬坐为古圣人立言之意”。在《题惠定宇先生授经图》一文中则更进而谈道：“故训明则古经明，古经明则贤人圣人之理义明，而我心之所同然者乃因之而明。”由明故训、明古经而明圣人之理义的同时，我心与圣人之心，亦因其为同一种心，而亦获得彰明。这时，理解虽不由吾人之用心忖度而来，但理解所获致者却为一“心心相印”之结果。到了乾隆四十二年（1777年），戴震将卒之年，《与段玉裁书》对“理解”则有底下这样的解释：

> 古人曰“理解”者，即寻其腠理而析之也；曰“天理”者，如庄周言“依乎天理”，即所谓“彼节者有间”也。古圣贤以体民之情、遂民之欲为得理。今人以己之意见不出于私为理，是以意见杀人，咸自信为理矣。此犹舍字义、制度、名物，去语言训诂，而欲得圣人之道于遗经也。

由字义、制度、名物去理解圣人遗言与圣人之志意，是一类理解活动。可是还有另一类理解活动，与它同为“理解”，所以戴震说此犹彼也。这种理解是什么呢？乃是依乎天理、寻物之腠理、体会别人的心理，以获得的认识和了解，不是只根据自己单方面之认知与想象，便自信以为理的见解。

这不是表明了戴震对于“理解”的掌握，包含着语文的、历史的、心理的几个层面吗？

可是这套方法发展到后来，存含在有关意义之理解这个问题背后的动机、前提及其内涵，却都有了极大的转变。认知旨趣只集中在语文问题，甚或仅是语音问题上，于是一方面遗落了历史的理解与心理之理解，一方面则从因言求道，转而成为探讨语言，不仅不暇明道，亦误以为除此语言分析之外并无什么道的问题。

德国哲学家卡尔–奥托·阿佩尔（Karl-Otto Apel）曾在其《哲学的改造》（孙周兴、陆兴华译，上海译文出版社，1997年）第一章第5页中比较维特根斯坦与诠释学的“理解”问题，认为维特根斯坦语言逻辑中的意义和理解，与诠释学传统中的意义和理解颇不相同。诠释学哲学基本上均预先假定宗教、哲学、文学等传统中的伟大文本都具有不可替代的意义，我们是利用语文分析等方法与手段，去把这些意义重新在这个世界展现出来。可是维特根斯坦在《逻辑哲学论》中所云，则并不如此。他所谈的语言意义，并不是某个历史的具体文本之完整意义，或作者有意无意地贯彻在文本中的意图，而只是语言命题本身所提供的信息内容。

从命题本身来看，我们只能理解一个语句在说什么，而不能讨论它说的价值、优劣、真假如何。那些，对于从事语言分析的人来说，乃是无认知意义的，因为不能理解。据此，维特根斯坦认为："哲学著作中大多数命题和问题不是虚假的，而是无意义的。因此我们根本不能回答这一类问题，我们只能确定它们无意义。（它们属于善是否与美同一这一类的问题）……因此，最深刻的问题实际上不是问题。"诠释学所想追问的那些意义，在此遂事实上被取消了。

参照这种对比，我们也可以说戴震原先因言求道，是个较接近诠释学传统的态度。希望找着古先圣贤立言之意，而且相信这个本于圣贤之心的意思可以与我的心，因其同一性而重新获得内在的证验。然而，走入语文分析的小学家们，却只就语言本身做讨论。那些天理、人心、体民之情遂民之欲、古圣贤之心志等，都被认为是属于宋明理学的无意义的话语，也无意再去探讨。因此，戴震是"先考字义，次通文义，志在闻道"，其后学却只考文字，不务闻道明道，形成段玉裁所说的"寻其枝叶，略其根本"之纯技艺的"小学"。

正因为如此，戴震极看重他的《孟子字义疏证》，他曾说："仆平生著述，最大者为《孟子字义疏证》一书。"然而，此书在他那一辈考证学者及后学看来，评价却极低，章学诚云："时人方贵博雅考订，见其训诂名物，有合时好，以谓戴氏绝诣在此。及戴著《论性》《原善》诸篇，于天人理气，实有发前人所未发者。时人则谓空说义理，可以无作。是固不知戴学者矣。”（《文史通义·朱陆篇书后》）这种评价的不同，实即显示了整个以字求义之方法已处在了自我迷失的困境。

从前龚自珍曾有《陈硕甫所著书序》云乾嘉以来之学风：“黜空谈之聪明，守钝朴之迂回，物物而名名，不使有遁。其所陈说艰难，算师畴人，则积数十年之功，始立一术。书师则繁称千言，始晓一形一声之故，求之五经、三传、子、史之文而毕合，乃宣于楮帛。而且一户牖必求其异向也，一脯醢必求其异器与时也，一衣裳必求其异尺寸也。有高语大言者，拱手避谢，极言非所当。于是二千载将坠之法，虽不尽复，十存三四。愚瘁之士，寻之有门径、绎之有端绪，盖整齐而比之之力，至苦劳矣。”对于这样的学风，龚氏引陈硕甫曰：“是苦且劳者，有所甚企待于后。后孰当之？则乃所称闻性道与治天下者也。”此即是对乾嘉以后学者渐渐只究文字语言而不复论性道与治道之弊而发。

四、反省的路途

对于这种发展的反省，也有两个路数。一是直接反对因言明道，从另一种语言观出发，强调人与传统或与道之间，须透过一种体证之知，代替言说分析所获得的认知。用庄子的话来说，当惠施问“子非鱼，安知鱼之乐”时，庄子回答：“吾知之于濠上。”此知，即为生命感通之知，非理性、逻辑、形迹所得而测度之知也。古圣今人，心心相印，人人皆有此心，故皆能返身而求，逆觉体证，而知道不远人，重新体验孔颜乐处。

这条路子，或援引宋明理学、或用庄子之心斋坐忘、或参考康德实践理性之说，讲生命的学问、说逆觉体验、谈全体大用、论艺术精神。总之，是企图说明因言不足以明道，反对以客观、实证、科学、实在论、语言分析等方法去肢解扭曲古人之道，认为如此适如庄子所谓凿七窍而混沌死。

当代新儒家，如熊十力、牟宗三、徐复观等，走的就是这一条路。这条路，实即乾嘉朴学所反对的路向。

另一种方法，则是诠释学式的。仍然同意因言可以明道，但不认为诠释就是对客观文字的解析，将因言明道拉回到比较接近戴震的方式上来运用。

西方的诠释学，起于对《圣经》的解释。这种解释与科学的历史考古不同，在于考古只是要知道古代曾经发生何事，研读《圣经》却非如此。

一、《圣经》固然写成于古代，但对现在阅读它的人来说，它乃是对现在人起着具体且真实之作用的，故它并非只属于古代、只具历史意义。

二、阅读《圣经》之意义，也不仅是把它当成一部历史文献，以理性获得关于它的知识即可；读它的人，是为着从其中领受真理，也就是求道。

三、这种耶稣或天主所示现之真理，不只为读者客观所认知，更会在心灵上形成感性之体验和理解，并使读者由内在主体中产生自我转化之效果。真正读过它的人，和没有读时已然成了不一样的人，内在出现了生命丰饶或提升或转变之感。换言之，理解不仅为对经典文字之客观认识，同时也成为内在主体之重新理解，有着强烈的主观感受。

四、因为诠释是如此主观与客观相互融会的，所以它不能用主客二分的模式去看待，诠释的历史性也是兼含两端的。既指形成于历史情境、时间范畴中的历史性文件，也指阅读者诠释者是站在他的时空环境和识域中（即他的历史性中）去进行理解。

五、这两者必须克服语言、时空的疏隔，才能获得识域的融合（fusion of horizons）。因此，诠释者必须尊重文件的历史性，诠释经验必须受作品本文之领导，要敞开自己来了解对方。但诠释也不能完全依据并归准文件的历史性。基于诠释者的历史性，可知没有预设的诠释（presuppositionless interpretation，也就是科学客观论者所相信的那种客观解释）根本不可能存在。因此诠释若不开放文件的意义，不能让它与诠释者的存在及处境相关联，不仅是死的诠释，把《圣经》变成为古董，阅读只是尸体解剖，也是虚假的诠释，不符合理解活动的实况。

六、整个诠释不能脱离语言。《圣经》为神所说的话，这个话，是诠释的起点。诠释之经验，本质上乃是个语言性的经验。存有在此语言中展露，吾人亦借此语言对存有有所理解。

“圣经诠释学”以降诸学派，固然也广泛利用文字校勘、文献辨伪、辑佚、训读、名物制度考据等方法，但旨在因言明道或因言求道，是非常明显的。

19世纪历史研究法逐渐崛起后，反对如上所述之诠释立场，主张去除信仰部分，否定耶稣的奇迹与复活，要还原他“人的身份”及时代背景。对文献亦须考辨真伪及年代，从“还原历史真相”的角度，而非“获得真理与启示”去面对史料。这个风气盛行至20世纪中叶。从时间上看，与乾嘉后学至五四运动后疑古辨伪、史料考证的史学潮流，正相符应，可谓异曲同工。其法系以外在批判（external criticism，指考证文件作者、作时、作地）、内在批判（internal criticism，指考证作者动机及文件之内容）为主，运用词句分析、历史探源、时代环境还原等方法，辅以人类学、口传文学之研究，希望能获得客观理性之认知，摆脱迷信及教会权威之控制。

20世纪50年代，诠释学才再度成为欧洲神学、文学、哲学界新的焦点，对历史、语言与诠释，有了迥异于19世纪末至20世纪中叶的认识与发展。20世纪60年代末期，英美文学研究的实在论体系也开始受到这个新思潮的强烈冲击。诠释与理解，不再只是客观的理性分析，不再只做语言形式研究，也不再只是史料与考古。理解既是认识论也是存有论的现象，理解活动是历史的遭遇（historical encounter），诠释对象与诠释者的在世存有（being-in-the-world）必然是相互扭合交汇在一块的。

历经施莱尔马赫、狄尔泰、海德格尔、伽达默尔、利科等人之不断推阐，诠释学已成为批判“科学的理解”、建立“历史的或诠释学的理解”之一大典范，代表欧美社会在科学思潮席卷世界之后的一种文化反省力量。因此它的性质，乃是作为整个人文学科的基础。

相对于西方的发展，我国另成风景。

民国以后，提倡以科学方法整理国故，以相关联之疑古辨伪、史料考证、语言分析、文献整理等方法，配合着客观化、理性化、概念化的精神，强调价值中立、主体不涉入，甚至应具有批判之精神、评估的态度，不迷信、不信仰，均有与西方20世纪初叶的发展神似乃至同步之处。而被视为反对五四新文化运动的传统势力，则标榜乾嘉朴学的方法，以训诂明而义理明为说，要求从学者致力于训诂研究、文献考证。

这样的学风，大约沿续到20世纪70年代台湾才有些变化。但冲击主要是因史学界引进社会科学方法治史，因此反而强化了统计、量化、理性、客观的科学化态度，历史解释的问题并未找到新的方向。

文学界的方法学改革，第一波乃是“新批评”等形式分析方法对中国古典文学研究之冲击。这种方法，事实上就是后来诠释学所反对的。但它有几个特点。一是把作品客观化，文学批评被视为对文学客体从事概念的解剖（dissection）。这种具科学性的形式批评与解剖，用在文学上，恰好是过去乾嘉后学以迄五四科学方法整理国故学派所尚未达到的。过去客观考古式的研究，主要用于经史。文学研究毕竟仍相当仰赖“以意逆志”及审美感受；考证，主要只用在有关作者身世、版本作品文句、社会背景方面。可是新批评更要对作品本身也进行科学的、客观的、语文形式的分析。此一分析之细致详晰，令只讲审美感受及笼统风格概括的传统批评备感威胁。而推展此一学风者，则对中国传统文评诗话未能建立为科学客观文评深致讥讽。从这一方面说，这种冲击，乃是对中国人文学科研究的进一步科学化。

二是作品被视为客观的独立体，为语文之有机结构，不但使研究者与研究对象分开了，形成文评只是对作品的客观解剖，更让作品与它的作者也分开了。批评者根本不必追问作者创作这个作品的意图为何、想表达什么。作品其实犹如一台机器，机器被造出来以后，其机能全部在于机器本身的结构之中，没有人在用这台机器时会去追问制造者的意图。因此，文评活动始于作品这个有机结构，也终于它。追究作者之意，遂被称为“作者原意之谬误”，认为作者原意不可求也不必求。这个态度，打破了传统文评以作者为意义导向或归趣的做法。不再以意逆志，作品也不被视为作者言志抒情之作。这是放弃了心理的理解。

同理，作品为一独立之有机体，这个观念也把作品和它的创作时代、历史社会分开了。新批评由此批判历史主义式复现历史真相的研究，认为文学批评不是考古、亦不为古代服务。这一点，看起来颇与客观考古者不同。但实质上是进一步放弃了历史的了解，只讲语言的了解。

这与史学界汲引社会科学，或企图把史学建设为社会科学的动作适相呼应。所形成的方法学热潮，可说是让人文学彻底科学化了。自乾嘉时期提倡“因言明道”以来，到此已完全异化，究言而不复明道矣。

但风气转变，亦在此时。20 世纪 50 年代诠释学已在欧洲建立了新的学风，60 年代即影响到了英美的文学研究，然后又逐渐在 80 年代影响到台湾与大陆，毕竟开启了新的方法学思考。如今，治国学者，亦当知所取择矣。

第七章：经

一、经典化

经，有经常、经纬之意，指在一切书籍中特别重要，足以作为经典的东西。经典的典，也是特别重要的。字像册供在几案之上，形容它的神圣性。古代重要文书都有此意，如三坟、五典、九丘、八索。坟、丘，就都有隆起崇高之意，表示它与一般图书不同。

可是对于什么是经典，不同之时代、地域、团体，便会有不同的认定。信佛的人以佛说为经、信基督教的人尊崇他们的《圣经》、伊斯兰教徒供奉《古兰经》、喝茶的人称说《茶经》、饮酒者谈《酒经》、下棋者说《棋经》，乃至相鹤、相马、墓葬、占卜、赌博亦各有经。用以指称在它那个领域中最崇高最重要的书。书中载有那个领域最基本、最根源的知识或信息，对那个领域起着恒久的影响，亦为该领域中人所信奉受持。

这叫作圣典崇拜。是各民族各团体均有的现象，只是圣书的认定彼此不同罢了。

在中国，九流十家都是如此。《老子》于战国时便已有傅氏、鄰氏为之作传，又有韩非子作《解老》《喻老》，显然就是把《老子》视为经了。后来《老子》被称为“道德经”，可说渊源早肇于此。《墨子》内也有《经》及《经说》各二篇。《晋书·鲁胜传》谓此乃《墨辩》之文。或许古时《墨辩》自成一书，后学推重其说，故尊之为经，而为之说解，犹如韩非子之《解老》一般。又据《庄子·天下篇》载：墨子死后，相里勤之弟子，五侯之徒，南方之墨者“俱诵《墨经》，而倍谲不同，相谓别墨”，则《墨子》书本身就曾被后学尊为墨经，不只是《墨辩》而已。

这是诸子被经典化的例子。文学作品也可以经典化，《楚辞》在汉代就曾被视为《离骚经》，王逸还仿汉儒为《诗》《书》《礼》《易》作章句笺注的方式，为它作了章句呢！要到汉代中叶，儒家的地位独尊之后，图书分类才以儒家经典独占“经”这个尊称，其他道德经、墨经、离骚经、占经、葬经、棋经、茶经、酒经、刀经、相马经、相鹤经、六博经等，虽然在他们自属的那个领域中仍兀自称之为经，可是在图书分类法里，所谓经史子集之“经”，便专指儒家所推崇的《诗》《书》《礼》《易》《春秋》等了。

著作由一般书籍逐渐被推尊而崇高化，以至成为经典，这个过程，称为经典化。经典与经典，在历史上因各种机缘条件之激荡，而渐渐分出势力大小，或居主流，或局限于个别领域，则是它的竞争过程。或上升或下黜，不仅发生于不同学派、不同领域间，就是同一学脉中亦存在着这种竞争升黜关系，如宋代以前五经的地位高，宋代以后，四书的势力就骎骎乎欲凌驾而上之。

因此，经典一词，最吊诡的一点便是：在词意上，显示它应是经常恒定的，但事实上经典本身就是变动的。某些书，本来不是经，后来被经典化，上升为经，如《庄子》变成了《南华真经》，《列子》变成了《冲虚真经》。某些书，本来被视为经，后来地位衰落，如扬雄《太玄经》，本是拟经而作，但纵使它名叫经，后世亦仅将之列入术数类，不认为它比得上《易经》那样的经典。因此我们看待经典，须有动态的观念、历史的眼光。

也就是说：经典之所以为经典，一方面是经典本身的原因，因为它具有真理，足以启发后人，故为人所尊崇，视为恒经，乃不刊之理论。另一方面，它也形成于圣典崇拜之中。在经典化及其竞争关系里，某些书虽然也很重要，但未被经典化；某些书，原亦平常，却在某一历史条件下经典化了。它显示的，就是这样的动态关系。

二、圣典崇拜

书一旦圣典化，便与其他书不同了。其特征是具有神圣性。

怎么显示它的神圣性呢？一是认定它昭明了永恒的真理、至高的法则，亦即经常之道。经这个名称，就是这个意思。其次是它往往有个神圣的来源，由天启、神谕或圣人制作。作，是创造的，如天地被创造出来一样，圣人之创作，也与一般书籍之出于传述不同，故《礼记·乐记》云：“作者之谓圣，述者之谓明。”圣人制作后，贤人才来传述它、诠释它。

不但希伯来的圣书，说是神谕而成，我国古代经典不也常说是出于黄帝、尧舜所作吗？《山海经·大荒西经》更记载着夏后启三次上天，去取来《九辩》《九歌》的故事。孔子尤其是重要的制作者，汉代今文家认为他是圣人，而且“天将命孔子制作法度以号令天下”（《论语·子罕篇》孔注），因此六经都说是孔子作的。不像古文家只把孔子视为述者，谓六经乃古文献，孔子只是删述古文献而已。

作者与述者的区分，界定了经与传的关系。一部经学史，基本上也就是讨论经典如何形成，以及形成后历代对它的传述注释史。

经传关系，也就是源与流、本与末的关系。经是源头，真理发声之处；传是流，是对真理的解释与传播。源是本，流是分支、是末端。源是真理，流却只是对真理的解释，故源是正，流则不免讹误。本源与末流两词，乃因此而具有价值上的抑扬。末流衍绎着真理，却可能越传越离谱，故常有“流弊”。要改善流弊，就得重新回归经典，正本清源、返本归真。于是，经典既是本源又是归宿。

源流关系，亦是一与多的关系。《庄子·天下篇》：“古之所谓道术者，果恶乎在？曰：‘无乎不在。’曰：‘神何由降，明何由出？’‘圣有所生，王有所成，皆源于一。’……天下大乱，圣贤不明，道德不一，天下多得一，察焉以自好。譬如耳目口鼻，皆有所明，不能相通，犹百家众技也，皆有所长，时有所明。”本源之道是一，后世百家众技是多，百家众技皆由本源之道分裂流衍而生。故道是整全的，后世百家众技则是分裂片断的，虽有一得之明，但已经不完整了。

在这样的判断下，经代表着综合的知识、最高的价值、意义的来源。百家众技则是专业分殊化的结果。所以后来诸子百家被称为九流，就是说他们都是经的流衍。现代学术，走的也是专业化分科的路子，以此治经，便困难了，文、史、哲、政、经、法等专业分科，都与经典有关，但经却不是各分殊性学科所能掌握的，因此庄子说：“后世学者不幸不见天地之纯、古人之大体，道术将为天下裂。”

一与多，当然也即是常与变。经是常，多就是它的变。变发生于诠释上的分歧，犹如孔子逝世后，儒分为八。秦汉以后，儒又有汉宋之异、今古之分，此即其变也。

经典代表常道，当然也代表正道，不同于经典者自然就被视为邪。儒家称它为异端，佛教称为外道。异端与外道，词意上仿佛只说它属于不同者，但既与正道常经不同，异端外道便同时也就是邪说了。历史上，凡强调反本归真、回归圣典的人或时代，无不努力表现出辟异端、斥邪说的态度，孟子、韩愈、颜元等一连串卫道之士的名字，或基督教佛教之圣徒，莫不如是。

可是，异端并不只在经典以外。奉其他教、信其他经的人，固然是外道异端，自己这一教内信奉同一经典者，亦有可能是异端。因为经典必须诠释才能传布，故传述诠释之歧异，变貌甚多。本源之一，只在遥远历史的想象中存在着，现实世界中，奉读经典，都是流衍之多、都是诠释之变。因此，不同的诠释者遂互相指责对方误解了、走岔了。庄子说墨分为三以后，他们都诵《墨经》，可是彼此批评，指人家是“别墨”，就是这种情况。别墨，即别派歧出之意，非本来原有墨子之义理，亦即是异端。在儒家内部，说道统的人，亦是此意，用以区分谁是正统，谁是分歧。康有为《新学伪经考》之区分真经伪经，用心不也是想将古文经学归入异端之列吗？

外道的异端邪说，往往也因此与传述的分歧混为一谈。指责经典诠释出现了异端时，常会说该诠释混杂了外道，故成为邪说。清人批评宋明理学，就说他们“阳儒阴释”，掺杂了道教佛教的义理。宋明理学内部，程朱学者反对陆王之学，也同样说他们糅合了禅宗。在某些人看来，讲儒家儒学而混杂于异端，打着红旗反红旗，鱼目混珠，比真正的异端更可恶也更可怕，非攘斥之不可。所以信奉同一经典者之间的争论或争斗，有时更是激烈。

照我们简单的头脑想来：经典的解释不同，不过就是些理解或版本字词间的差异罢了。就算是信仰不同的经典，也无非就是一本书或一种理论罢了，何至于如此激情相争，非要我攘斥你，你攘斥我呢？

唉！这就是经典的力量了。人是观念的动物，做法本于想法。而经典就是某种想法的典型、根源或基础，信奉不同经典的人，想法就不相同；在行事上他们彼此迥异，难以融通，亦是必然之结局。20 世纪东西方的对抗，不就是马克思《资本论》和亚当·史密斯《国富论》之间的对抗吗？由 12 世纪到现在，欧美国家与阿拉伯国家之恩怨，不也肇因于《新约》和《古兰经》吗？

因此我们要正视这古与今的问题。古代的经典，从来不只存在于古代，它会对现今世界起着具体的作用。它虽只是一本书，但又不只是一堆印写在纸上的文字而已，它影响着现实、关联着现实，甚至于它就是现实。

之所以如此，是因圣典往往提供了一个理想世界的图像。圣人创作、描绘圣世的圣书，当然就是世俗人生所向往、所皈依的，它是带领人们走向神圣世界的地图。人，既是为着希望与理想而活着，经典自然就是人们在现实生活上的指南。对这一部经典的崇拜如果毁灭了，则会另寻一部经典来崇拜。古与今、圣与俗、文献与现实，在崇拜中完全混融为一。至于那些夸口侈言他们不崇拜任何圣典的人，若非愚痴，就是崇奉经典业已入迷。犹如正呼吸着空气的人，声称他们不需要另装氧气管那样。

三、经学历史

中国的经典，如前所述，本来是各尊所闻、各奉真经的，但占主流的意见或图书分类中，说到经学，却不是佛经、道经、墨经、茶经、酒经之类，而是有特指的。只有《诗》《书》《礼》《乐》《易》《春秋》及其相关书籍才叫作经学。

这个经学的范围，是国家定的。例如汉唐各朝科考、教育体制都支持这个界定，《四库》之编修等图书文献整理工作，对经部的认定亦是如此。但光靠国家行政力量尚不足以形成此一局面，社会心理及知识阶层普遍的态度，才是支持此一认定的依据。中国传统社会，任何一个普通家庭都会要求子弟“诗礼传家”，更不用说中古时期士族都是讲经学礼法的了。一般形容读书人“皓首穷经”之经，亦绝不会是指佛经或其他什么经。

这种认定的形成，当然是因孔子删定六经造成的影响。《诗》《书》《礼》《乐》《易》《春秋》，这些都是古代的史料文献，孔子予以删定整理而传世。其删定整理，到底是述，还是托古改制，抑或根本就是创作，固然众说纷纭，今亦难以稽考。但由于它们来源甚古，因而诸子百家也不能不传习这些文献。是以它虽出于孔子，主要也是儒家在传播它，但它不仅属于儒家，而是九流十家共同拥有的人文知识传统。

《庄子·天下篇》说得很明白："古之道术恶乎在？……其在于《诗》《书》《礼》《乐》者，邹鲁之士、缙绅先生多能明之。《诗》以道志、《书》以道事、《礼》以道行、《乐》以道和、《易》以道阴阳、《春秋》以道名分。其数散于天下，而设于中国者，百家之学，时或称而道之。"《诗》《书》《礼》《乐》《易》《春秋》这些，就是古道术之具存于文献者，邹鲁儒生固然多能明之，诸子百家也常称道之。故此后《诗》《书》《礼》《乐》《易》《春秋》不只是儒家一家之学，更是整个中国学术的总源头，可说古代本来也就是如此的。《四库》把经部独立，而把儒家列在子部，原因亦在于此。

这就是说：《诗》《书》《礼》《乐》《易》《春秋》的经典地位，在战国期间即已确定，其他老子后学墨子后学等，虽亦推崇其尊法之典籍为经，但地位均不足以与六经相埒。

秦欲复古，要求人民欲学诗书者以吏为师，所以烧了民间的书。可是秦火以后，经书由民间收集来的颇不少，可见民间传习已甚普遍。唯重新收集来的本子，或出土获得的本子，多是古文篆籀。由老师宿儒传习而来的本子，则多依当时通行隶书抄写，经遂出现了今古之分。主张古文的，批评传述多依口说，往往讹误。主张今文的，认为所谓古本多属伪造。彼此争论不休，由文字之不同，渐渐扩大到六经之次第、六经是否为孔子作等，章句训诂、总体解释都不相同。

例如对周朝封建，廖平《古今学考》说今文家认为公侯方百里、伯七十里、男五十里，分三等。古文家则说是公五百里、侯四百里、伯三百里、子二百里、男百里，分五等。又谓畿内不封国，贵族世袭，不选举。今文家则主张畿内封国，无世卿，有选举。天子之制，古文家云其12年一巡狩，下聘，不亲迎，禘天于郊，无祫祭，无太庙，有明堂。今文家认为天子5年一巡狩，不下聘，有亲迎，禘为时祭，有祫祭，有太庙，但无明堂。这些不同，就是今古文家经学的差异，称为家数或家法。

家法之内，还有师法的不同。汉代五经博士，《易》有施、孟、梁丘、京氏，《尚书》有欧阳、大小夏侯，《诗》有齐、鲁、韩，《礼》有大小戴，《春秋》有严氏、颜氏，共十四博士。博士底下则有博士生员，传习其师之学。一经数师，故有师法之别。

今古文之分，之所以激化，是因涉及官学与民间学术之分。

汉代所设博士，均是今文学，故古文学仅是民间学术身份。古文学家乃不断努力，希望能获得国家承认，也获列入学官，这种心情及处境，不难理解。试想今日“国学”或“儒学”一科，在大陆就还不能列入正式学科门类。某些学校要招此类生员，或想办这类学科的系所，皆只能借用汉语专业或哲学专业的名义来招生。推动国学儒学的人，乃因此而努力希望获得政府承认，当时之情形，亦是如此。但古文经学既与今文经学颇为不同，今文经师自然排斥其说；设置学官，更会影响既得利益，因而不愿同意古文家之申请，也是人情之常。彼此交恶，遂愈来愈激烈。刘向的儿子刘歆主张古文，愤而欲与今文博士辩论，而今文博士根本不理他，气得他写了一篇《移让太常博士书》的檄文。“让”是指责的意思，可见双方交恶的程度。

东汉以后古文家地位渐获承认，今文渐衰。除了政府态度转变之外，学风不同，亦有深切的影响。

两汉今文经学是专门之学，治书者只治《尚书》。治《尚书》又还有师法，法从欧阳生的，就与师从大夏侯小夏侯的不同。之所以如此，是体制造成的。博士既分经而设，博士招的生员弟子当然就各从所属，没有诗学博士招学生来治《易经》的道理，情况与现今大陆导师招收博士生相同。可是古文经学乃是在民间发展的学问，没这种体制限制，凡古文经典，都可通习。又因要与今文家争胜，以求列入学官，故于今文之学，也须钻研。这便养成一种博通的风气。到东汉，一些古文经师，如贾逵、马融、郑玄，其实都是并治诸经且能兼采今文的。就是今文家，为了辨析人我之异、说明自己之长，也渐渐博通了起来。如何休，除了写《公羊墨守》外，还要批评《左氏膏肓》《谷梁废疾》。可见即使要墨守家数，也仍须兼知别家在讲什么。

经学的流衍，除了古与今、官与民、专与博的区分外，到魏晋南北朝以后，还出现了南与北的区分。

《魏书·儒林传》说：郑玄的《易》《诗》《书》《礼》《论语》《孝经》注，服虔的《左氏春秋注》，何休的《公羊注》“大行于河北”。似乎北方反而继承了汉代的经学，与南方自魏晋以后深染于玄学风气的经学颇为不同，故马宗霍《中国经学史》云：“史家既有南朝北朝之目，经学因亦有南学北学之分。”不过详细考察，史传所记，多不符实。王弼注并不只行于南朝，郑玄注也未必仅流行于北方，唯风气所染，南北确有不同罢了。

南北之分，至隋唐统一以后渐次消泯，唐代政府在经学上主要推行南北统一的政策，以与统一的政权相符，因此命孔颖达等人纂修《五经正义》，综合汉魏南北朝及古文今文以成定解。因为科举考试之需，唐代，无论明经或进士皆要考经义并背诵经文，加上大学教育也如汉朝一般重视经学，故经学亦甚盛。

然而，时世久而变，经义策试之风既盛，士人研练经义，渐不以章句训诂为然。经学遂也渐渐与汉魏不同，重在义理的阐发。并在五经之外，特尊《论语》《孟子》；又从《礼记》中摘出《大学》《中庸》来，谓为道统所系，推为圣典。于是这四本书，地位竟渐同于五经，甚且愈来愈重要，高于五经。经学乃亦成为理学，以阐明孔孟义理为主。

元明清科举考试及学校教育，均以四书为主，五经为辅。考试本试经义，后考文章，称为经义文，因重对仗，俗名“八股文”。虽说是代圣立言，实是文章取士，以致经学也者，竟成了文辞上的讲究。文气之起伏提掇、章法之呼应对照、对仗之铢两悉称、句字之警策生动，比义理之惬切更为重要。于是经学之奥，胥由文辞之美求之。

清乾嘉以后，力惩此风。既反对宋人理学，也反对八股经义，要重新回到汉学的路子上去，以训诂小学、章句考订为治经之基。然而，探索古书古字、寻觅古本古义，实已将经学视同史学。研经同于考史，章学诚且有“六经皆史”之说，见其《文史通义》。故知由乾嘉朴学一步步走向民国初年的古史考辨运动，乃是脉络一贯的发展。

这是经的形成史与传述史。其中涉及今与古、官与民、通与专、南与北、经学与理学、经学与文学、经学与史学的分合互动诸关系。这些关系，也是动态且互相关联着的。

四、传经体制

经的传述史，还涉及不同的传述体制。汉代无论今文古文经学，都在教育体系中传布，其争论主要也发生在教育领域（如争立学官），而不发生在人才选举制度上。唐代则科举制度在经学传述上的意义大增，金元明清更是考试引导着教学，整个经学发展又受其影响。

汉代的博士生员教育情况已如前述，其人才选举之制，则为察举。皇帝举秀才，宰相也每年从府吏中举一人为秀才。至东汉，三公每年均举茂才一人。这时，秀才只是优秀人才之意，并非一科，察举后还要经过考试或试用，才得授官任职。考试就要分科了：“刺史举民有茂才者，移名宰相。丞相考召，取明经一科、明律令一科、能治剧一科，各一人。”（见《汉旧仪》）取为明经以后，就可分发去当议郎、谏大夫、博士、诸侯王的教师、仆射、郎中令等。

这些官之所以需要经学知识，是因汉代讲究以经义论政决策。如汉安帝乳母自恃对皇帝有褓育之恩，行为放纵，子女随便出入宫禁，杨震上疏劝谏，就引用郑庄公纵令母亲疼爱弟弟，以致弟弟后来起兵造反，而《春秋》讥贬之的故事。这是汉代谏大夫之所以必须明经的证例。其余各官，论事辄引经义，亦是常态，所以皮锡瑞《经学历史》说汉儒“以《禹贡》治河，以《洪范》察变，以《春秋》决狱，以《三百篇》当谏书”。此非制度之规定，但风气所被，明经科考这种制度即缘斯而生。

秀才以外，尚有孝廉。孝廉本是举贤，但察举之后若要授职，仍需懂得经义且会办事，故亦须考试。到魏黄初年间“三府仪：举孝廉本以德行，不复限以试经”（《三国志·魏书十三·钟繇华歆王朗传第十三》），可见原先也是要考经义的。

但这些考试并未发生今古文之争，如教育领域中那样。当时考试，选拔的主要也是“文吏”，故明经以外，尚有明律令及能治剧。能治剧就是会办公，擅行政事务之意。明经所取，多为论政之官；明律令及能治剧，则为治事之官，此与唐代甚为不同。

唐代科举，明经与进士为常，余均不重要。而明经与进士就都要试策经义。因此除了资荫门第等其他管道任官，凡通过科举者皆当治经。宋神宗时，废明经，仅存进士，但进士不加考诗赋，如唐朝时，只考经义，情况仍是一样。金元以后的科举，考八股文，为圣立言，依然是以经义取士。

考试制度促进了经学的统一，因为不同的文字、不同的师法家法，考试时无法评分。故东汉蔡邕撰写《熹平石经》，刊刻在太学门口，令各方学人传抄。这就是经籍文字上的定本。唐代修《五经正义》，以正诸儒异同、南北是非，便是经典解释上的定本。宋神宗时，以王安石的《周官新义》等科士。金元以后，以朱熹《四书集注》命题，也都是经学之统一。

而这种统一，主要是政治力量的运作，文字以谁为正、解释取谁又弃谁，并非学界自主讨论的结果，有时皇帝还会自己垂示其“御注”。例如唐代明经进士考试须考《孝经》《论语》《老子》。《老子》成为明经需明之经，乃因唐代认老子为远祖之故，汉宋皆不如此。《孝经》为必考之科，也与号称以孝治国的汉代不同，唐玄宗自己撰了《御注孝经》，更凸显了政府对此经的重视。此外，经又分大小，以《礼记》《左传》为大经，《毛诗》《周礼》《仪礼》为中经，《周易》《尚书》《公羊》《谷梁》为小经。这大小，无论是就字数篇幅说，或就重要性说，亦都显示了科举制度对什么是重要的经典、什么是正确的版本、什么是正确的解释，均有着深刻的影响。

但政治既起作用，也必然发生反作用力。汉代官学本是今文，后来却是民间的古文占了上风。古文不在教育体制之中发展，它仰赖的是民间的私家教育制度，也就是家族传习或私人讲学。南北朝期间，这更成为了主流，《魏书·儒林传》云：“燕齐赵魏之间，横经著录，不可胜数，大者千余人，小者犹数百。”说的是北方的情况，而南方亦是如此。世家大族，又称士族。士族的条件，就是累代官宦和经学礼法传家。

唐宋以后，朝廷在国家教育体系之外，更利用科举来强化其思想主导地位，可是民间传习依然另有脉络。书院之崛起，即是相对于政府官学的。故在晚唐五代，庐山白鹿洞本是“国学”，到了朱熹在那儿讲学以后，竟成为天下书院之代表，政府反而要来禁止它，称它为“伪学”。而这伪学，经金元科举奉为正宗准绳后，明代讲学又别出机杼，所以王学渐盛，惹得政府又来禁毁书院。清朝仍以朱子学为正宗，然士林风习，颇不同于国家功令。乾嘉以降，朴学治经，便是反对程朱理学的。

民间的传述体制，除私人讲学和家族传习外，还有一些宗教团体，以说经布教。所说虽多为佛道经典，但讲说《论语》《易经》的也不少，提倡三教合一者更多。如金元间的全真教，就是把《中庸》《道德经》《金刚经》合论的。明末蕅益和尚注《易》亦具盛名。清代太谷学派又称大成教、大学教，在山东肥城黄厓传道，被政府派兵剿灭，其南宗乃隐遁传学。致令其教徒刘鹗在《老残游记》中介绍该教宗旨时，仍要隐约其谈。这便可以看出在经典传习上因体制之异而形成的紧张关系。

传述体系不同，传述之内容当然颇有差异，再加上时代的分歧、学派的争论，差别更大。汉代五经博士之立，民间已有古文经学起而相争，但仍在五经这个大框架内争。唐代总结南北朝经学之分，编纂《五经正义》，也还维持着这个框架。然而所谓五经已渐渐在《春秋》中含摄了《左传》《公羊》《谷梁》，在礼中包括了《周礼》《仪礼》《礼记》，于是五经实已有九，这就是五代刊刻经典时，径称为九经之故。而唐人科举经义，《孝经》《论语》既然必考，其地位自然足以与五经并列。《孟子》在中晚唐，地位又因韩愈、皮日休等人之提倡而日高，似乎也可列入经中。再加上一本被视为是解释经典的钥匙——《尔雅》，不就成了“十三经”吗？

十三经，是汉魏南北朝隋唐经学发展之结果。可是宋代以后，说经者并不安于这个矩矱，竟脱离了此一框架，把《论语》《孟子》拉出来，再将《礼记》中《大学》《中庸》二篇独立出来，并称“四书”。于是讲五经乃至十三经的，与讲四书的，俨然敌体，成为两个体系。明末刻行十三经或提倡经学的人，都具有反对理学也就是四书学的气味。清朝乾嘉时期之论经学，更以兴复汉代经学为目标，阮元刻《十三经注疏》，便是那一时代之标帜。

可是，清朝在提倡汉学这帽子底下，渐渐又不惬于《十三经注疏》了。不过此次不再是想对经做增削或改换，而是想换注疏，觉得汉唐注疏都不够好，所以不断有人倡编《十三经新疏》，以代替旧注，用清人注疏来全面替换它。

经典的内容及其传述史、解释史，就流转于这许多群体与形式间，生成于差异和争论中。

五、经典不死

经学史中存在着这许多争论，看来似乎不符它“常经”“真理”之形象。因为唯有那天经地义、不容怀疑的东西，才足以作为人们行事的准则。如果连经是什么、经有什么内容都搞不清楚，都争论不休，那又何足以为人所依凭呢？

殊不知，争论之大，正代表了人们对它的重视。政府、政团、宗教、士族，谁都想来争夺解释权，谁都声称他才最懂经典，不就表示大家都非常在乎它吗？不只中国儒家经典有此现象，佛教、伊斯兰教、基督教，乃至西欧世俗经典，如柏拉图、亚里士多德之著作，亦皆是如此。佛教在佛陀入灭后才结集经典，但结集后迅即分裂，先是分为上座部与大众部，然后再分裂成二十部，称为部派佛教。而且一分不可合，继之发展出了大乘佛教。大乘中又分中观与瑜伽二派。接着再又出现密教，彼此争哄。基督教则在罗马帝国时期形成统一教会，看起来并未分裂，但内中实分各修士会，各具传统。到马丁·路德新教革命运动崛起后，信徒更可以不必通过教会和教士，自己阅读、理解《圣经》并与上帝沟通。故新教之出现，亦可视为经典解释权之争。扩大来看，伊斯兰教与基督教宛如水火，个中原因固然复杂，但不妨说亦属教义解释权之争。两者在教理上差异不大，可是一奉耶稣基督，一仅以耶稣为先知之一，不如穆罕默德那般，是最重要且最后的先知，故一奉《新约》，一奉《圣训》，遂若泾渭不能同流。

在外人看，经典的篇章、文字、音读、注解以及如何认知的差异，都没什么大不了，差异不大。且就算有些微差异，又何至于须如此抵死相争呢？可是在奉该书为圣典的人看来，那还了得？非争个水落石出不可。为什么？因为圣典之所以为圣典，就因人们视其为一切人文知识之基础或根源，所以在此小有差讹，整个世界就都不同了，绝对不能稍有轻忽。

所谓文明，亦即体现在这些对圣典的不同理解、不同认知中。讲西洋史的朋友常说："一部西方哲学史，可说就是柏拉图著作的注解史。"在中国也一样。经典作为人文知识之源，不断孕育生长出尔后的思想来。历代的诠释解读，既朝向着历史，解析着古典，实际上却又是古典在新时代开的花，表现着新一代人孕育于古典而生长的新成果。

这些新花新果，并不都以注释诠释经典的方式呈现出来。经典像乳汁，小孩子喝了它会流泪，会长肉，可是流的泪、长的肉却不是乳汁的形状。人文知识各个层面，如文学、艺术、礼俗、制度等，都体现着那个民族或时代对经典的涵茹消化状况。

所以文学家才会说文源于道，或为文需"宗经""征圣"（见刘勰《文心雕龙》）；我们的年俗节庆活动，基本上依据《月令》来进行；生命礼仪，如生、冠、婚、丧、祭的相关礼俗，大体也是由《礼》经上斟酌变化出来的；中国人的人伦关系，父慈子孝、兄友弟恭之伦理要求，更离不开经典的描述与规范。就是城市建筑、居室空间、衣饰、工艺，也处处可见经典的影响力。比方我们现在的户籍制度，就仍是《周礼》那一套。建城，《考工记·匠人营国》说："匠人营国，方九里，旁三门，国中九经九纬，经涂九轨，左祖右社，面朝后市"，后世都城，如宋之汴梁、明清之北京，亦皆是如此。这样的例证，是举也举不完的。

即便是看来与儒家经典对诤或争峙的佛教道教，在中国社会里，也不能排拒儒经的势力。道教中不乏吸收儒家经典思想或也尊奉着儒家经典的，前文述及的全真教便是。其他如葛洪《抱朴子》以内篇外篇的框架来安置儒道，忠孝净明道强调"口谈道德，孝敬中外，信义忠良，仁和礼善，卑逊德行”（《灵剑子·道诫第七》）才能入道修真，亦属此类。佛教在中国也特申忠孝之旨，以“出家大孝”来解释儒佛间伦理的矛盾。对经典也颇多注解，注《易》注《论语》，启人神悟处亦不在少。

还有些宗教，径以经典为神咒，如南怀瑾就在《原本大学微言》中提到他于民国三十年左右见湖南一道门，为人治病，只靠咒法，辄能有验。他恳求该派道长传授法门，求了许久，才终获教授。结果那咒是什么呢？却原来就是《大学》的第一章：“大学之道，在明明德，在亲民，在止于至善……”云云。很有趣吧！这就是圣典崇拜，与相信诵佛经道经有功德，可消灾业、登真得渡，或相信诵《圣经》可以驱邪辟鬼是一样的。儒家经典在这些宗教性事务上发生之作用，亦与佛道相似。

因此，无论是世俗性生活或神圣领域，经典的功用都是极大的。在中国，则以儒家经典为主干。不明白经典的形成与传述历程、不熟悉经义内容、不探究一切有关经典的争论，自命通脱，以为可以不被经典所束缚，实际就是对一切人文知识皆无所知的痴汉。

第八章：史

晚清国粹派之不同于朝廷者甚多，朝议重经，而国粹派重古史，即为其中一端。早在清嘉道间就有“六经皆史”（章学诚）、“六经，周史之大宗”（龚自珍）一类说法，以经学为史学。国粹派也发挥此一观点，如章太炎就说：“经学还是历史学的一种。”故不仅不尊经，更把古代诸子学都推源于史官，视六经为史官所纂辑之史籍、史料。

但对于中国的史学传统，他们却并不推崇。梁启超于1902年著《新史学》，就说旧史学有六大弊病：知有朝廷而不知有国家、知有个人而不知有群体、知有陈迹而不知有今务、知有事实而不知有理想、能铺叙而不能别裁、能因袭而不能创作。读这些史书，则会让人麻木无感触。因为那只是“君史”，不是“国史”或“民史”。国粹派人士，也多此类声口。马叙伦《史学总论》说旧史乃“一家之谱牒”，黄节说旧史只有“一人之传记，而无社会之历史”，陆绍明说史学衰于史官，故论史须“舍正史而言史学”等等均是。

这些言论，迄今仍然深具影响。民国以来的史学，事实上也就是由批判旧史学而生的。如今硝烟未散，但毕竟已到了可以平情观察中国史学传统是怎么回事的时候了。

一、文字的书写

史字在中国，犹如“文”字，颇多复义。清末以来，释史字者数十家，意见甚为不同，此处不能一一辨析，只用通说：史，字形作，像人手执笔状。执笔记录下事情发生的经过，这就是史。记录，乃是史字的第一个含义。

记录，是用文字符号来指明、代表事物，其动作是书写。书写者是谁？古代职司书写记录的是史官。所谓“左史记言，右史记事”“君举必书”，这种职业书写记录人，史官，即史之另一含义。史，既指记录，也指负责记录的人。

史官史家用文字记载了曾经发生过的各种事之后，那些事件随风而逝，谁也找不着、看不见它，只有史书留了下来。因此，什么叫作历史？就是那些历史记载罢了。它本来是以文字来代表来记叙历史的，可是这代表物代替物却成了真正的历史。故史之含义既是记录者，又是史书、史籍、史载，更是“历史”。

真正发生过的历史，早已不可见，能留下来的只是史书。因此所谓历史研究，其实只是研究史书上的记载。相对于真实发生过的历史，史书显得更为真实。因为那个所谓的“史实”宛若春梦无痕，虚幻难凭，文字却铭刻在竹简木牍上、印在雕板上、镌在金石上、写在纸帛上，显得更具体而实在。

文字具有不朽性，所以也就具有真实性，我们常说“口说无凭”，须立个字据下来，才免得日后反悔。字据之据，就是证据的意思。我们相信文字可为凭证，可以依据，就是由于必须要文字记录才能证明当年发生过什么事。而这不朽、真实、证据等含义，当然也就是我们对历史记载的看法。历史上发生过了一些事，经我们的记录以后，它才能永远存留下来。史著本身就是历史曾经存在的证据。

但重视历史，因而要努力记录下历史的轨迹，以供后人考案，乃是中国人特有的传统。因此史官、史著格外发达，非其他文明所能及。印度的时间观念本与我们不同，不是说极长极长的“劫”，就是说极短极短的“一刹那”。说人之生平经历，又常讲他的多少前世，故一人之事迹，可以指其数十世所经历之事。他们又重口诵胜于笔录，因此在佛经结集以前，真正的史事根本难以究诘，无史可说。

印度人无历史观、历史意识，也无史著，希腊文化则是反历史的（antihistorical tendency）。柏拉图《泰米阿斯篇》记梭伦在与埃及祭司对话时，才发现他自己和任何其他希腊人，谁也不知道自己的古代史，可见一斑。希腊哲学家都不关心历史，历史在教育中也无明确之地位。他们当然也会讲一些古代的事。但那只是些事体的零碎叙述，就如讲故事与历史记录不能混为一谈那般。况且希腊人的思维特性，在于追求永恒、确定性、本质。这种哲学思维，与历史意识关注于事物之变，亦恰好相反。

书写更是个特点。印度与希腊古代都以口传为主，中国的历史则如“史”字所示，强调书写。历来谈到史书，也都必要指明它们的书写性。如《周礼》史掌官书以赞治;《王制》云太史载其国记;《吕氏春秋》云纣王迷惑，内史向挚载其图法出亡于周;《左传》襄公二十五年（公元前 548 年）载太史书崔杼弑其君，崔氏杀之，南史氏闻太史尽死，执简以往；又，宣公二年（公元前 607 年）载孔子曰：董狐，古之良史也，书法不隐。凡说史官秉笔、载笔、执简、直书、直笔、书法等，都是就其执笔说。只有班固说九流十家中不入流的小说家才是“稗官野史，巷议街谈”。可见史书重写，若是口传便居末流，虽亦为史中之一类，但仅居偏稗，书记才是主流。史官所记当然也包括了言，如“左史记言”。但既记下来了就不再是言说，而只是文字对语言的记载。

这种对文字书写的爱好甚或崇拜，乃我民族的特点，史载之多，史之重要性，均自此一观念发展而来。

二、史官的传统

因史与文字书写具高度相关性，故据说创造了文字的仓颉，又被称为“史皇”，象征历史之开端。在文字创造以前，人类虽已有了千万年历史，但历史在有文字可叙述之后，才足以征考。故历史断为两截，文字记录以前，称为“史前史”，其后才是“信史”。

可是仓颉造字毕竟只是个传说，殷商以前的文字，目前尚不可考，因此古来虽说尧时已有五典惇史，但真正史册大备或许还是在商周之间。周公《多士》云：“殷先人有册有典。”今所发现之甲骨，大约是史官占卜之记录，亦是史的一种，其他典册谅必更多。《吕氏春秋·先识览第四·先识览》说夏桀之乱，太史令终古出其图法；殷纣之乱，而内史向挚亦载其图法出亡，看来并非妄谈。

到周朝，史官与史录就更复杂了。周礼所载，可分为五类：

一、太史，掌建邦之六典，主治法：“凡邦国都鄙及万民之有约剂者藏焉，以贰六官，六官之所登，若约剂乱，则辟法，不信者刑之。正岁年以序事，颁之于官府及都鄙，颁告朔于邦国。……大祭祀，与执事卜日，戒及宿之日，与群执事读礼书而协事”，权力大得很。

二、小史，“掌邦国之志，奠系世，辨昭穆，若有事，则诏王之忌讳……凡国事之用礼法者，掌其小事”。

三、内史，掌王之爵、禄、废、置、杀、生、予、夺等，是王的辅佐，掌王命。

四、外史，“掌书外令，掌四方之志，掌三皇五帝之书，掌达书名于四方”。

五、御史，“掌邦国都鄙及万民之治令，以赞冢宰”。

五史皆属春官，执礼、掌法、授时、典藏、策命、书事、考察，无不涉及，跟后世只管记录史事的史官，看来颇不相同。不但职司广，而且设官多。因此清末民初史学复兴时，就颇有人据此以言古代学术即源于这庞大的史官群体。

但情况好像并非如此。《周礼》及其他文献所载之史，有时语意等同于“吏”，也就是政府文官体制中掌文书档案，根据法例条令来办事的人。这些人，由于也具书记之性质，故亦可名为史，但相对于尔后专以记录史事为职务的史而言，此乃广义之史。

不过，广义狭义其实也很难分。汉代司马迁就说他们家世代为史，掌天官。狭义的做一名史官，也仍是要懂星历卜祝，涉及会计、法令、典礼的。官府各类册典档案，本来也就是史料，管理这些文书的吏，不也就是史官吗？史职几乎等同于吏职，反映的恰好也即是中国人特别重史的观念。

文官体制中的书记吏员，办事都是依照着法令条例来的；一切记载，也都有其规定。这些成例与规范，便是我国史事记载中“书法”的来源。

一件事，该怎么记，自有当时与周朝礼法相配合的一套写法在规范着这些书记。如《左传》隐公七年：“春，滕侯卒，不书名，未同盟也。凡诸侯同盟，于是称名，故薨则赴以名，告终嗣也，以继好息民，谓之礼经”，杜预便说这应该就是周公所制的礼经，是史官书写的凡例。鲁国的史书，对其他国家君王的记载，只有同盟国才称名，是当时的礼制，所以说这是礼经。此制是否真是周公所定，当然未必，但彼时诸侯间讣告来往、文书函移，势必有一套通行的书写惯例，是绝无疑问的，这种书写惯例，与其礼制相呼应相配合，甚且就是体现其礼法的最重要方式，也是无疑的。这种情况，在政府机关任过职，略谙政府文书体例者，大体都能体会。

由此发展下来的中国史学传统，也因此一直与礼分、书法、凡例相关联着。史之大宗，也在官史。

当时各国皆有其史，故春秋时墨子说：“吾见百国春秋”，史都是政府官史，史著皆政府之图籍文书。春秋以后，贵族凌夷，学术渐渐散在民间，史载亦然。但民间传述，乃是稗官野史。野，相对于朝而说，却也意味着不正经不正确，犹如“齐东野语”之野，评价明显低于官史。官史，本就有符合规矩，属于正式文书之意。后来“正史”一词，指的也仍是官修之史，或虽私修而经官方认可的。

但官史是否也就代表它是“君史”呢？

这需分几点来说。一是文官制度本身就具有相对的独立性。它是君与民的中间层，既可起中介者之作用，有时也是阻绝层。因为文官乃专业技术官僚，依据的是专业知识与法令规例，并不完全服从政治命令。台湾在民进党上台以后，原以为可以大刀阔斧，干自己想做的事，不料政策进入文官体制之后，却感处处掣肘，施展不开。为什么？就是因为专业文官科层组织自有其运作规范，不尽能曲从政治考虑；原本在野的政党，又不娴熟该如何操作这套组织，以致彼此扞格。于是执政者一方面狐疑文官们都是前朝余孽，不肯配合；一方面选派心腹，在体制外从事符合自己政治目的的任务，因而破坏了体制，出现了许多弊端。这个例子，就可令人了解科层组织的相对独立性是怎么回事。过去论者思考比较简单，常把君王和政府文官组织合起来，全部视为统治者，人民则是被统治者。不晓得韦伯（Max Weber）所说的这个专业文官科层体制的作用，故于此较少体会。

周代的文官体制已然极为发达，官员之文书记载，自有其专业判断及礼法礼分之规定，并不完全听命于主政者。所以晋灵公时，赵盾逃亡，还没逃出国界，他弟弟赵穿就把灵公杀了，赵盾再回来做官。结果史官董狐写着：“赵盾弑其君”，赵盾向他喊冤，说国君并不是我杀的。董狐说：你是正卿，虽逃亡，但还没出境，仍有主政的责任；而你回来了，又没逮捕凶手，我不写你杀，该写谁？赵盾听了也只好认了。孔子评论此事，就说两人都不错，董狐能根据书法来写史，赵盾则能“为法受恶”，虽明明自己没弑君，可是依当时记事的法则，是追究政治责任的，史官既依据这种书法来记事，他也就乖乖承担这个罪名。在这儿，就显见那个“法”是具独立性的。

法有独立性，专业文官才有尊严，当时文官对此也极为强调。《左传》襄公二十五年（公元前548年）载：崔杼把庄公杀了，太史记录：“崔杼弑其君”，崔氏大怒，把太史也杀了。命太史弟弟来写，结果他还是这么写，崔氏又把他给杀了。又一个弟弟，还是如此，又杀了。再一个弟弟，仍写崔杼弑其君，崔氏无奈，只得罢了。当时另一位史官南史氏，听说太史都被杀完了，竟带了竹简赶来，准备接力写下崔氏罪状；得到消息说已写了，才返回家去。他们用生命来维护职业的尊严，事实上也就维护了史法的独立性。唐朝以前，史官记了些什么，甚至根本不给皇帝看，故控制着史家的，并不是君王的权威，而是法的权威，以及史官们奉守史法的自律精神。

《大戴记·保傅篇》说：“太子有过，史必书之。史之义，不得不书过，不书过则死。”《诗·卫风·静女》毛传：“史不书过，其罪杀之。”《左传》昭公二十九年（公元前513年）晋太史蔡墨说：“物有其官，官修其方，朝夕思亡，一日失职，则死及之。”都表现了这种以生命奉献并推广史职史法的自律精神，这是中国史学最珍贵的品质。

而其所以如此，是因为文书史记本身就具有不朽的性质。它写下来，并不是为现在的人服务，而是给后世人看的。相对于现世王权，历史领域当然是独立的，史官只为历史负责，这就保障了他的独立判断之权。他的记载，宛如鬼神临鉴，把一切美恶都看在眼里、记在书里。对时王而言，便又形成了一种道德压力。王者虽横行于一世，但历史的评价仍是他所在意的。偏偏史家记录，因要为后世提供足以借鉴的材料，所以格外强调“不隐恶，不虚美”，对君王自然会有更大的心理制衡力量。此即所谓“以史制君”。近人每轻视这种制衡力量，以为民主制度的民意制衡才有作用，殊不知上帝裁判、阎罗王审判，都是诉诸死后的，均是另一种形式的历史制衡，你说它有没有用呢？假若一位暴君，连阎王上帝都不怕，你以为他会怕民意？

《左传》庄公二十三年（公元前671年）：“君举必书，书而不法，后嗣何观？”《汉书·艺文志》：“古之王者，世有史官，君举必书，所以慎言行、昭法式也。”此种史官根据史法，记录君王功过，以垂示后世，并以此儆惕时王的传统，亦是中国史学之重要精神。史虽官修，但非君史，正以此故。

三、个人的著述

当然吾国之史亦不尽为官史。前面不是说夏桀时太史终古出其图法，殷纣时内史向挚亦载图法出亡吗？改朝换代，原先的官吏自然就流散于民间。春秋以降，王国并吞越来越剧烈，这种情况即更明显。所谓稗官野史，野史就是流散在野的史事记录，或民间仿作的杂记。

这其间最重要的野史，就是孔子修的《春秋》。孟子说：“春秋，天子之事”，赵注：“孔子惧王道遂灭，故作春秋，因鲁史记，设素王之法。”关于什么是“素王”，历来争议很多，但不管如何，总之是孔子职非史官，而依仿鲁史记另作一史。史官本是天子所命，替天子撰史，孔子则是自己来修史，代行了天子之事，所以名为素王。

此事在经学史上有非常多意义可说，在史学上也十分重要，因为就如他开创了私家讲学之风那样，此举也带动了私家修史之风。其后私人作史者不断，皆衍孔子之绪。

私人作史，可依循史家旧法，亦可自出义例，纵横事类，衡断古今，当然大大丰富了史著的写作方式。私家修史，自为主宰，其自由度也更大。因此许多新的体例，如郑樵之《通志》、袁枢之

《通鉴纪事本末》，皆由私人所创。官吏之长处是规矩，短处亦是规矩。私史就自由活泼多了。泛滥所及，甚至替花草作史、为画舫写记，北里有志、法帖有谱，史载日繁，史道日广，胥赖于此也。

当然，自由的另一面，就是不规范，其中讹误较多，挟私阿好之处亦较明显。《四库全书》史部总叙说："私家记载……议论异则门户分，门户分则朋党立，朋党立则恩怨结。恩怨既结，得志则排挤于朝廷，不得志则以笔墨相报复。其中是非颠倒，颇亦荧听"，讲的就是私家记载的毛病。

除了开创私人修史之风外，孔子的《春秋》乃是因鲁史而作，亦即以鲁国历史为框架来叙列春秋史事。这也带出了一个问题，令人疑心他有"故宋、新周、王鲁"之意。

此意在经学上另有解释，此处仅从史学上说，就是王权正统延续和改换的问题。宋代表殷王朝。殷灭了，周代兴。可是孔子作春秋之史，却不用周王朝为框架而用鲁，是否表示周德已衰，该由鲁代之而兴呢？鲁事实上又未真能继周而王天下，则这个鲁，也许便是寓言，代表一个继周称王的朝代。于是，《春秋》仿佛就是在暗示着汉代的事了，汉人乃因此而说"春秋为汉制法"。姑不论其说然否，《春秋》是讲大一统的，这故宋、新周、王鲁云云，似乎就显示了一种正统嬗递的历史观。

正统，主要是指政权改换的问题。称正，就意味着有不正。不正的，被形容是偏统、霸统、伪统、闰统。而正不正，或由血统判断；或由能否统一天下，大一统判断；或由五德终始判断；或由道德判断，乃是中国史上聚讼之处。

因为凡取得政权者无不自视为是正统，宣称自己"居中国，法天奉本，执端要以统天下、朝诸侯"（《春秋繁露·三代改制质文篇》）。未完全统一的分裂时代，或外族入主，统正不正就各有看法了。梁武帝《通志》把吴蜀都列入"世家"，五胡及拓跋魏列入"夷狄传"；司马光《资治通鉴》以魏为编年主体；朱子《通鉴纲目》则以蜀为正统，都是正统论令人困惑的地方，历来也颇有史家对之不以为然，如王船山《读通鉴论》便是。

但若上推正统之说本出于“故宋、新周、王鲁”这种继统观，是因注意到政权嬗递以及其得天下正不正而提出的，则此说亦非毫无意义。因官史本附于政权，是政权体例的一部分，野史则跳脱一时政权，在政权之外，看到一个政权在历史长流中也只是“一个”政权而已。虽然主政者都希望千秋万代，帝国永固，但史家却十分明白天下非一家一姓所有，政权是会更替的。而政权之获取，更可以对之有一价值判断，看它得统正还是不正。这种意义，与“以史制君”是一样的。

孔子作《春秋》还带出了一个问题，就是经史分合。春秋本是鲁国史书的名称，孔子作的亦名《春秋》，却是经。若说此乃后世儒者推尊孔子才惹出来的麻烦，亦不尽然。庄子《天下篇》就称古道术之“明而在数度者，旧法世传之史，尚多有之。……诗以道志，书以道事，礼以道行，乐以道和，易以道阴阳，春秋以道名分”。可见《诗》《书》《礼》《乐》《易》《春秋》，在古代本是旧法，也是世传之史所传授的学问，此时经史其实难分。孔子所作《春秋》，同样也是经是史，难分得很。

刘向《七略》秉此传统，未立史部，春秋列在六艺略中。王俭《七志》也把六艺和史记、杂传并为经典志。到晋荀勖《中经新簿》才把六艺归为甲部，史记、旧事、皇览簿、杂事等列为丙部。梁元帝《书目》则列史部为乙部。梁阮孝绪《七录》亦把春秋放在经典录，另立纪传录，收国史部、注历部、旧事部、职官部、仪典部、法制部、伪史部、杂传部、鬼神部、土地部、谱状部、簿录部。经与史至此乃正式分家。

虽然如此，史家论史法，仍要溯本于《春秋》之“属辞比事”“书法”；讲史例，仍要推源于《春秋》之条例；讲史义，仍然要归宗于“春秋以道名分”或“其义则丘窃取之”。经史的关系似断非断。

其所以如此，除了历史性的渊源关系，使得分了家的孩子仍与本家祖宗有扯不断的联系外，更根本的原因，在于历史叙述必有个意义的归向，历史记录必有个标准。史家不可能什么都记，记了一大堆陈年旧事又是为什么？若说要惩恶劝善，以为龟鉴，则善恶凭什么来判断？一时的社会评价、世俗荣辱，与历史的是非褒贬，何者才更合乎正义？这些问题，一旦追问下去，必然涉及哲学上的态度和一些信仰层面的东西，用我国传统语言来说，那就是道的问题。此等问题，在史家“究天人之际，通古今之变”时，势必通向经学，以求贯解。犹如在西方谈历史哲学辄与其神学有关也。近代偏于技术性、知识性、材料性的史学，大行其道，不喜欢谈历史哲学，斥为谈玄。殊不知若要穷历史之奥，其实回避不了这些问题，鸵鸟虽将头埋进了沙里，问题可并不因此就消失了。

四、官史的发展

在私史越来越盛时，官史亦未萎缩，政府仍极重视它。周代“世学官守”的局面破坏后，许多学问都不再设官了，唯史官等少数官职依然保留着，且重要性并未消退。这是比较罕见的事。唐代科举，甚至有三史科，每史问大义一百条，试策三道。《唐会要》卷七六《贡举中·三传》载：“国子学有文史直者，弘文馆弘文生，并试以《史记》、两《汉书》、《三国志》。”则是国子教育中的史学考试。当时名士，又以娶五姓女、中进士与修国史为人生三大志愿。凡此之类，都可以想见史职史事在人们心目中的地位。

官方的史职史事，当然主要是存录当代史料并修撰史籍。今存所谓正史，大抵即指此类。

正史之名，始于阮孝绪《正史削繁》，但其书不传。后世“正史”一词涵义等于国史，亦即一代之史，如所谓“廿五史”，除《史记》外，都是一代之史。这是由于官史本来就依附于政权，故每一代都一方面存录本朝之史，一方面修纂前朝之史，代代相沿，就形成了两汉、三国、六朝、北朝、隋、唐、五代、宋、辽、金、元、明、清这廿五史。

只有《史记》原非官修，而是史官司马迁自己撰写，后来才被视为正史的。其体亦与后世一代国史（所谓断代史）不同，乃通记三皇五帝以来之史，故又被视为通史之典范。通史旨在通古今之变，断代史用以志一代之盛衰，看来不同，但历来断代史中也不能不通录古今，通史中也不能不详本朝，并不能截然而分。例如《明史》以前，各史《艺文志》就都是通录古今的。梁、陈、齐、隋、周五史，本来也是合为一史的，现在却拆成五本断代史，今存《隋书》的十篇志，就是针对这五个朝代而作。《汉书》号称断代史之祖，可是其《古今人表》仍然要从尧舜禹汤讲下来，故国史、断代史之说，绝不能泥看。

谈国史或正史还有一个问题，就是朝代有兴亡，历史无断缺，因此一国之史恰是由历史长流中截断来说的。可是历史是能截得断的吗？一代之史该从何处说起，看来明白，由政权建立起开始叙述便可，实则不然。建国之过程该不该叙？此时，朝尚未建，不就仍在前一朝代的断代史范围中吗？一朝之亡，往往也非立刻便绝，如明在崇祯自缢于煤山之后，还有唐王、福王、鲁王、桂王、郑成功等一连串史事，然则明史之下限又该断于何时？此即“国史断限”之问题，是断代为史时难以回避的，正史中对其处理方式亦各有不同，可参互而观之。

正史之中，一般较推崇《史记》《汉书》《后汉书》《三国志》，谓其文采义例俱胜，南北朝以下诸史则多杂出众手，难见心裁。《五代史》已佚，今存者乃由《永乐大典》中辑出。《宋史》冗，《辽史》略，《明史》较佳，《清史稿》则尚在修订中。诸史或有缺漏，后人葺补，亦渐成专门之学。如《后汉书》无表、志；《宋书》

无表;《新唐书》欧阳修误信刘知几之言，尽废诸志，仅有《司天》《职方》二考，都给后人订补留下了许多空间。

正史之外,《四库全书》将史籍分为编年、纪事本末、别史、杂史、诏令奏议、传记（又分圣贤、名人、总录、杂录、别录）、史抄、载记、时令、地理（又分宫殿疏、总志、都会郡县、河渠、边防、山川、古迹、杂记、游记、外记)、职官（又分官制、官箴)、政书（又分通制、典礼、邦计、军政、法令、考工)、目录（又分经籍、金石)、史评等共 15 大类。

编年，本是《春秋》《左传》之体，自《史记》改为纪传体以后，正史均采纪传，编年之地位遂降。但仍为史体之大宗，各朝所编起居注、实录，均是编年体。宋代司马光奉敕编《资治通鉴》尤为编年巨制，编时汇聚史料，另撰《考异》，体例最善。胡三省注，亦赅博可资。其后李焘《续通鉴长编》、李心传《建炎以来系年要录》、徐乾学《通鉴后编》、毕沅《续通鉴》等，皆踵其体者。朱子另作《纲目》，重在义法，乾隆御批《通鉴辑览》等，则属此类。

宋袁枢因《通鉴》编年为次，有时一体事发生在不同年间，读者难以明白始末，故另编《通鉴纪事本末》。此例一开，各史都有人编纪事本末。也有就一地编的，如《蜀鉴》；就一事编的，如《亲征朔漠方略》《平定金川方略》之类，查一事之起讫因果最详，颇便读者。

以上正史、编年诸体，指的既是体例，也是价值上的分类。编年与纪传，都属于正史范围，可是宋陈振孙《直斋书录解题》在正史之外，又另立了“别史”一门，指的是没被纳入正史，但内容又很重要，价值比杂史高一点的史籍。《四库》也因袭这种分法，但却是就价值说了。如汉代史,《汉书》《后汉书》是纪传体，荀悦《汉纪》是编年体，另外还有《东观汉纪》，就是别史了。类此者，有《东都事略》《续后汉书》等。《大金国志》《契丹国志》等，亦为一代史乘之作。另也有通贯古今的，如郑樵《通志》、罗泌《路史》之类。此等别史，只是政府未承认它罢了，究其性质与价值，原不必劣于正史，故虽《四库提要》谓其多“私撰之本或斥汰不用之书”，实亦不可轻视。

至于杂史，《四库提要》谓：“或但具一事之始末，非一代之全编；或但述一时之见闻，只一家之私记。要期遗文旧事，足以存掌故、资考证，备读史者之参稽”，似是虽小道亦可以观的意思。实则杂不杂也难说得很，如《国语》《战国策》《贞观政要》《东观奏记》《五代史补》《北狩见闻录》《蒙古源流》等书，价值岂逊于正史别史？其他“事系庙堂，语关军国”，如出使、平边、定乱的纪录，区域政权的兴衰，多见于杂史，都是不容忽略的。

诏令奏议类，古来亦视为史体，因为古代“左史记言，右史记事”，诏令即是王者的言论。但于今视之，此仅是涉及政府施政的史料，同类史料，还有政书类和职官类的书。就是地理类的宫殿、郡县都会、边防、河渠等，也大抵是从施政理国的角度撰述的。

这就可见《四库》史部之分类，其实正是官史观念影响下的表现，强调政府行为、政治措施，若非“事系庙堂，语关军国”，似乎价值便不甚高。且整个分类也都体现着以官史为国史、进而以国史为史的态度。官史传统之强韧，可见一斑。

五、民史的现象

史籍所存，当然不只有官史国史，私史野乘的传统虽被四库馆臣刻意掩盖或抑退，却仍不难发现。例如传记类中有年谱一种，如杜甫、朱子之年谱，就属于个人史，此人或为诗人或为学者，或为循吏或为僧道，所记乃私人之事，非关邦国，也不见得要纳入国史的体系中去。又一种家族史，如《金陀全编》《孔子世家》；一种团体史，如《伊洛渊源录》《唐才子传》等，乃某一类人或某一群体之史，或叙高士，则为《高士传》；或言太监，则为《貂珰史鉴》；或记女性，则为《列女传》；或论仆隶，则为《银鹿春秋》。下及于日记、游录，都是私史民史性质，匪同国史。

时令类书，尤多民史。月令之学，本为王者施政而设，但汉代崔实编《四民月令》以来，即转变为民间风俗所系。到现在，民间岁时行事，仍然要看黄历、选日子。故《四库提要》谓此学"大抵农家日用，闾阎风俗为多，与礼经所载小异"。四库馆臣，如前所述，乃是讲王政的，但对此也不免用"然民事即王政也，浅识者歧视之耳"之说法来为它争地位。可见谈史学史籍，此类民事数据亦不可废。

但四库于此，甄择不广，仅著录《岁时广记》《月令辑要》2部，存目11部:《四时宜忌》《四时气候集解》《月令通考》《月令广义》《节宣辑》《养余月令》《日涉编》《广月令》《古今类传岁时部》《节序同风录》《时令汇记》。其实此类书甚多，如四库于《四时宜忌》下，云其书历引《荆楚岁时记》，于《节序同风录》下亦云该书仿《荆楚岁时记》，而《荆楚岁时记》本身却未被收录（别录于地理类），可见所缺是极多的，今人若能通考此类书，就不难看到我国社会风俗的沿续和演变。

在地理类部分，宫殿、边防、都会郡县，固是国史之事，其中亦不乏民史资料。所谓国史之事，是说正史、别史等均以国家为范围，但国家之下又有行政区划，地方行政区域之史，就是地方志。地方志虽名为地方，但它仍是国史之一部分，因为这个"地方"就属于国家行政体制。故地方志之体例，规准于国史，大体有疆域、山川、建置、名胜、职官、学校、赋税、物产、乡里、风俗、人物、艺文、金石、灾异等，与正史的传、志、表相呼应，有些部分则相互发明。对中央政府来说，掌握地方基本状况，乃统治之所需，故方志修撰，亦政府之重要职责。如今大陆各地尚有方志办公室之设，修志近万种，原因在此（明代方志计有3000

余种，今存1000余种；清代方志则今存5000余种；民国政府在大陆也修了1500种左右）。

方志依行政区划，可分为总志、省志、府志、州志、厅志、县志、乡镇志、都邑志、边关志、土司志、盐井志、专志等，这便是它属于国家体制之一表现。但是，在这个框架中，山川名胜、文化教育、民情风俗、方言土语、民族宗教、矿产物资，靡所不包，民史不也就从而可见吗？《四库提要》称赞《新安志》物产一门“所志贡物，如乾蕨药、腊芽茶、细布之类，皆史志所未载”；称《嘉泰会稽志》“姓氏送迎、古第宅、古器物、求遗书藏书诸条，皆他志所弗详”，凡此物产宅第之类，俱可以见民氓生活之史。《中国地震资料汇编》中，光是地震资料就征引了5000种方志。同样的，由方志中摘辑地方宗教、方言、土俗资料者还不知有多少。

地理志之可以见民史，尚不只此。因为其中颇有些是脱离行政区划的个别性、专门性地志。如四库所收古迹、杂记类，多属此种。有山志，如《南岳小录》《庐山记》《赤松山记》；有湖史，如《西湖游览志》；有地方胜迹，如《桂胜》《吴地记》；有僧寺道观，如《洛阳伽蓝记》《洞霄图志》；有名园奇石，如《洛阳名园记》《艮岳记》；有名物土俗，如《南方草木状》《桂林风土记》《益部方物略》；有一代之风流，如《六朝事迹类编》《东京梦华录》；有殊方之异闻，如《佛国记》《大唐西域记》《岛夷志略》，内容千奇百怪，足征民风，可考物情。像康熙间编的《冈史》，就是记北京宣武区牛街回民聚落的，不但有当时35条胡同，分成十位回民事迹的记载，里面谈到的三种伊斯兰教汉文译著，还有两种不见于其他记载呢！这类地志之可贵，可想而知。

而事实上此类地志也有许多本来就是私撰之史，非官方组织史局志办去修纂的，前述《洛阳伽蓝记》等均属此类。《四库提要》说《宝庆四明志》是原已有志，宋罗濬“因一人而别修一郡之志，名为舆国，实则家传”，更显示了方志修撰，固属官方职责，可也没禁止老百姓自纂；内容足以彰示个人趣味，不在话下。清修《广东通志》《广西通志》，提要谈到这两本官书之前的史志：“《南方草木状》，但志物宜;《岭表录异》，仅徵杂事。而山川阨塞，或未之详，明代有戴璟、郭棐、谢肇淛、张云翼诸家之书，大辂椎轮，又不过粗具崖略”“唐莫休符之《桂林风土记》、段公路之《北户录》、宋范成大之《桂海虞衡志》、明魏濬之《峤南琐记》、张凤鸣之《桂故》《桂胜》皆叙述典雅，掌故可稽”，褒贬虽殊，所列举的志书，可没有一本是官修的。

私修之史，多录民事，而更多的是表达一种个人观点。或述史以申盛衰之感，或志物以征博物之功，或欲于此穷天人之奥、古今之变，其义恰好是与司马迁作《史记》、孔子修《春秋》相通的。中国人都喜欢写史。写不了国史，就写都邑史；不写都邑史就写街市史、坊巷志、宫庙志、学校志，或志一水半山，或记三游五旅。再不然就记岁时，作日记，或进而写自传、写别人的传、写家谱、作族史，史籍史料之多，亦正是人人都愿意借由历史书写来表达我们每个人的历史感，以个人观点为历史负责。而这种个人观点，一直都是与官史相激荡的。

第九章：子

一、子学之变

子，是指传统图书分类中的子部文献，具体可称诸子学。用白话文说，就是：各位先生的学问。

刘歆《七略·诸子略》，曾把这些先生们的学问分成十类：儒家、道家、阴阳家、法家、名家、墨家、纵横家、杂家、农家、小说家。班固《汉书·艺文志》也采用了这个分类，但他说这其中小说家较不重要，因此十家中扣除小说家，便称“九流”。小说，竟成了个不入流的学问，后世“入流”“不入流”二词，即起于此。

比小说更不入法眼的，是天文、历谱、五行、蓍龟、形法、杂占，刘歆把它列为《数术略》；医经、医方、房中、神仙，列为《方技略》；兵权谋、兵形势、兵阴阳、兵技巧，列入《兵书略》。都不放在《诸子略》中。考其用意，似乎是《诸子略》中的阴阳家乃是有理论有宗旨的学问，故学能成家，如司马迁所谓：“成一家之言。”而那些同样说阴阳却偏于技术的，如兵阴阳、五行、杂占之类，就只好放在数术一类中了。此乃“学”与“术”之分，而亦可见当时人对诸子学的看重。

晋荀勖《中经新簿》以四部分类，因此把原先七部分类中的若干类，并到一块儿，诸子就与兵书、数术合并了。其后之四部分类，大体沿袭此法，如《隋书·经籍志》即将兵、天文、历数、五行、医方并于子部。到了《四库全书》，子部就更庞杂了，包含：

> 儒家类、兵家类、法家类、农家类、医家类、天文算法类（推步、算书）、术数类（数学、占候、相宅相墓、占卜、命书、相书、阴阳五行、杂技术）、艺术类（书画、琴谱、篆刻、杂技）、谱录类（器物、食谱、草木鸟兽虫鱼）、杂家类（杂学、杂考、杂说、杂品、杂纂、杂编）、类书类、小说家类（杂事、异闻、琐语）、释家类、道家类。

这十四大类，实在包罗万象，而且把佛道两教文献都并了进来。学与术合、道与器并，虽足以见后世子学之规模，却与诸子学之本意不侔了。

现在我们论子学，不能如《四库》般谈得那么杂，但也不尽能守刘歆班固之旧，主要是说明源流、辨析家数。

二、先秦诸子

诸子学的“子”，是春秋以后兴起的称谓，含意略如：这位先生。原有尊称之意，例如在孔子卒后，门人以有若貌似孔子，故推尊之，《论语》中便称有若为“有子”。此类尊称，后来用得泛了，就变成通称，犹如“先生”本来也是尊称，现在亦成了通称一般。到孟子时，孟轲之弟子就都称其为“子”了。可见此词广泛通用，乃是在战国时期。“子”既然甚多，人人都是“子”，合起来就称为“诸子”。

对于这么些先生们的学问，当时已有评价，著名的有庄子和荀卿之说。庄子《天下篇》在感叹道术分裂之后，叙述了以下几家，其叙述方式是：

> 不侈于后世，不靡于万物，不晖于数度，以绳墨自矫，而备世之急。古之道术，有在于是者，墨翟、禽滑厘闻其风而说之。为之大过，已之大循，作为“非乐”，命之曰“节用”，生不歌，死无服。墨子泛爱兼利而非斗，其道不怒，又好学而博不异。不与先王同，毁古之礼乐。……

先介绍他们的宗旨，然后说这是古代道术的某种遗风，该先生便继承了这种想法。接着再说明他们的具体主张，如墨子、禽滑厘这些人，就是自己非常刻苦节俭，而又以救济天下为己任的，庄子认为此一学风源于大禹。因此说：“今之墨者，多以裘褐为衣，以跂跷为服，日夜不休，以自苦为极。曰：不能如此，非禹之道也，不足谓墨。”

墨家之外，庄子又介绍了：（一）宋钘、尹文子，他们内在要求人降低嗜欲，外在倡议禁攻寝兵。（二）田骈、慎到，则是主张齐物止纷的。因此要弃知去己，与物无择，不尚贤而泯是非。（三）关尹、老聃，知雄守雌，知白守黑，知荣守辱，以濡弱谦下为表，以空虚不毁万物为实。（四）惠施，穷辩物理，谈一些卵有毛、鸡三足、犬可以为羊、火不热、轮不辗地之类问题。

对于他们的学风，庄子介绍之余，亦多批评。他认为墨家：“其生也勤，其死也薄，其行难为也，恐其不可以为圣人之道”，太辛苦了。宋钘、尹文子也差不多，“其为人太多，其自为太少”，能利人而不利己。田骈、慎到呢？齐物而至于无是非，弃知去己，把人弄得像块土石般，又有什么意思？至于惠施等辩士，谈那些奇奇怪怪的问题，讲马有卵、目不见、龟比蛇长、白狗黑等，“能胜人之口，不能服人之心”，而且也没什么大意思。老聃、关尹，是他比较欣赏的，说彼乃“古之博大真人”。因为老聃等人主张“淡然独与神明居”，应世又能濡弱谦下。至于庄子自己，他说独与天地精神往来而不敖倪于万物，不谴是非而与世俗处：“其于本也，宏大而辟，深闳而肆。其于宗也，可谓稠适而上遂矣”，自我评价较高。

庄子的评介，是以“源”和“流”的关系来说明古代道术与诸子学的关系。诸家之学，均是古代道术中已有某一倾向或元素，而诸子继承发展之，所以都是：“古之道术有在于是者，某某闻其风而悦之。”继承发展之后，显然又与古道术不尽相同，因此庄子对诸子学之总体评价乃是负面的、悲观的。他认为诸子皆一曲之士，虽然“皆有所长，时有所用”；但不徧不赅，不能见天地之纯与古人之大体。如此不断分化下去，“百家往而不返，必不合矣”，将来也绝对无法再统合了。

庄子之后，荀子对诸子学也有一番评论。他在《非十二子篇》中具体非议它嚣、魏牟、陈仲、史鱼酋、墨翟、宋钘、慎到、田骈、惠施、邓析、子思、孟轲等十二人。

这十二人被他分为六组。魏牟一组，现在已不晓得到底指谁，因为现在已看不到相关的文献，荀子说他们“纵性情、安恣睢、禽兽行”。陈仲、史鱼酋一组，荀子说他们“忍情性……苟以分异人为高，不足以合大众、明大分”。似乎与前者相比，一是纵欲，一是禁欲的。第三组墨子、宋钘，“上功用，大俭约而慢差等。曾不足以容辨异、悬君臣”，是泯除尊卑阶层，提倡劳动的。第四组慎到、田骈则是讲法治的。但其所谓法，不过是“上则取听于上，下则取从于俗”的东西，依君上的权力意志和世俗价值标准而定的，故荀子也认为它“不可以经国定分”。第五组惠施、邓析，即名家。“好治怪说，玩奇辞”，荀子亦以为它“辩而无用，多事而寡功，不可以为治纲纪”。第六组子思、孟轲，与惠施等人不同，惠施等人是不法先王的，子思、孟轲是法先王的。但荀子批评思孟法先王却抓不住先王之道的要领，所谓“略法先王而不知其统”；还又虚构了一些讲法，号称是先王所传，即所谓“案往旧造说，谓之五行”的部分，故荀子也不以为然。

与庄子相较，荀子之说有几个特点：一是他批评的是“六说”，即六种理论，十二个代表人物，并不以某某“家”来称呼，所以叫“非十二子”。其中子思、孟轲和荀子自己，后世都并视为儒家，可是荀子显然并不认为自己跟他们是同一家。其次，荀子的批评，均着眼于该学说能否治国，谓各位先生的说法皆“使天下混然不知是非治乱之所存”，故皆不可取。评价标准与庄子并不相同。第三，反对以上各说之后，荀子提出了仲尼与子弓的学说来，认为唯其说才足以长养人民、兼利天下。并不像庄子那样寄情于古道术。

荀子还有一篇《解蔽篇》，指摘：“今诸侯异政，百家异说”，各家都有蔽，都有盲点，所以他要解蔽。其中“墨子蔽于用而不知文，宋子蔽于欲而不知得，慎子蔽于法而不知贤，申子蔽于执而不知知，惠子蔽于辞而不知实，庄子蔽于天而不知人”，均是在某方面有特殊之见解与优点，可是这优点与洞见同时也就遮蔽了某些东西。此说与近日诠释学说“洞见”与“不见”相似，而称诸子为“家”，则与《非十二子篇》不同。

以上是总评诸子的。由于当日诸子争胜，彼此竞争，因此虽未总论诸家，但个别地批评某一二家的也很不少。如孟子批评杨朱和墨家，墨子专门《非儒》，韩非又非议儒墨，都是著名的例子。据韩非子说：“世之显学，儒墨也。……自孔子之死也，有子张之儒、有子思之儒、有颜氏之儒、有孟氏之儒、有漆雕氏之儒、有仲良氏之儒、有孙氏之儒、有乐正氏之儒。自墨子之死也，有相里氏之墨、有相夫氏之墨、有邓陵氏之墨。故孔墨之后，儒分为八，墨离为三，取舍相反不同。”（《显学篇》）可见所谓儒家墨家内部也是很复杂的，分之又分，呈现多元分化之发展。

对于此等分化之状况，当时人显然不甚满意，觉得源远益分，群言淆乱，令人莫衷一是。因此后来秦始皇统一天下后，韩非子的同学李斯便建议他杜禁百家，重新回到诸子学出现以前那种官学一统的局面，令学者皆“以吏为师”。其他人或许不会如此极端，但由庄子、荀子之评论，亦可发现当时人确实对百家争鸣并不甚以为然。尔后汉武帝采董仲舒议，罢黜百家，独尊儒术，殆亦为此等意见之延伸。

可是，在学术趋向统一的时代，大家却又怀念起那个“群言淆乱”的多元化社会了。觉得诸子争鸣，异彩纷呈，表现了丰沛的生机和创造力，乃是中国学术史上的黄金时代，与希腊古代相仿佛。

三、诸子之衰

诸子争鸣的时代，到底代表学术之盛抑或学术之衰，也许难说，但一方面是有竞争就有优胜劣败的问题，许多先生之说乃至整个学派渐趋于没落，甚或因而成了绝学。另一方面是时代变了，某些学派亦不免变异，或竟衰歇。例如纵横家之崛起，乃是因应战国诸侯王相征伐的局面，纵横捭阖，倾倒一时。待秦汉天下一统以后，抵掌游说诸侯以肆其纵横的环境便没有了，此类学风遂也难以维系。再加上政府以政策抑扬于其间，如某些朝代崇儒，某些朝代尊道，某些朝代采用法家治法，都会使得诸子学之面目与先秦大不相同。

在孟子时，杨朱一派是很盛的，所以孟子说那时“天下不归杨则归墨”。可是到汉朝刘歆、班固时，杨朱一派大概便无传承了。故迄今到底杨朱一派具体状况为何，甚或杨朱究竟是谁，都还争论难定。或云其说可见于《列子·杨朱篇》，但也有人说《列子》乃伪书，该篇亦不足信。或云杨朱即庄周，因庄子与孟子是同时代人，可能孟子批评“无君”的杨朱其实就是他，道家崇尚自然，不正是无君的吗?

不只杨朱一家如此难以考证，墨家也好不到哪儿去。韩非说墨子卒后有相里氏、相夫氏、邓陵氏诸派，庄子说当时“相里勤之弟子，五侯之徒，南方之墨者，若获、已齿、邓陵子之徒，俱诵《墨经》”，显见也是一时之盛。可是后来这么盛的学派，竟也几乎泯灭了。清末俞樾说：“唐以来，无一人能知墨子者。传诵既少，注释亦稀。乐台旧本，久绝流传。阙文错简，无可校正，古言古字，更不可晓，而墨学尘霾终古矣”（孙氏《墨子间诂》序），很能形容墨学衰芜之状，大概跟失传也差不了许多。

孟子曾经提过的，还有“为神农之言者许行”，乃农家之流。然其书亦已不可考，其说无所传，情况与杨朱相似。

名家方面。“惠施多方，其书五车”，而亦不传，仅赖庄子的批评，略可追蹑其学风而已。《公孙龙子》亦不传，今本乃采辑各书中涉及公孙龙的文字编成。还有一本《尹文子》，四库提要说它“本名家者流”，但也承认它“其言出入于黄老申韩之间”，似乎并不能确定是否为名家，因为道教的《道藏》便因它论道而将其纳入道流之中。且今存者仅一卷，与古类书及《文选》等所录者皆不类，亦令人难以明其究竟。因此名家之学大约也可说是绝了。

杂家一类，先秦是以《吕氏春秋》为代表的。因是吕不韦宾客所辑，故宗旨较杂，可以体会。但杂而能成家，就不免费解。凡成一家之言者，应当都是自具宗趣且足以与别家相区别的，杂家一词，近乎自我矛盾。故亦有人以为所谓杂家，其实就是汉代司马谈《论六家要旨》所说的道家，汉代被视为杂家代表作的《淮南子》，也与道家为近，或被归类为道家典籍。但不管如何，杂家之学，宗旨既难审知，后世虽欲传承，亦难措手。庞乱凌杂、头脑糊涂的学者固然不少，杂家却已弗传。

其他不传的，还有宋钘、田骈、慎到、关尹、邓析、魏牟、陈仲、史鰌、申不害等。所谓“诸子百家”，看起来阵仗颇大，但如此七折八扣下来，其实所存无几。莫说诸子百家，就算只是九流十家，名、墨、纵横、农、杂诸家后世殆绝，仅余儒、道、法及阴阳四家罢了。

而儒、道、法、阴阳诸家，其实亦零落已甚。阴阳家几乎没有一本著作流传，邹衍之遗说，不知其详。法家只有《韩非子》《商君书》，和后人补益的《管子》。兵家仅《孙子》。道家只有《老子》《庄子》。就是儒家，韩非说儒分为八，而颜氏之儒、子张之儒、漆雕氏之儒、乐正氏之儒、仲良氏之儒、孙氏之儒，亦皆无传，仅子思、孟子一脉略可考证。荀子的情况，则与墨子类似，汉以后便没什么人研究，除唐朝杨倞曾注解过以外，也是“传诵既少，注释亦稀……而荀学尘霾终古矣”。

也就是说，据庄子荀子等人的看法，诸子学乃是周朝王官之学的流变，源总是少的，流却会越流越多，越流越乱，会“散而之天下”。可是实际上，流却枯竭了，流不下去，有些像沙漠里的河川。近人看先秦诸子学，每每侈言其盛大多元，丰富多彩。实则它究竟如何丰富，泰半只能想象。就算当时确实众流竞爽，尔后诸流亦少传衍。

故诸子百家，并不如它的名号那般吓人，其实没几本书可读。30年代世界书局辑刊《诸子集成》，周秦仅收20部书，就是这个道理。在那20部中，《列子》《尹文子》《管子》《晏子》《慎子》《吴子》还都大有争议，影响亦甚微，重要者遂不过十来本。若把《论语》《孟子》移到经部学问中去，诸子学便更寥落了。

四、研究诸子

正因为如此，诸子学之研究，实有一大部分是在辑佚钩沉。清人马国翰《玉函山房辑佚书》、黄奭《逸书考》都辑了不少，多是原书已佚者，从各本征引中辑出。然其书具存者，其实亦多散佚。

如《商君书》，汉存29篇，唐代便只剩26篇。《慎子》，四库馆臣谓:“汉志作四十二篇，唐志作十卷，《书录解题》则称麻沙刻本凡五篇，已非全书。此本虽亦分五篇，而文多删削，又非陈振孙之所见。盖明人捃拾残剩，重为编次。”《韩非子》看起来不似前二书那么残缺，《汉志》云有55篇，今存也仍是55篇。可是王先慎《集解》由各古书中又辑得21条佚文，足证它仍是有散佚的。何况今本《饬令篇》似乎应是《商君书》里的文字，《奸劫弑臣篇》又杂有荀子的文章，故其错杂，看来也不少。《管子》更麻烦。刘向校书时，就有389篇，校除复重后，定为86篇。明赵用贤校本《序》则说:“今亡十篇。近世所传，往往淆乱至不可读”，后来好不容易找着一个善本，但字句仍多错讹，校正了30000多字，缺疑不可考之处竟还有五分之一。清戴望又校了一过，《凡例》说该书“杂乱支离，读者至一二卷后，往往厌弃，几成废书”。显然这也是残佚散乱造成的。

这仅是所谓法家的书籍状况，其他各家亦绝不会比它好。因此辑佚补缺均不可少。搜辑丛残之后，仍要再反复考校订正，也是当然之事。

这主要都是清人的功绩。前文说过，诸子学之传承，在秦汉以后实甚寂寥。清修《四库》，才整体梳理了一遍。继而乾嘉朴学在考证经史之余，学者渐亦以其法肆力于诸子学。故辑佚书、考版本、校字句、笺故实、讲诂训，渐亦蔚然成风，对诸子学有极大的贡献，起码让我们现在有书可看。清末民初讲国学国粹，更有不少人主张兴复诸子学以代儒学，以致笺释诸子、考辨其人其书接踵而起，与《古史辨》运动相扶而长。因此今人对诸子学的了解，实在是远迈唐宋。

再加上考古及新出土文物日有斩获，对诸子学之研究更有裨益。例如敦煌《太公六韬》有20篇之多，多为今本所无。《列子》残卷也可补正今本之误。简帛资料更为可观。

《老子》有郭店楚简甲、乙、丙本，丙本并附《太一生水》。马王堆亦有帛书甲乙本。帛本编次与今本不同，“道经”反而在后，“德经”反而在前。其他各本，文字亦多差异，如今本第19章：“绝圣弃知，民利百倍。绝巧弃利，盗贼无有。绝仁弃义，民复孝慈”，这段话向来被拿来作为儒道不同的例证，但郭店楚简甲本作“绝知弃辩，民得百倍”“绝为弃作，民复孝慈”。甲本不一定就正确或就是原貌，但它至少提供了另一个值得思索的文本，让我们可以重新检讨儒道关系。此即简帛之重要价值。

儒家方面，敦煌有南朝梁皇侃《论语义疏》。此书历来皆以为已佚，清代才从日本找回来，刻入《知不足斋丛书》，而敦煌本却与清刻又不相同。郑玄注《论语》亦佚，敦煌有残卷50件，几达原书十之七八；吐鲁番墓中又见20余件。郑玄注《孝经》，也已佚，敦煌本约可辑得十分之九。都对研究儒家学说极有帮助。定州汉墓竹简，则存《论语》《儒家者言》《哀公问五义》《保傅传》等，《论语》部分，有简620枚，释文7576字，约及全书之半，与今本异者700余处。郭店楚简更有《缁衣》《五行》《尊德义》《性自命出》《六德》《成之闻之》《鲁穆公问子思》《穷达以时》《唐虞之道》《忠信之道》《语丛》等11种。大抵是孔子到孟子之间的数据，虽可能仍多是子思一派之学，不足以见当日儒分为八的盛况，但补充了那段空白，意义甚大。

兵家，最重要的是山东临沂银雀山汉墓所出《孙子》。过去研究者多疑《孙子兵法》非孙武所作，乃战国时孙膑之兵法，考证几乎定谳了。但银雀山汉简令人震惊，凡出《孙子兵法》200余简，不仅合乎今本13篇，且有佚文4篇。又有《吴问》《黄帝伐赤帝》《四变》《地刑二》以及从来没见过的《孙膑兵法》30篇。还有《尉缭子》5篇和《六韬》等。另有《守法守令》《地典》等，后者《汉志》列入兵阴阳家，前者与《六韬》或墨子《备城门》《号令》、管子《七法》《地图》等有关。可说是二千余年来兵家之学最大的收获。

银雀山还出《曹氏阴阳》等十余篇时令、阴阳、占候之书，与那曾被《汉志》列入兵阴阳的《地典》，都是阴阳家之遗说，而久佚人间者。此类书，江陵汉墓又有《盖庐》《脉书》《引书》《算术书》《日书》《历谱》等。盖庐就是吴王阖庐，他与伍子胥的对话，应当亦属兵阴阳。引书是谈导引之术的，日书是择日的。江陵亦有秦墓，所出秦简，如《日书》《易占》，也是这样的阴阳术数之书，尤其是它的易占与传说中之《归藏》颇为吻合，代表早期的占法。马王堆帛书中《刑德》甲乙丙三件，亦属于兵阴阳。《五星占》大约是石氏、甘氏天文书一类东西。《五十二病方》《足臂十一脉灸经》《阴阳十一脉灸经》《脉经》《阴阳脉死候》《导引图》《却谷食气》，皆为医学书。还有《相马经》与银雀山《相狗经》均属于术数之形法类。另外，云梦秦简亦有《日书》甲乙种，共323简。尹湾汉墓则有神龟占、博局占、刑德行时，及一些历谱。这些材料，大大丰富了我们对阴阳家的认识。

法家方面，虽不似儒道那样，有《老子》《论语》出土，但律书出土很不少。云梦秦简便有《秦律十八种》《效律》《秦律杂抄》《封诊式》《为吏之道》等。江陵汉墓也有吕后二年（公元前186年）的律令及秦谳律，等于是法律案件的汇编。法家之学在秦汉间落实的情形，可借此而考知。

以上粗述梗概，善于体会者自然就会明白诸子学在今日实是个大可探索的领域。承前人搜辑考索之后，又逢“地不爱宝”，忽然多了许多珍贵的材料，自有逸足快意驰骋于广野之乐。

五、解释历史

但辑佚补缺、文献考订，只是研究诸子学的方法之一，且其效能亦不可太过夸张。新材料亦未必能解决旧问题，也许反而添了新的麻烦。对于现今学界某些骛新逐物之现象，我亦不甚以为然。兹举一例。

讨论古代思想史，有一大公案，迄今难解。那就是荀子批评子思、孟子“案往旧造说，谓之五行，甚僻违而无类，幽隐而无说，闭约而无解”（《荀子·非十二子篇》）的那一段。

《荀子·非十二子篇》说：“略法先王而不知其统，然而犹材剧志大，闻见杂博，案往旧而造说，谓之五行，甚僻违而无类，幽隐而无说，闭约而无解。案饰其词而祇敬之曰：此真先君子之言也。子思唱之，孟子和之，世俗之沟犹瞀儒，嚾嚾然不知其所非也，遂受而传之。”五行，向指金木水火土。可是金木水火土五行乃是“旧说”，若孟子子思仍然说的是金木水火土，便谈不上是“案往旧而造说”。故子思孟子必然是在金木水火土之外，添加了一些独创的新意。

唐朝杨倞注说：五行即五常（仁、义、礼、智、信）。但子思的著作及孟子书中却并没有五行之说，故荀子到底在批评孟子什么，实在难以明白。李涤生《荀子集释》则云：“如五行即五常，荀子自不能非之，（杨）注说之非甚明”“思孟五行之说，不见于《中庸》《孟子》，或其逸篇中有言之者欤？《汉志》：‘子思子二十三篇’，今所传只《中庸》四篇，又‘孟子十一篇’，今只七篇”。换言之，《孟子》今存仅七篇，另有四篇已经不存在了，也许荀子对孟子的批评，恰好是针对那四篇。

稍早，章太炎曾另做了个推论，在《太炎文录初卷》卷一里说：“寻子思作《中庸》，其发端曰：‘天命之谓性’，《注》曰：‘木神则仁，金神则义，火神则礼，水神则智，土神则信。’《孝经说》略同此。（《王制·正义》引）是子思之遗说也，沈约曰：‘《表记》取子思子。’今寻《表记》曰：‘今父之亲子也，亲贤而下无能；母之亲子也，贤则亲之，无能则怜之。母亲而不尊，父尊而不亲。水之于民也，亲而不尊；火，尊而不亲；土之于民也，亲而不尊，天，尊而不亲。命之于民也，亲而不尊，鬼，尊而不亲。’此以水火土比父母于子，犹董生以五行比臣子事君父。古者《洪范》九畴，举五行，傅人事，义未彰著，子思始善傅会，旁有燕、齐怪迂之士侈搪其说，以为神奇。耀世诬人，自子思始。宜哉荀卿以为讥也。”一般注释《荀子》者，在别无确解的情况下，大抵也就只好采纳章先生这个推论。

可是章先生之说其实是错的。案：孟子书，《史记·孟子荀卿列传》只云七篇，至《汉书·艺文志》则云十一篇，应劭《风俗通·穷通篇》亦云十一篇。赵岐《孟子注》乃云七篇为《内篇》，四篇为《外篇》。但又说这四篇（性善辩、文说、孝说、为政）“其文不能宏深，不与内篇相似，似非孟子本真”。似乎本来就只有七篇。唯《汉书·艺文志》载兵阴阳家另有《孟子》一篇，班固解释道：“阴阳者，顺时而发，推刑德、随斗击、因五胜，假鬼神而为助者也。”五胜就是五行相胜，可见这本《孟子》确实是讲五行的。固然此“孟子”是否即是孟轲，仍然大有疑问，但若为了证成荀子的批评，亦不妨以此为线索去追探。或者，如钱穆《先秦诸子系年》卷四云：“荀子以五行出孟轲，考《月令》《时则》言五行重在勿夺民时，其义洵自孟子来。五行分配方色，其说亦古。而五德终始，则为晚起。”（《邹衍·附邹衍著书考》）从五行与《时则》《月令》相配合的角度，去追探思孟五行之义，亦可自成一家。章先生未由此等处着手，反而从《中庸》《表记》去找，可谓失之眉睫。所言亦无以确断子思孟子就有五行之说。

何以见得呢？“木神则仁，金神则义”云云，乃郑玄注《礼记》之语，《孝经说》又为汉代之纬书，既非子思之言，也不可遽指为子思遗说。这一段跟其下文所论《表记》更是毫不相干。《表记》那一段，是以父母、天地、水火、命鬼对比来解释人与它们亲而不尊或尊的两种关系，既非以水火土比父母子，也不是以五行比配人事。章先生以之申论子思耀世诬人，启燕齐方士迂怪之渐，可说无一语不误。

也就是说，顺着章先生等人所说，并无法理解“思孟五行”是怎么一回事。

1973年马王堆出土帛书《老子》甲卷本后面，录写了一篇佚书。1993年荆门郭店又出土了一批佚书，其中有《五行》一篇，与马王堆帛书相同。唯马王堆本多了解说文句。故一般研究者相信这两本就是失传已久的儒家思孟五行遗说。郭店楚简年代较早，为孟子之前的作品，仅存正文。马王堆帛书本年代较晚，添加了后儒对正文的解说。正文为“经”，说解为“传”“说”，体例一如《墨经》之有“经”与“说”也。

无论帛书或竹简，都是谈“仁、义、礼、智、圣”五德的。因此大家都认为这篇《五行》已恰当解决了荀子对思孟五行说批评的历史公案，可让吾人了解思孟五行说到底是怎么回事。

关于《五行篇》与子思及孟子之思想渊源，已有许多文章阐述了。相关论文甚多，精要者可参看涂宗流、刘祖信《郭店楚简先秦儒家佚书校释》（2001，台北万卷楼出版）的参考文献部分。但我要指出：所有研究都是错的，那些推断全部都不对，这篇《五行》绝对与孟子学说无关。

郭店楚简其实是一批内容十分驳杂的文献，思想内容非常分歧，绝非如研究者所以为的是一家一派之著作，尤其不只是子思一派之作。其中明引“鲁穆公问于子思子”而被整理者命名为《鲁穆公》的一篇，只谈到君臣之道。《缁衣》与《礼记·缁衣》文字相同，相传乃子思遗说，所论亦为君臣之道，不仅与五行五德无关，抑且根本未讨论到仁义等。其他各篇或说天人之分，如《穷达以时篇》云：“有天有人，天人有分”，《父子兄弟篇》说：“知天之所为，知人之所为，然后知道，知道然后知命”，这是近于荀子而远于孟子的讲法。《礼生于情篇》说：“恶生于性，怒生于恶，胜生于怒，惎生于胜，贼生于惎”，更与荀子相似，而绝不同于孟子。该篇以

“情生于性，礼生于情”为说，跟孟子以性说情，性情为一、礼为善端之见解，亦正可谓南辕北辙。另外，《慎言诀行篇》说：“窃钩者诛，窃邦者为诸侯，诸侯之门，义士之所存”，乃庄子语，思孟一派焉得有此愤世之言？而《六德篇》说：“仁，内也。义，外也。礼乐，共也”，显然更非孟子的主张，孟子是主张仁内义内的，否则孟子何苦与告子力辩仁义内外的问题？

考释研究郭店楚简的先生们，不明白这些。看见“鲁穆公问于子思”，看见《缁衣》，看见《五行》，便大喜过望，案饰其词而祗敬之曰：此真先子思子孟子之言也，嚾嚾然不知其所非也。岂不哀哉？

郭店楚简非一派之言论；其中少数可确信为子思一派的，又未论及仁义德行。至于其他论及德行者，《五行篇》说仁、义、礼、智、圣；《六德篇》说圣、智、仁、义、忠、信；《性自命出篇》说简、义、敬、笃、仁、忠、信、情；《唐虞之道篇》只说仁、圣；《天生百物篇》只说仁、义，且云：“仁生于人，义生于道，或出于内，或生于外”；《父子兄弟篇》则说仁、义、礼，三者“备之谓圣”。凡此，不但德目不同、数量不同、诸德间的关系也不同，焉能强指其为一家之言？

再专就《五行篇》来说。考释研究诸先生认为：本篇显示了三个要点：一是五行非金木水火土五物，而是五种德行；二是五种德行是仁义礼智圣，非五常仁义礼智信；三是五德之中，仁义礼智四行是人道之事，圣则为天道之事。这几点，用以解释孟子，或以之解释荀子对孟子的批评，都大成问题。

五行，《尚书·甘誓》《洪范》已有其说。《甘誓》未明指五行为何，《洪范》则凿谓五行乃金木水火土。若云孟子所说的五行只是德行，固然可通，但荀子何至于对孟子言仁义礼智圣大加挞伐？

同时，我们也不要忘了邹衍讲五德终始，其五德正是五行。故金木水火土与仁义诸德相配之观念，绝不是“不仅在《管子》的

《四时》与《五行》篇中看不见，在《吕览·十二纪》与《礼记·月令》中不曾看见，刘安的《淮南子·时则》中也不曾见。直到《春秋繁露》里，我们才看到仁义礼智配金木水火”（庞朴，思孟五行新考，收入《竹帛五行篇校注及研究》，2000，台北万卷楼）；早在邹衍那时便已流行了。

邹衍之说是否源于孟子，固不可考，但德行之行与金木水火土五行之行，显然不一定就是两个不可合论的系统。孟子若只谈德行而完全未将之与金木水火土合论，荀子更没有必要说他“僻违而无类，幽隐而无说，闭约而无解”。

复次，孟子所言五德是仁义礼智圣吗？从《五行篇》来看，当然是的。但此与孟子说显然不同。它说：仁义礼智形于内叫作德之行；不行于内，仅见诸外在行为者，叫作行（只有圣，是必须形于内的，故只能是德而不是行）。这样，就分出了五德和四行两类。德好，称为德；行好，则称为善。德是天道，善是人道。德以圣为主，“圣智，礼乐之所由生也，五行之所和以也”。其大旨如此。论者多方征引孟子以为释解，而不知两者泾渭殊途，难以钩合。盖仅见枝节之似，莫审大纲之异，弗能察其义理之底蕴，故蒙然至此也。

孟子道性善，解释性为何是善时，则以仁义礼智根于心为说，故仁义礼智是内在于人的。《五行》却不论性，并以善为外在的行为，而且是不形于内的。这是彼此说性说善的不同。

仁义礼智，据《五行》云，可形于内，亦可不形于内。故与孟子从性说仁义礼智不同。这是两方面论仁义礼智之差异。

《五行》以善为人道，圣为天道，人天不同。孟子则说要践仁以知天，天人合一。

《五行》以思成德，极为强调思。论“五行皆形于内而时行之，谓之君子”时，以“智弗思不得，思不精不察，思不长不得”“不仁，思不能清。不圣，思不能轻”“仁之思也清，清则察，察则安”“智之思也长，长则得，得则不忘”“圣之思也轻，轻则形，形则不忘”等反复阐说。孟子显然无此态度，亦无此观念，反倒是后来荀子才比较重视用思。这是双方工夫论的分歧。故《五行》说：“不圣不智，不智不仁。”如此重视聪明圣智，孟子绝不会说这类话。

再者，双方对君子的定义也不一样。《五行》云：“君子集大成”，故君子金声玉振。孟子则只说圣人里面的孔子才是集大成者，“孔子谓之集大成，集大成也者，金声而玉振之也”。一为泛指，一为专指。依孟子之见，一般君子、一般圣人也都达不到金声玉振之境界。

何况，两方所理解之金声玉振也不相同。孟子说：“金声也者，始条理也。玉振之也者，终条理也。始条理者，智之事也，终条理者，圣之事也”，《五行》则说：“君子之为善也，有与始，有与终也。君子之为德也，有与始，无与终也。金声而玉振之，有德者也。金声，善也。玉音，圣也。唯有德者，然后能金声而玉振之。”金声，不就始条理说；玉振，不就终条理说，与孟子迥异。

可见整个《五行篇》跟孟子的义理系统是完全不同的。孟子的思想绝不可能源于这个系统，用这篇文献去解释思孟五行说，也绝不相应。

研究郭店楚简和马王堆帛书的一些学者们，把这么明显不同的两个系统并合在一块儿讲，而且讲得兴高采烈、煞有介事，完全无洞察义理内容的能力，显示了什么问题呢？

清代以来，对文献的重视，导致了辑佚事业的发达。可是，辑佚钩沉，至马国翰、严可均等人，实已集其大成，没什么新材料可供爬梳了。要再有所发现，便只能仰赖地下出土文物。因此，对于出土文献抱持高度的期待，事实上是学界极普遍的心理。马王堆帛书及郭店楚简，是当代出土发掘中最重要的材料，不仅量多、佚书多，涉及之思想材料也最多，当然更让人有所冀盼。这里面恰好又有《五行》等篇，益发令人兴奋，直觉可以借此解开历史上的谜团。各种错误，往往起因于这种对文献过度的重视以及不恰当的期待。

为什么说这是对文献的过度重视呢？读书论古，当然要靠文献，文献不可能不予重视。但强调辑佚钩沉，便应适可而止。在考古上，这些未经后人改动的文献，诚然有历史价值，借此亦可广见闻、存异说。但是读书的目的，若仍希望能由之明白一些义理、体会一下文字的美感，则出土古文书，作用是有限的，不宜过分重视。治诸子学，仍以先把传世文献讽诵精熟为宜。

再说，材料是死的、人是活的，材料需要人去解释，故解释能力其实比材料更重要。可惜清代乾嘉以降，我们不仅忽略这一点，甚且以材料代替了解释。认为材料是客观的，依据客观的材料就能有客观的解释。解释也没什么必要，只需搬出过硬的明确资料、证据，对方就只能哑口倾服。殊不知解释能力不足，就会把材料解得一塌糊涂，张冠李戴。如上文所述。

而且长期缺乏解析能力之后，对思想文献更会愈来愈不能处理。郭店楚简中，《五行》强调天道，但《尊德义》说："莫不有道焉，人道为近，是以君子人道之取先"，《性自命出》说："唯人道为可道"，都与《五行》不同。《五行》强调圣，但《君子于教》说："民皆有性而圣人不可慕也"，也不重视圣。这岂不明显地表示了这批竹简非同一思想系统吗？对这些不同，论者囫囵视之，正与其论《五行》而无视于它与孟子的不同一样，都是解析能力贫弱故无法处理思想文献的例证。

六、开放阅读

诸子学，先秦诸子乃其主要部分，但不止此而已，还包括尔后的发展。例如汉代陆贾《新语》被列入儒家，《淮南子》被视为杂家，《抱朴子》被归为道家之类。这些书既非先秦诸子，也不是对先秦诸子的研究、注释、阐述，而是后世学人自己的著作，只因其宗旨近乎九流十家中之某一家，遂被归类为某家。

如此归类，确有道理。因为诸子学也者，顾名思义，便是各位先生的学问，先秦固然有许多先生，后世焉得就无？故后世诸先生自不妨也有各家不同的学术流别可说。倘若把诸子学视为先秦诸子之专称，则秦汉以后便无子学，只有注释诸子之学，则后世学术发展将如何表述、列入什么地方？

不幸，古人为其视界所限，常蹈此弊，于是经子两部，均成断港绝潢，只有源，没有流。经学只说秦汉，秦汉以后，虽有著作，皆不得称经。诸子亦只说先秦。唯因《汉志》也列了一些汉儒著作，如《春秋繁露》《新语》等，还勉强可附列于子部，尔后便没什么子书了。就是学人自己所著的书，除《抱朴子》《刘子》《文中子》等少数几部之外，也极少人自称某某子，都放在文集中。这固然是集部兴起后造成的影响，但把“诸子学”视为“先秦诸子学”亦为重要心理因素。

而更奇特的，是后世著作列归子部儒、墨、名、法、农、兵、纵横诸家者甚少，可是阴阳术数却甚多。此类著作，先秦之书多不传，刘歆且列于《数术略》《方技略》之中，与诸子并不一样，但后世将学与术合并了，又大收后世天文、历谱、五行、杂占、形法、技艺之书以实之，如《四库全书》便是典型。这都是自乱其例的。因此我才说：后世学说，亦宜考其宗旨，归类系论于子部之中。

但把后世学说一一归类于九流十家，也是大堪诟病之事，何以故？九流十家，乃汉人对先秦学术的归纳。拿这个框架来套后世之学，把学人一一纳入这个框架中去说某人即某家之学，殊嫌枘凿。如陆贾《新语》既有人以为是儒家，又有人谓其不脱纵横家气味。《淮南子》杂出众手，与《吕氏春秋》情况一样，但也有人说它道家言占十七八。《抱朴子》固然讲神仙烧炼之事，但外篇却是儒家者言。因此要用先秦的学术家数去套后世之学，实均不免左支右绌。

再进一步说，先秦学术之分为九流十家，不也是一时整理文献的人归纳所得吗？未必即为定论。如《管子》汉志列入道家，今人或以为是法家；《慎子》，《四库提要》谓："观庄周《天下篇》所称，近乎释氏，然汉志列之于法家"；《韩非子》一般视为法家，可是《史记》却将老庄和申韩同传，韩非子与李斯同时还是荀子的学生。同样情况的，还有吴起师曾子，而吴起48篇在兵家；李克师子夏，而李子32篇在法家，兵家另有李克书10篇。又，法家兵家都有《商君书》，尸佼为商君师，而其书在杂家。诸如此类，每本书的性质，这一家与那一家的关系，在启人疑窦。因此所谓九流十家，或传统上某人某书被归为某家，都只是一种可资参考的框架，可参考而不可被它限死。

不但某人某书不定属于某一家，每本书的性质也均"未定"，要看后人用什么眼光去阅读它。例如庄子，历来是将他和老子并称的。可是有些人就认为庄子也可能是儒分为八之后的颜氏之儒一派。因为《庄子》书中引述孔子之处不少，甚且运用孔颜对话来阐发"心斋坐忘"的重要义理，其书整体论述风格，似乎接近颜渊恬淡无欲，乐天知命一路。另一些人则把《庄子》跟佛教合论，如魏晋南北朝前期，透过庄子来钩合般若学，后期及隋唐又利用庄子来讲中观。明清间，以禅或唯识来申论庄生义趣者尤多。还有一些人，又以文学角度来看庄子，评点笺释，阐扬其恢恣恍恍的文学美感。一本《庄子》，在不同的读者读来，呈现着不同的趣味与预期内容，绝非只把庄子简单列入"道家"的人所能梦见，今人读诸子书，正宜体会此旨。

第十章：集

一、文集之兴

集这个字，本写作雧，指许多鸟停在树上，表示群聚众多甚且有点杂乱的意思。集部之所以名为集部，本来也就是此意。因而集部其实才是真正的杂家，里面什么都有。例如宋周必大编的《欧阳文忠公全集》153卷，里头《易童子问》3卷是讲经学的，《集古录跋尾》10卷是谈金石的。明毛氏汲古阁刻《陆放翁全集》157卷，内有文学性的《剑南诗稿》85卷，也有史学性质的《南唐书》18卷。阮元《揅经室集自序》自道编集体例云："此一则说经之作，14卷。其二则近于史之作，8卷。其三则近于子之作，5卷，凡出于四库书史子两途者皆属之。其四则御试之赋及骈体有韵之作，或者有近于古人所谓文者乎，凡二卷。又诗11卷。共40卷，统名曰集者，非一类也"，则是一集之中，兼涵四部，经史诸子及文学作品咸皆有之。集部，看起来跟其他经、史、子各部平列，而实际上往往兼摄，阮元说得再明白不过了。

但有趣在于：编集的人或许别有想法，例如阮元的集子，名为《揅经室集》，标榜着自己是要研究经学的，所以集子以经部为首，赋及诗等文学作品便放在末位，而且说把它们收进集子里"然其格亦卑矣”。摆明了不屑以文学传世之意。此乃乾嘉以降汉学专家一种态度，犹如章学诚《文史通义·文集篇》说：“著作衰而有文集”，都是看不起文学作品的。可是，集部虽说兼摄经史诸子，毕竟集之所以为集，就是因它乃是“文集”之意。集部不管如何杂，仍以文学为主。此亦为集部与经、史、子各部主要差别之所在。

四库，集部书最多，其内容则为楚辞类、别集类、总集类、诗文评、词曲。看起来就是以文学为主的（小说类因另入子部小说家，故不属集部，不然就更多了）。造成这种现象的原因，则可上溯于其起源。

《隋书·经籍志》曾说：“别集之名，盖汉东京之所创也。自灵均以降，属文之士众矣，然其志尚不同，风流殊别。后之君子，欲观其体势而见其心灵，故别聚焉，名之为集。辞人景慕，并自记载，以成书部。”先秦时，诸子文章结集起来只称乃某某子，如《荀子》《墨子》之类。东汉以后，才出现“集”这种名称。建安二十三年（218年）曹丕《与吴质书》说：“昔年疾疫，亲故多罹其灾，徐、陈、应、刘，一时俱逝，痛何可言邪？……顷撰其遗文，都为一集。”指的就是把徐干、陈琳等人文章收集起来编成一本文集的事。集这个称谓，正是指它有收集、集合这样的行动。而其内容，则显然就如《隋书》所云，乃“辞人”或“属文之士”的文章，故大抵以诗文为主。

文集之由来如此，因而专门著作往往就脱离文集，独立单行，文集中所收的，是文学作品及单篇文章。这些单篇文章，广义地说，也仍是文。原因是我国所谓文或文章，并不仅指纯文学，如曹丕《典论·论文》便说：“文章者，经国之大业，不朽之盛事。”文欲经国，便未必尽属文辞采藻之功。即使是《昭明文选》标榜其所收皆是“事出于沉思，义归乎翰藻”，而实际选文仍然收了不少史述赞、论、符命、史论、诏、册、教、令、檄、移、笺、启、设论、对问等，似乎不管什么文体、什么主题、什么题材，只要写得好，就都是或可以是文学作品。文学之界限如此宽泛，当然什么单篇散作均可集编到自己的文集中了。

文集之多与内容之杂亦由于此，章学诚曾对此大表不满，认为文集的出现，代表了学术之衰。著作之体，由诸子那种学有宗旨，亦有家数流别的情况，演变到浮滥起来的文集，可说是越来越浮滥，《文史通义》云：

集之兴也，其当文章升降之交乎？古者朝有典谟、官存法令，风诗采之闾里，敷奏登之庙堂，未有人自为书、家存一说者也。自治学分途，百家风起，周秦诸子之学，不胜纷纷；识者已病道术之裂矣。然专门传家之业，未尝欲以文名；苟足显其业而可以传授于其徒，则其说亦遂止于是，而未尝有参差庞杂之文也。两汉文章渐富，为著作之始衰。然贾生奏议，编入《新书》；相如词赋，但记篇目，皆成一家之言，与诸子未甚相远。初未尝有汇次诸体，裒焉而为文集者也。

自东京以降，讫乎建安、黄初之间，文章繁矣。然范、陈二史所次文士诸传，识其文笔，皆云所著诗、赋、碑、箴、颂、诔若干篇，而不云文集若干卷，则文集之实已具，而文集之名犹未立也。自挚虞创为《文章流别》，学者便之，于是别聚古人之作，标为别集；则文集之名，实昉于晋代。而后世应酬牵率之作、决科俳优之文，亦泛滥横裂，而争附别集之名，是诚刘《略》所不能收，班《志》所无可附。而所为之文，亦矜情饰貌，矛盾参差，非复专门名家之语无旁出也。

夫治学分而诸子出，公私之交也。言行殊而文集兴，诚伪之判也。声偃变则偃卑，文愈繁则愈乱。……荀勖《中经》有四部，诗赋图赞与汲冢之书归丁部。……阮孝绪撰

《七录》，唯技术、佛、道分三类，而经典、纪传、子兵、文集之四录，已全为唐人经、史、子、集之权舆。是集部著录实昉于萧梁，而古学源流，至此为一变。亦其时势为之也。

呜呼！著作衰而有文集……①

周秦诸子，章学诚谓其为专门之业，文集则体既凌杂，意亦秩乱，未必能见宗旨，故章氏视为学术之衰。此说不能说没道理，但集部之有趣或有价值，焉知不正在于此呢？其中鱼龙百变，千奇万怪，什么都有。读者在其间左弋右获，披沙捡金，实在乐趣无限。许多人不喜经史诸子，而好治集部之学，未尝不由于此。

二、总集

文集虽多，大别有二，一是总集，二是别集。别集指某人个别的文集，总集指许多人或一个时代一个区域一群人的合集，有总合总揽之意。

总集最早的，一般都推到《诗经》《楚辞》。然而在那个时代其实根本还没有文集这个观念，更没有个别的文集。既无别集，岂能有合总起来的总集呢？故以《诗经》《楚辞》为总集之嚆矢者，推尊之辞，非征实之语，真正的总集，应自曹丕编陈琳、应璩、刘桢诸人集，所谓"搜其遗文，都为一集"始。惜此书不传，历来论述或上溯于挚虞《文章流别》41卷。《隋书·经籍志》总集类小序说："总集者，以建安之后，辞赋转繁，众家之集，日以滋广，晋代

① 《文史通义新编新注·内篇六·文集》，仓修良编注，浙江古籍出版社2005年版。

挚虞，苦览者之劳倦，于是采擿孔翠，芟剪繁芜，自诗赋而下，各为条贯，合而编之，谓为流别。”

此书后颇散佚，影响未广。影响较大的是昭明太子所编《文选》30卷。凡收东周至梁作者130人，诗文752篇。编选既有宗旨，所收的文章也好，因此极受重视，唐杜甫曾教其子要“熟精《文选》理”，宋陆游《老学庵笔记》也记载宋人谚语说：“《文选》烂，秀才半”，足证其影响。嗣后甚至形成一门专门的学问领域，叫“文选学”，研究、笺证、注解其书者甚多。此书所收古诗，尤其是晋宋齐梁诗，亦被称为选体诗，代表了六朝的诗风，与它的骈文代表了六朝的文风一样，几乎可说是那个时代的“标准器”。入选的不少作家，别集已失传，作品赖《文选》才得以保留，更增添了此书的价值。注解以唐李善注最著名，或以李注和唐代另外五位（吕延济、刘良、张铣、吕向、李周翰）的注解合刻为“六臣注”。

与《文选》地位相当的诗歌总集，是陈徐陵所编的《玉台新咏》。虽然《文选》也收了诗，但徐陵此书乃专门的诗选，卷一至卷八为汉迄梁之五言诗，卷九乃歌行，卷十为五言二韵诗，乃绝句体之前身。因此它是《诗经》《楚辞》以降，到唐诗兴起间诗歌的主要汇集，许多名篇，如《古诗为焦仲卿作》即首见于此书，有些诗，《文选》也收了，但此本文字有点不同，可资比较。虽然如此，本书之特点其实并不在文献上，而在文学观上。因为本书之编辑，有个目的，就是为当时流行的“宫体诗”张目。《大唐新语》卷三：“梁简文帝为太子，好作艳诗，境内化之，浸以成俗，谓之宫体。晚年改作，追之不及，乃令徐陵撰《玉台集》，以大其体。”宫体诗就是描写宫帏闺情的艳诗，本书旨在扩大其范围，寻找其历史渊源，则其内容也就可以想见了。后世描写闺情，皆以本书为依仿之对象，在文学上颇有影响。

此后，唐代文章的总集，要看宋初编的《文苑英华》，收梁末至晚唐五代诗文近20000篇。又宋姚铉编《唐文粹》，只收古文，不录骈体，诗歌也只录古体，不收五七言近体，亦可参考。宋文，则南宋吕祖谦有《宋文鉴》；诗可以看清初吴之振《宋诗钞》。近年四川大学虽另编有《全宋文》，北京大学另编有《全宋诗》，但前述之书仍有其价值。宋代郭茂倩另编有《乐府诗集》100卷，收汉魏至隋唐乐府诗，兼及先秦及唐宋歌谣，是研究乐府诗的最重要文献。

金朝文，可见元好问编《中州集》10卷，附《中州乐府》。元代文，则有元苏天爵《元文类》70卷，清顾嗣立《元诗选》，明臧懋循《元曲选》。明文，有黄宗羲《明文海》482卷，钱谦益《列朝诗集》81卷，朱彝尊《明诗综》100卷，毛晋《六十种曲》则除了一种元杂剧《西厢记》以外，都是明代传奇。清代的，可看徐世昌《晚清簃诗汇》200卷，收诗人6000余家。陈衍《近代诗钞》收道咸以后诗，叶恭绰《全清词钞》收词人3000余家。

以上为历代文之总集，通录各代者，除前举《乐府诗集》外，清姚鼐《古文辞类纂》收战国至清初文章700篇，朱彝尊《词综》36卷收唐宋金元词，也都很可参考。其他各式各样的总集还很多，例如专收集某一流派的《瀛奎律髓》，专收某一类的《历代题画诗类》，就不一一介绍了。

总集之总，乃是总合、汇总之意，所以它跟个别作家的别集是相对的。可是这个总字又给人总包总合之感，易使人误以为它是收罗完满、总包无遗的。其实不然，总集并非全集，它大抵只是选集，选一些它认为值得收藏的文章、重要的作者以传世。梁文帝《金楼子·立言》说："博达之士，有能品藻异同，删整芜秽，使卷无瑕玷，览无遗功，可谓学矣"，指的就是这种选撷之功。像《文选》即为总集之典范。

由于是选集，选的人和选文的宗旨目标就非常地重要。《文选》《玉台新咏》两个例子已如前述。其他的，如姚铉《唐文粹》大体即就《文苑英华》中摘选，篇幅仅及十分之一。可是价值并不比《文苑英华》低，选文具代表性，对宋代古文之发展也产生过一定的影响。元好问的《中州集》，题名中州，选的是金代作诗之诗，则明显有以金为文章正统所在之意，所选各人，皆系以小传，详记事迹，兼评其作，体例与《文选》不同，而有借诗存史之旨，既是文学史，又是国史。后来钱谦益《列朝诗集》、朱彝尊《明诗综》、徐世昌《晚清簃诗汇》等均仿其法。这些书，不但选的文章有价值，小传和评语也很重要，《列朝诗集》的小传，后人曾辑出成为《列朝诗集小传》，单行;《明诗综》的评论，后来姚祖恩也另辑出编为《静志居诗话》24卷，足见一斑。就算没有小传及评语，选文若精审，也是既足以见一代之规模，又可以考选者之手眼旨趣的。就像姚鼐《古文辞类纂》即代表了桐城派之观点那样。

总集还有一个功能，就是许多作家本身的诗文集早已亡佚，倒是总集中还选录了他不少篇章。如李商隐《樊南甲乙集》早已散失，今本就是由《文苑英华》中辑录出来的。《张说集》虽然有传本，但也仍有61篇在《文苑英华》里的文章不见于传本。这样的例子太多了，像《文选》所收130位作家中，绝大多数别集都已失传了。整个四库全书，所收录元人别集才145家，而顾嗣立《元诗选》就征录了340家（前三集）。故总集实有因人存文，因文存人之作用，为全集之编纂提供了不少条件，也弥补了不少别集失传的遗憾。

三、别集

相对于总集的，当然就是别集。别集之兴起，原因已于前文叙述了，汉魏六朝个别作者的文集，在《隋书·经籍志》中已达886部，以后越来越多。印刷术发达，文人阶层扩大，均令别集数量急遽增加。明清时期人开玩笑，说“北人得志，讨个小；南人得志，刻部稿”，很能反映时代风气。清人文集目前可考者，多达30000

余家，足可用浩如烟海来形容。

集部所收，以文学作品为主，但因历代对于什么是文学，看法并不一致。某些我们现在认为不属于纯文学的应用文书，许多朝代偏偏极为重视。例如墓碑、墓志铭、哀辞、行状之类，乃古代文人主要收入来源，替丧家写这些“谀墓”之文，有时还要因竞争激烈而发生不愉快，故《唐语林·卷一·德行》说：“长安中争为碑志，若市贾然。大官薨，其门如市。至有喧竞构致，不由丧家者。”许多大作家，均以写这类文字著称，如蔡邕、韩愈都是。刘禹锡《祭韩吏部文》说：“公鼎侯碑，志隧表阡，一字之价，辇金如山”，即指其事。著名文士，集中多是这类文字。可是今人通常不会把祭文当成文学作品，又不流行土葬，阡隧碑志均无所施用。到殡仪馆吊祭时，祭文大抵只由葬仪社依格式胡诌一通，聊以应景而已，谁也没仔细听祭文内容，更无人索观，《文选》中 38 类的铭、诔、哀、碑文、墓志、行状、吊文、祭文 8 类，如今皆已等于作废，或至少罕被列入文学领域。此即古今之变也。故以今日眼光去看，觉得集部所录或未必皆属文学作品，可是在当时则不然。不唯哀诔祭吊均是文学，就是诏、令、教、册、表、启、弹事、奏记、檄、移这十几类朝廷公文书，也一样是文学，至少写者观者都会以文学性来相要求。如今政府的文告、命令、政令倡导，衙门间的往来公文，法院的弹劾书、起诉书，谁又会把它们当文学看呢？

此外，我讲过，“文”的含义本来就远大于“文学”。今人的文学观，是切割式的，要与实用性、科学性、伦理性切割开来，独显一审美之价值。古代的文学观却是结合式的，文与道俱，一切人文活动都应显示为文，故文或结合于伦理价值，说文章可以助人伦、一道德；或结合于实用，说“文章功用不经世，何异丝网缀珠窠”，文章合为时而作、合为事而作；或结合于知性，说要可以多识草木鸟兽虫鱼之名。因此，任何文体都可以显示出文学性的审美价值来，只要写得好，都可以是文学。经部史部子部虽自为部居，已不乏论者将六经、四史、孟荀庄列诸子视为文学作品了，何况集部的考辨论说箴铭序赞？什么都可以是文，于是文集之中也就什么都可以包纳了。

大抵别集即一个人一生作品的总集，因其中什么样的作品都有，故编排时总要稍加秩序，不采编年就要分类。分类大多以诗文为两大类，诗或编年，或分类分体。也有未分的，如李贺、李商隐的集子，虽也分了一二三四编或卷上卷下，其实里面的诗并无铨次。但这多半是因后人摭拾而成的缘故，作者自编，就多少会排出个条理秩序来。故仍以编年或分类分体为主，间亦有分为内外集的，如山谷诗就是。文的编排则一般以赋为首，或把赋放在全集之前，然后才是诗，再来是文。若也兼擅词曲，再以之殿后。文的排法，也以分类分体为主，兼顾编年原则。具体的文体排列先后秩序，则各家手眼自具，并不一致。

个人别集中也有些原本独立成书的部分，如晁说之《景迂生集》20卷，第10卷为《易元星纪谱》，11卷为《易规》，都是可以单独成书的。周必大《文忠集》200卷，其中《玉堂杂记》《二老堂诗话》均曾单独行世。山谷词，亦是山谷集中别行之本。这些可能是后人由集中摘出，或当时原已单行。如《东坡集》，宋代便有杭本、蜀本、建安本、麻沙本、吉州本、苏州本、大字本、小字本，各式各样，书坊有时也从其中摘出某类文章来单独刊行，如《苏黄尺牍》，本无此书，乃书商采辑而成。集部之书，特为纷纭，此即原因之一。

有当时之刻，便有后世之整理。整理一是辑文，二是笺注考释。前者如《李商隐文集》，就是从《文苑英华》中辑出来的，清编四库全书时，从《永乐大典》中辑出了宋李廌《济南集》8卷、张舜民《画墁集》8卷、陆佃《陶山集》14卷、华镇《云溪居士集》30卷、毕仲游《西台集》20卷、吴则礼《北湖集》5卷、谢逸《溪堂集》10卷、李彭《日射园集》、吕南公《灌园集》20卷、毛滂《东堂集》10卷、赵鼎臣《竹畸居士集》20卷等。近人述古，好持苛论，每每肆口批评清廷修四库是以修书为名，行焚禁之实。其实修四库时透过辑佚，恢复了不少古代文集，使其重获新生，否则就都沦佚不可见了。

除了这种全部经由辑佚恢复者外，大部分传世别集也都是经过辑校整理的，如《王安石集》，宋代已有100卷、130卷、180卷等不同的本子，今本100卷，乃绍兴十年詹大和校订重刊的。王令《广陵集》31卷，四库馆臣虽注明是用两淮盐政采进本，但也说："某某久无刊本，传写讹脱，几不可读，今于有可考校者，悉乃厘正"，则亦是经过整理的本子。越是名家，越是重要文集，整理者就越多，像杜甫，宋人所集，先是有《九家集注杜甫》36卷，郭知远编。继而有黄希原编《补千家集注杜工部诗史》36卷及不著撰人之《集千家注杜诗》20卷等等，嗣后各种笺注多不胜举，竟如"文选学"一样，成为一种杜诗学，相关问题十分复杂，以致研究者还常要分时代处理，例如研究宋代的杜诗学，清代的杜诗学等等。同样情况的，如《韩愈集》，宋方崧卿有《韩文举正》10卷，朱熹《韩文考异》10卷，王伯大《别本韩文考异》40卷，魏仲举《五百家注因辨昌黎先生文集》40卷，东雅堂徐氏刻《韩昌黎集注》40卷等等。《柳宗元集》，宋时亦号称有500家注。《东坡诗》，则王十朋本号称百家注。虽皆夸张，但可以想见在那些诗文集上下过工夫的人是极多的。前修未密，后出辑精，一代代人不断整理勘定，才逐渐成为今天我们可以取读的本子，说起来，是要心存感激的!

不过不管怎么整理，集部书数量太大，其内容又极驳杂，所以其中数据很难运用，各类索引检索，用途亦不甚大，只能靠平日多看、多留心。纪晓岚《阅微草堂笔记》卷十二载："蔡葛山先生曰：'吾校四库书，坐讹字夺俸者数矣。惟一事深得校书力：吾一幼孙，偶吞铁钉，医以朴硝等药攻之不下，日渐尪弱。后校《苏沈良方》，见有小儿吞铁物方，云剥新炭皮，研为末，调粥三碗，与小儿食，其铁自下。依方试之，果炭屑裹铁钉而出，乃知杂书亦有用也。’此书世无传本，唯《永乐大典》收其全部，余领书局时，属王史亭排纂成帙。苏沈者，苏东坡、沈存中也。二公皆好讲医药，宋人集其所论，为此书云。”他所讲的《苏沈良方》和《苏黄尺牍》一样，是由二家文集中摘录同类数据编成的，我们读古人文集，其实就该运用这一方法，把同类的、相关的资料随时注记或摘抄到一块，将来才好参稽比对。近人用此法最娴熟者，为钱钟书，不妨效法。

由于集部内容极杂，因此由那里面可以找到经史子集各方面的资料。许多老师宿儒，覃精甲乙丙诸部，而于集部不熟，遂错过了许多材料，甚或闹出许多基本常识性的笑话。例如经学家向例看不起文人，文集也甚少寓目，却不知文集中说经者极多。早在《颜氏家训·勉学篇》中就提到《王粲集》中颇有论经义者：“吾初入邺，与博陵崔文彦交游，尝说王粲集中难郑玄《尚书》事，崔转为诸儒道之。始将发口，悬见排蹙云：‘文集中只有诗赋铭诔，岂当论经书事乎？且先儒之中，未闻有王粲也’，崔笑而退，竟不以粲集视之。”此种经历，我亦常遭，故我论乾嘉经学，便常摭猎方苞、姚鼐、袁枚诸家文集，大破经生拘墟之见；论书画史，我亦尝由袁小修《游居柿录》中辑录其书画语以论晚明故事。某次偶逢一名宿论宋郭熙画，彼据传世画迹，言郭氏皆是巨幅山水如何如何，我微讽之曰：先生殆未读山谷诗集也。……诸如此类，不能殚举。总之，别集常是一人一生之总汇，故集部乃是综合性的学问，治学者，不论是否专治经史诸子，均须在集部多多游弋，才能获得综合的知识和涵养。

四、全集

别集乃一人之集，或为选集或为全集。另一种全集，就是一时代一地区的文章汇编，性质与总集类似，但重点不在选而在全，如

《文选》收周至梁的文章，选文入录，为世所重，但论数据之全备，当然就不如严可均《全上古秦汉三国六朝文》，二者各有优点，各有用途，所以并行于世。

主要全集，以时代为次，是严氏该书，逯钦立《先秦汉魏晋南北朝诗》、清康熙《全唐诗》、清董诰《全唐文》、四川大学《全宋文》、北京大学《全宋诗》、唐圭璋《全宋词》、陈述《全辽文》（1982，中华书局）、张金吾《金文最》（1990，中华书局）、郭元釪《全金诗》、李修生《全元文》（1997，江苏古籍）、隋树森《全元散曲》（1964，中华书局）、王季思《全元戏曲》（1999，人民文学）、唐圭璋《全金元词》（1979，中华）、谢伯阳《全明散曲》（1994，齐鲁书社）、凌景埏《全清散曲》（1985，齐鲁书社）。

以上这些书，综辑一代甚或数代之文献，工程浩大，往往成书非一人之功，如逯钦立以前，明冯纳已有《古诗记》收六朝以前诗，清冯舒又作《诗记匡谬》订补之，民国丁福保别有《全汉三国晋南北朝诗》，收罗益备，只是未收先秦诗，又未注明出处，逯书乃在此基础上增补而成。全唐诗，则明代已有季振宜《全唐诗》、胡震亨《唐音统签》，清代即据此增辑成书，后来日人上毛河世宁、王重民、孙望、童养年、陈尚君又陆续补订，1992年中华书局辑为《全唐诗补编》。全唐文，亦有陆心源《唐文拾遗》《唐文续拾》、周绍良《唐代墓志汇编》等补辑之作。资料务求完备，以供查考，属于工具用书。但学者若能通读一遍，对一个时代便会有个整体的认识。

还有一种全集是分类的，例如某一地方的文编，宋孔延之《会稽掇英总集》20卷，就是这类书，收了自汉至宋所有会稽地方的铭志诗歌。董弅《严陵集》9卷，收谢灵运以下至南宋之严州诗文，亦属此类。余如《天台集》专收天台题咏，《赤城集》专收志书所不载之文，《宛陵群英集》专收宋元宛陵人诗，《全蜀艺文志》专收汉魏以降关于蜀地的诗文，均是这一类。乃地志之别派，文献之渊薮。另一种，则是某一类文章的汇集，如宋桑世昌《回文类聚》4卷，专收回文诗，孙绍远《声画集》8卷，专收唐宋人题画诗，蒲积中《古今岁时杂咏》46卷，专收题咏岁时之作，亦均可考一体一事之古今变迁。

前面说过，这些全集、类编，基本上是做工具书来用的，以备查考，故甄录务全，索检务便。读书人一般很少自己在书斋里把它们都备齐了读的。可是，假如有时间有条件，我们要建议学者们起码该把几部全集全数浏览一遍。为什么呢？选集所选，大抵是值得精读的文章，或选辑者认为较重要的文章，这些文章当然比较有价值，也能看出编选者的观点。可是，其重要性恰好也就是缺点。选本正因呈现着编者的观点，所以未必真能体现原著那个时代的面貌。要想不被选本所囿，自己去认识那个时代，终究还是得去读全集。

不止一个时代如此，一个作家亦然。只从选本或文学史上看，我们就会误以为王维是诗佛、是田园诗人，不知其与道教关系甚深，豪侠诗也很多。我们只知孟浩然是隐逸诗人，不晓得李白为什么说他“风流天下闻”。对于岑参，我们只知他属于边塞诗人，不知隐逸诗才是他的主调。这些，都要从全集中才能看得到。一个时代更是如此。举例来说，一般只具文学史教本知识的人，常以为六朝骈俪在韩愈、柳宗元提倡古文运动之后就衰微了，到清朝李兆洛编《骈体文钞》后才又渐兴，所以宋代文以古文为主，唐宋八大家，宋代就占了六家。要看多了唐宋文集才了解根本不是如此的。唐代的主要文体，仍是骈文，所谓“骈四俪六，锦心绣口”，尤以官府文书为主，李商隐一生多为人做幕僚，其文集就名《樊南四六集》。当时陆贽之奏议文告，天下重之，亦是骈体。宋人文章，如魏齐贤编《五百家播芳大全文粹》110卷，收520家文，骈本居十之六七，故诗话之外，文话之作，骈文先于散体，宋王铚《四六话》、谢伋《四六谈麈》、洪迈《四六丛谈》均是。又，许多人以为明代前后七子倡言复古，文必秦汉，诗必盛唐，迨公安派竟陵派出，强调“独抒性灵”，才一扫复古之风，文学史都是这么写的，你抄我，我抄你，晚明诗文集泰半未真寓目。要看看，才晓得公安与竟陵根本不是一路的，晚明文坛占主导风气的，也不是公安，而是复古思潮。凡此等等，都是一代风气，须由全集才能考见的例子。所以浏览全编，势不可免。

五、丛书

另有值得一谈的集子，唤作丛书，丛，即杂草丛生之丛，一丛一丛，有点类聚的意思，因此丛书中有些是专题性的，称为专科丛书。如《皇清经解》《古经解汇函》《通志堂经解》是经学丛书。《十通》《二十四史》是史部丛书。《诸子集成》《二十二子》是子部丛书。《疆村丛书》却收的全是词集。这些都是专题式的。

但丛也有丛杂猬集的意思，那就名为综合丛书。据《中国丛书综录》著录，古代丛书 2797 种;《中国丛书广录》又收了 3279 种，合计 6000 余种，其中大部分就是综合性的。

丛书，一般认为起源于南宋，如俞鼎孙《儒学警悟》收宋人著作《考古编》《扪虱新话》《石林燕语辨》《演繁录》《懒真子录》等；左圭《百川学海》收唐宋人著作 100 种。其后越来越流行，越编越多，部帙亦往往甚大，如元陶宗仪《说郛》收书千余种，明《百陵学山》收书 100 种，《夷门广牍》收 107 种，《稗海》收 46 种，《格致丛书》收 198 种，《宝颜堂秘籍》收 234 种，《津逮秘书》收 141 种。这些丛书收书均较杂，大抵以存文献为主，故罕秘珍本、杂书短章往往赖之而存。一部分有较集中的范围，如《纪录汇编》以明代杂史为主;《稗海》重在稗官野史;《两京遗编》专收汉代子书，则是近乎专题书目，只不过为例并不甚纯，如《两京遗编》竟收《文心雕龙》，足见编辑丛书仍以丛脞猬杂为主，许多书随辑随刊，并无一定体例。

所以传统上集部并无丛书一项，可是丛书真正是集而杂之的。如此杂乱，使用起来，便须善于利用《丛书辑录》或《丛书子目类编》这些工具书，才能检索到需用的资料。但同样的，读丛书也是很好玩的，陶渊明诗曾说他:“泛览周王传，流观山海图”，泛览流观之乐，莫极于循读丛书。旁的书，由书名总可以猜测其内涵，丛书就难，雅尔堂、平津馆、微波榭、墨海金壶、艺海珠尘，打开来瞧才晓得那里面有啥秘籍，所以翻读是十分有趣的事。台湾艺文印书馆曾用棉纸影印函装了一百种著名之丛书，我大学时向学校申请了去藏书室看，非常获益。后来我主持淡江大学中文所时，便规定学生至少得在其中任意选读二十部并做札记，才能毕业。学生大为抱怨，因为感觉上丛书资料又琐碎又无系统，杂七杂八，与他们的论文几乎毫无关系，可是事隔多年，与这些老学生谈起，却颇怀念那段读丛书的日子，开拓许多视野。现在一般看丛书，倒也不必找百部丛书，商务印书馆的《丛书集成初编》和上海书店的《丛书集成续编》就非常好用了!

第十一章：儒

一、儒家的起源

自班固刘向以来，六经列入经部而儒家列入子部，可见经部之学问虽多与儒家有关，却非儒家所能专擅，乃是整个知识的总源。儒家，则是九流十家之一，是一个个别的知识系统。

这样区分，当然也只是一种区分罢了，姑且如此分之，要细说就还有不少争议存乎其间。如《庄子·天下篇》云：

> 古之所谓道术者……其明而在数度者，旧法世传之史，尚多有之。其在于《诗》《书》《礼》《乐》者，邹鲁之士、缙绅先生多能明之。

就是说道术存于诗书，而邹鲁之士多能明此道术。孔子鲁人、孟子邹人，故孔孟及其门人学派，自古就被认为是对古代道术的重要传述者。以此来看，传经当然便是儒者本业，经学又怎能与儒家之学分开呢？

但同样依庄子之见，古道术固然有邹鲁之士传述之，却也另有墨子、宋钘、老聃、惠施等各种不同的传承，因此古道术只能说是九流十家的总源，墨子等各家也经常征引诗书。由这个角度说，儒家与经学又不能完全混为一谈。本章要独立地讲讲儒家之学，亦以此故。在谈儒家之前，先就谈及儒学与经学分合之争，亦是因整个儒学史实是处于各种争议之中啊！

刚刚不是说儒者能明古道术吗？儒这个称呼，据《说文解字》解释，就是指术士。所以古代许多术士也都可以称为儒，如我们一般说的秦始皇焚书坑儒，《史记》记载，即只说它是“坑术士”。王充《论衡》里面引到一些儒书，讲黄帝骑龙、淮南王鸡犬升天、日中有三足乌、月中有兔及蟾蜍等，显然也是只就术士之言。可见儒学有时指涉的范围很宽，凡道术之士皆可名为儒。孔子曾告诫其弟子：“汝为君子儒，无为小人儒”，可见当时儒仍是一种通称。

但这应是最宽也是最古的用法，《周礼》中谈到儒，就非泛称术士，而是指某一类人，如《周礼·天官》云：“儒以道得名”、《周礼·地官》云：“联师儒”，这些儒都是指以六艺教授的人。班固《汉书·艺文志》说儒出于司徒之官，即由此立论。儒家比法、墨、道、名、农、兵各家都更注重教育，也更强调学，因此它可能原初就是教书先生。

孔子当然是春秋末年最著名的教书先生了。他既为儒者之代表，后来师儒亦以孔子为典范，于是“儒”又从指某一类人，变成了专指孔子及效法孔子的那一群人之语词。这就是九流十家中的“儒家”。

章太炎《国故论衡·原儒》说儒有达名、类名、私名，讲的就是上述这样的区分。透过这一区分，我们可以了解：儒家的形成史，其实也就显示了古代学术的变迁史。

当然此中依然还有不少争议。例如儒出于司徒之官，胡适就不以为然，认为儒本是相礼之士，靠着对礼的娴熟，替人家主持婚丧等各种典礼，以谋衣食，亦以教习此种礼教为职业。而且此等人还是殷民族特有的，故所讲亦多为殷礼（见《说儒》）。但孔子论三代，独称周礼周文；孔子之前，吴季札观乐于鲁，也赞叹周礼。故讲习礼教乃殷儒之特长云云，殊堪商榷。儒者固然以知礼见称，然师儒以六艺教民，礼乐射御书数皆其所擅长，又岂仅知礼而已乎？是以知儒之来源仍待研究，未可遽尔论断。

二、孔子的身份

但不管儒之来历如何，后世所认知的儒，主要本于孔子。

孔子传授古道术，整理了《诗》《书》《礼》《乐》，又长期从事教育，据云弟子达三千人，其本身之人格典范意义又十分明确，还有学说昭世，故影响深远，不仅在汉代尊崇儒术以后影响甚于其他各家，就是在春秋战国诸子蜂起时，也是最具影响力的人物。诸子引述孔子或讨论孔子的言论甚多，诸子之讲学与游说，其实也都效法着孔子，因此孔子既开创了儒家这一学派，实亦开创着整个诸子学兴起的时代。孔子以前学在王官，孔子以后学在私家，孔子便是此一关键时代之关键人物。

然而如此重要之人物，实只是一个谜团。其生年，有几种不同之记载，今暂定为鲁襄公廿二年（公元前551年）；生日，亦有几种不同之记载，历法换算，争议尤多，今暂定为阳历九月廿八日。其姓，姓孔；名丘，字仲尼，也是各有异说的。

《论语·子张》:“仲尼焉学?”注疏就说仲者中也，尼者和也。但一般仅说仲是排行，尼是指他生于尼山。《礼记·檀弓》又说“鲁哀公诔孔子”，注:“因其字以为谥”，疏:“尼则谥也。”

至于孔姓，更复杂。孔子据说乃殷王室之后裔。殷纣灭亡后，周封纣兄微子于宋。至宋缗公时，传位给弟弟宋殇公。缗公次子鲋祀弑叔，欲立兄弗父何。弗父何不肯，鲋便自己继位为厉公。弗父何遂为宋大夫，地位变成了卿。弗父何生宋父周、周生胜、胜生正考父，为世名臣。正考父生孔父嘉，在宋国内乱中被杀，其子木金父乃逃至鲁，由卿又降为士。木金父生皋夷、皋夷生防叔、防叔生伯夏、伯夏生叔梁纥、叔梁纥生孔子。据说当时依礼制，五世亲尽，当别立宗室，因弗父何至孔父嘉已五世，故以孔父嘉的孔为姓。但也有人说：若从弗父何到孔父嘉，五世亲尽就要别立宗室，那由孔父嘉到孔子，早已超过五代了，为何又不别立宗室，反而仍以孔为姓呢？可见此中仍多疑义。

孔子生年与家世之所以如此复杂，可能与其身世之暧昧有关。

叔梁纥是大力士，据说“身长十尺，武力绝伦”（《孔子家语·本姓解》），某次战争时，曾经扛起城门，名震诸侯。但他先娶施氏女，生九女而无子。继纳妾生一子，名孟皮，却是个跛子。于是再娶颜徵在，祷于尼丘山，才生孔子，故名丘。但《史记·孔子世家》记这一段，却称叔梁纥与颜徵在“野合”而生孔子，引起后来许多猜测。或曰叔梁纥时已六十，颜徵在不足二十，不合常规与礼制，故称野合。或疑两人未正式举行婚礼。故叔梁纥随后去世，颜徵在不为大妇所容，带着孔子迁居到阙里。等到孔子十七岁时，颜徵在又去世了，孔子想让母亲与父亲合葬，都不晓得父亲埋在什么地方。

看来孔子纵或不是私生子，他大约也只是妾出。况且三岁丧父，孤儿寡母，生活必定艰困，并遭歧视。孔子连其父之葬处也不知，对其家世来历，恐怕更不深晓。那些家世谱系，大概都是在他力学成名后，别人才替他推考出来，以说明他是“圣人之后”（《左传》昭公七年，孟僖子语）的。

这些有关孔子的身世传说，后世越说越奇，不但是圣人之后，更是神灵之后了。《论语撰考谶》云：“叔梁纥与徵在祷尼丘山，感黑龙之精以生仲尼。”《春秋演孔图》云：“孔子母徵在游大冢之陂，睡梦黑帝使请已，往，梦交。语曰：‘汝乳必于空桑之中。’觉则若感，生丘于空桑之中，故曰玄圣。”竟说他类似耶稣，是神的儿子。

其母犹如姜嫄，游大泽，踩了巨人足迹而怀孕生子。

既是神的后裔，自然天赋异禀。《礼含文嘉》说："孔子反宇，是谓尼甫。"反宇，指头顶凹陷，据说尼山就是这种形状。又，《孝经·钩命决》说："仲尼牛唇，舌理七重""仲尼虎掌""夫子辅喉骈齿"，《春秋演孔图》说："孔子长十尺，大九围，坐如蹲龙，立如牵牛，就之如昴，望之如斗""孔子之胸有文，曰：制作定，世符运"，《孝经·援神契》说："孔子海口"……把孔子形容成一个身高十尺、腰大九围、头顶凹陷、海口牛唇、辅喉骈齿、短胸、龟背、虎掌的怪人。

此等传说，意在推尊孔子，但逐渐将他神化圣化，当然引发了孔子圣性与凡性的争论。

圣性，是说孔子非普通人，乃"生而知之"的圣人或神的后裔，带有神圣的使命降临人世。孔子当时，就有人视他为圣人，后世更多，甚且认为他本应继周而王，是类似耶稣被犹太人视为救世主弥赛亚（Messiah）般的王。即使未真正即位，仍应视为"素王"。

凡性，是说孔子只是一般人，只不过比较好学罢了。孔子本人对自己的评价倾向后者，儒家的基本立场，也是如此，认为所谓的圣人，皆是凡人努力锻炼而成。孟子说："尧何人也，舜何人也，有为者亦若是"，荀子说："涂之人皆可为禹"，均属此类。

但儒家推崇孔子，有时就会忘了这个立场，去强调孔子是"天纵之将圣"，是"生知"，以致自相矛盾，然后再去想办法调合。如王阳明想出个成色分量说，谓人都可以成为圣人是个原则，可是圣人也有大小之分，就如金子，成色固然相同，分量却可能大有差别，一钱半克跟千镒万两当然不同。另一些反对将孔子神化的人，则痛批汉儒，谓其神化之说简直把孔子变成了宗教上的教主，把历史上的孔子讲成神话型的孔子。主张孔子为汉制作，拥有上天赋予神圣使命的人，亦反唇相讥，云不懂得这种神圣性、不承认孔子制作的意义，根本就不可能懂得儒学。如斯云云，争论了几千年。

三、儒学的分化

孔子很年轻就以知礼闻名，所以很早就授徒了。弟子们，大的如曾参的父亲曾点，只比孔子小 6 岁，其子曾参也从学于孔子，却比孔子小了 47 岁。颜渊情况也一样，其父颜繇师事孔子，只比孔子小 7 岁。另外如冉耕小孔子 8 岁、子路小孔子 10 岁、漆雕开小孔子 12 岁、闵子骞小孔子 16 岁。这些老学生，和比孔子小 32 岁的子贡、小 45 岁的子夏、小 47 岁的曾参、小 49 岁的子张，显然年龄差距甚大。孔子治学，本身既不会没有成长变化，学生们从老师那里学到的，当然也就不会一样。何况师弟间问答各有重点，所学遂亦各异。故《论语・子张》载子夏的门人述子夏论交友曰："可者与之，其不可拒之"，子张就说："异乎吾所闻。"

孔子卒后，弟子各依闻说与领会，发展出不太相同的学问内涵及精神方向，岂不是非常自然的事吗？

据说"儒分为八"，分裂为八派。但公孙尼子之论乐、漆雕开之论性、仲弓之论易，其详均不尽可考。后世产生影响较大的，主要是两系。一是曾子、子思、孟子这一系。一是子夏、荀子。

曾子是孔子末年弟子，《论语》记载他对孔子忠恕一贯之道特有领会，子思又是孔子之孙，据说《中庸》即出其手。孟子的思想，接近他们一路。宋儒把《孟子》《中庸》《大学》跟《论语》合为四书，就是特别看重这一系思想，把它视为孔门真传。因为《论语》一般认为正是曾子及其门人所传之本。汉儒则重子夏一系。因子夏曾受魏文侯礼遇，在西河教授；荀子年代又较晚，其学生至汉犹存，故经典多由他们传授，被视为传经之儒。

曾子与子夏的学问已有不同，这在《论语》《礼记》中便可看出，荀子则直接批评过子思孟子。《非十二子篇》说：

略法先王而不知其统，然而犹材剧志大，闻见博杂，案往旧而造说，谓之五行……子思唱之，孟子和之。

这五行，不知何指，但荀子对孟子不满意，却甚明显。后世传经之儒与传道之儒交哄，宗孟之儒也反对荀学，可说皆肇基于此。

《论语》本身也是有争论的。它是孔子的言行录，由门人及后学所记录纂辑，但在汉代已分为三个系统：齐论、鲁论、古论。文字颇有不同，《齐论》甚且多出《问王》《知道》两篇。后经张禹拼合成一种本子，世称“张侯论”，即为今本。但文句间仍多疑义，近人据敦煌残卷与郭店楚简等资料考辨甚多。也有人认为《论语》中对管仲的评论忽褒忽贬，对宰我又几乎没一句好话，乃是《齐论》《鲁论》混糅的结果。齐人崇拜管仲，而宰我在齐任官时，为齐人所不喜，故如此。可惜详情已不可考了。

对《论语》篇章及文句的争论，其实就关系着对孔子学说的诠释，因此争论十分激烈。有些人更进而怀疑《论语》能不能代表孔子。因为假若儒分为八，而《论语》仅是其中某一派或几派之传本，那么《论语》显然就不能见孔子之全貌。我们应该综合《孔子家语》《孔丛子》及其他先秦诸子书中提到的孔子相关资料来研究，才能逼近原貌。但也有人以为其他数据比《论语》更糅杂，真伪参半，有些仅是寓言或传说，有些则是假托，还不如只用《论语》可靠些。

四、经生、文士与文吏

汉代儒学主要表现在经学上，以子学形态延续儒家学术者，以董仲舒、扬雄为最著。董氏《春秋繁露》虽亦解经，但非经典注释章句之体例，应该说是依据他对《春秋》等经传之理解而形成的思想表述，体制类似先秦诸子。扬雄又不同，他的《法言》体例有意模仿《论语》，《太玄》有意学《易经》。故有人指摘他拟圣制作，清代黄承吉甚至写了《梦陔堂文说》十一卷三十多万字来批评他。

由董仲舒、扬雄的例子，我们就可知道汉代经学势力之大。诸子著述，或依经义而发挥之，或拟经而作，其间形态最特殊者，厥推《史记》。

《史记》早期多称《太史公书》，实是史书形态的子书。司马迁曾自述其写作是要"究天人之际，通古今之变，成一家之言"，这本书就是他的一家之言。而他这一家之言，到底本于九流十家哪一家呢？他曾引录其父司马谈《论六家要旨》，对儒、道、墨、法、阴阳及名家均有臧否，但司马迁说得很清楚，他要"拾遗补缺，成一家之言，厥协六经异传，整齐百家杂语"，又说："先人有言：自周公卒五百岁而有孔子，孔子卒后至于今五百岁。有能绍明世、正易传、继春秋、本诗书礼乐之际者，意在斯乎！意在斯乎！小子何敢让焉。"足证无论是他父亲的期望或他自己的想法，都以继承孔子、羽翼六经为职志。《太史公书》在具体内容上，可与董仲舒"通三统"等学说相呼应，史事褒贬亦本诸《春秋》，对孔子及其弟子更是推崇备至，把孔子列入"世家"，尤可看出他的用意。

除以上个人著述外，儒家学说又可见于集议中。建初四年（公元79年），汉章帝命群儒在白虎观集议讨论经学，会议结果，由班固编成《白虎通义》一书。此书又名《白虎通》或《白虎通德论》。近代学者黄侃曾说："汉以来说经之书，简要明晰者，无过于《白虎通德论》"（《论学杂著》），《白虎通德论》是通晓汉代经学或儒学整体内容最扼要的一本书。它对群经所涉及的词义、礼制、观念均详予训释，不仅释其然，且能说明所以然，形式上采用《公羊传》《谷梁传》自问自答的格式，如《社稷篇》："王者所以有社稷者何？为天下求福报功。人非土不立、非谷不食，土地广博，不可遍敬也；

五谷众多，不可一一而祭也。故封土立社，示有土尊；稷，五谷之长，故立稷而祭之也。……岁再祭者何也？春秋求报之意也。……祭社稷以三牲何？重功故也。”这三问三答，一层逼近一层，不仅释礼意，也说明了祭数及祭品之规格。故通读全书，就可对儒家之世界观、人物观、礼制主张等有一全面之了解。该书也反映了当时今古文家整体的想法。

汉代另一重要集议成果是《盐铁论》。此书乃昭帝时征询贤良文学，问天下治乱。贤良与文学均建议罢郡国盐铁专卖及均输平准法，主张政府勿与民争利，故与御史大夫桑弘羊等反复辩难。后来宣帝时桓宽推衍其议论，变成了六十篇彼此诘难的对话，贤良文学代表儒家，宰相御史大夫代表法家或具功利思想的行政官僚，分成六十个论题，环绕着盐铁公卖而形成的政治、经济、军事、外交、社会风俗、教育、君民关系等相关问题，一一论辩。不仅可以考见汉代社会内部存在的争议与阶层矛盾，更具体说明了儒家伦理观如何体现于政经政策上。汉代本有以经义治国的传统，此书尤其可以显示儒学在经世上的作用，其与法家或行政官僚之不同，亦借此可见。桓宽乃公羊学者，因此他著此书，颇有以儒学论究古今治乱之意。

由《盐铁论》，亦可见汉代政治之一大问题便是帝国体制下官僚行政权及其思维势力渐昌，故虽思想上强调儒学，实际政治操作，却不是那么回事。王充《论衡》主要也涉及这个问题。

据王充看，社会上的人重视文吏甚于儒生，因为文吏会办公，能做官，儒生只会读书。读书又要花很多时间，致令儒生没办法提早在官场上奋斗，结果官卑职小，远不及文吏。对此社会风气，王充深以为不平，撰《程才》《答佞》《量知》《谢短》《效力》《别通》《超奇》《状留》诸篇，欲针砭流俗，强调儒生绝不比文吏差。这个儒生处境的社会性问题，当然也是儒学在王权体制内部生存发展的问题，王充既带出来了，嗣后的讨论还会少吗？

王充还谈到另一个儒生与文人的竞争关系。据王充看，当时的儒生只是经生，即所谓传经之儒。他们讽诵经典、对经典进行训诂注解、讲授经义，但并不能动笔写文章来表述自己的观点，只会讲述，不能撰作。因此王充认为他们比不上文人。

王充这种见解，并非个人私臆，其实反映着当时的时代风气。东汉正是个文人地位上升的时代，刘劭《人物志》把文章家列入“人流十二业”之中，《后汉书》特列“文苑传”，都显示了这个趋向。因此，整体说来，秦汉以前，儒已分裂为八，而传经之儒，在汉代又继续分化。一是传经之经生。二是如董仲舒、扬雄、司马迁、桓宽、班固，虽亦述经，而体近诸子。三是儒者从政，渐成文吏。四则为文人。

文人也是由儒分化出来的，因为孔子老早说过：“言之不文，行之不远”，《易经》中《文言》一篇据说也是孔子写的。先秦诸子中，道家去文，墨家非乐，法家批评儒者以文乱法，视为国家的五蠹之一，其余阴阳、名、农、纵横诸家也都不重文采文章，故文士推源，仅能溯诸儒家。且孔门四科，言语即居其一；辞赋之妙，具见《诗经》《左传》等等，是以后世论文，辄言宗经、征圣（如《文心雕龙》所云）。汉人赋篇，以荀卿为大源；王充论文人，亦以“文儒”为祈向；降至汉末，曹丕《典论·论文》仍以“文章者，经国之大业，不朽之盛事”为说，可见文人乃儒者之一类。

只不过，经生、文士、文吏和子学式儒家，既已在历史的发展中逐渐分化了，彼此间就形成了畛域壁垒，尔我相争。亦有调和折中于其间者，力求通经致用或文宗经义，纷然腾说，蔚为巨观。后世学术史、文化史之一主要发展脉络，似不能不注意及此。

五、道学、经世与宗教

魏晋南北朝期间，上述分化当然仍在继续，但也有新的状况。

原因是上述分歧皆是儒学内部的，魏晋以后儒学与外部的分歧才越来越凸显。

儒家在先秦，乃九流十家之一，因此与其他各家颇有争论，如道家文献《庄子》中就批评“儒者以诗书发家”，墨子也攻击儒家，主张非乐、节葬，孟子则与杨朱、墨翟、许行各学派论辩，荀子《非十二子》《解蔽》诸篇，于当时各家亦多微辞。可是这些争论到汉代就逐渐止息了。汉自武帝独尊儒术以后，诸子之学渐衰，杨墨皆无传承，其余诸家，势益不能与儒相抗，故一切争论，主要均表现于儒学内部。

魏晋以后，情况不然。《易》《老》《庄》号称三玄，论者蜂起，于是儒道关系渐成热点，论者争辩孔老优劣、儒道分合、自然与名教之关系等等。如《三国志·魏志·钟会传·注》载：王弼有次去拜访裴徽，裴氏问他：“无者，诚万物之所资也，然圣人莫肯致言，而老子申之无已者何也?”王弼回答：“圣人体无，无又不可为训，故不说也。老子是有者也，故恒言所不足。”老子讲无，孔子不讲，这是儒道之异。魏晋时人论玄学，以无为本体，故裴徽说无是万物之所资。可是为什么孔子不讲这个本体的问题而老子才讲呢？王弼回答，谓孔子已经体认或体会体证了无，所以不必讲；老子则是虽知道这个无，可是自己还没能体证到无的境界，因此老是要去说那个无。这就是对孔老儒道地位及价值之一种分判。李充《学箴》所说则为另一种分判，他说：

> 先王以道德之不可行，故以仁义化之；仁义之不笃，故以礼律检之。检之弥繁而伪亦愈广，老庄是乃明无为之益，塞争欲之门。……圣教救其末，老庄明其本。本末之途殊，而为教一也。

这是以本末关系来位置儒道，诸如此类分判，在魏晋南北朝期间是很多的。

儒佛关系，此时亦渐成论题。如张新安《答谯王论孔释书》说：“积善启报应之辙，网宿昭仁蒐之苗”，前者是佛教的因果报应观，后者是儒家的仁爱说，这二者，张氏就认为：“非旨睽以异遁”，可以相通。与此相反的，是另一类主张辨儒佛之异的，例如王坦之《沙门非高士论》、顾欢《夷夏论》、戴逵《释疑论》等。他们批评佛教是外国的教法，故引儒家夷夏之辨以攘斥之；又批评佛教的服制，故引儒家说不能披发左衽以排拒之；他们还诘难佛教之伦理观，以儒家之重孝道，说“无后为大”来指责；对于佛教讲因果，亦以为“修短穷达，自有定分；积善积恶之谈，盖是劝善之言耳”，认为与儒家定命说不同，故非究竟之谈。凡兹等等，开启了儒释分合之辨，到后代越来越激烈。

例如唐代中叶的古文运动，就一方面是反对汉代经生章句式的儒学，而提倡类似王充所说的“文儒”形态；一方面则是分判儒佛，强调儒家与佛家的差异；再则是说文儒所撰之文必须阐明圣贤的道理。这看起来是革命性的，实仍是汉魏南北朝儒学分化及儒佛分判的发展。

宋代延续古文运动之路线，讲“文以载道”。可是所重渐在道而不在文，因此与文人渐分。又由于所重在道，故亦不认同汉代传经式的儒学，以致《宋史》中于《儒林传》之外，另立《道学传》以彰明其传道之功。

宋代传道之儒强调道统传承，谓道由尧舜禹汤文武周公孔子孟子一脉相传，孟子之后，汉唐诸儒皆不得其传，待宋朝周敦颐、程颐、程颢才再接上统绪。这个道统传承的认定，自然引起许多争论。且不说它与汉唐传经之儒的分判，带来了不少争端，致令后世儒学学者在“汉”“宋”之间都要做一抉择，做一分检，就是在道学家内部，也有谁为正统谁为歧出之辨。

在宋代，朱子号为正宗，陆象山等便被疑是混杂于禅学。至明，王阳明起而竞争，攻者亦仍以杂糅禅佛来批评陆王。王学内部，则浙中、南中、江右、泰州、闽粤之传，孰为正宗真传，亦多聚讼。清熊赐履编《学统》将学者分纳于正统、偏统、杂统、霸统中，正可见这统绪之争的激烈。直到现在，当代新儒家如牟宗三，还在说宋明理学应分三系，程明道以迄陆王一系为正，而伊川朱子一系只是歧出呢！

至于道学家与文人之间，也一样争辩不休。程伊川与苏轼不睦，《二程全书》载：

> 问："作文害道否？"曰："害也。凡为文，不专意不工，若专意则志局于此，又安能与天地同其大也？《书》云玩物丧志，为文亦玩物也。"

朱子也说："韩退之柳子厚辈只是要作好文章，令人称赏而已，究竟何预已事？却用了许多岁月、费了许多精神，甚可惜也。"（文集，卷六四《沧州精舍论学者》）不是批评写文章是玩物丧志，就是惋惜文学家浪费了精神，他们瞧不起文人，是毫无疑义的。但文人同样藐视道学家，所以汤显祖说：

> 欲作文人，须读书十五年。欲作一道学先生，只三月足矣！（见顾大韶《答翁子澄妹丈书》）

文人著作中更是把道学家揶揄了个够。现在我们对道学家总有一个不良的刻板印象，认为他们迂拙可笑、固蔽不通，实皆是因道学家得罪了文人之故。

凡此传经与传道之争、道学与文学之争、儒佛之辨，到清代当然仍继续扩大中。传经与传道之争，衍成汉宋之争、尊德性与道问学之争、经世与修身之争等。汉学，指用道问学，即考证之方法、书本的知识去研究经典，以反对宋明理学，乾嘉朴学即为其代表，其详可见江藩《汉学师承记》。反对此一学风者则有方东树《汉学商兑》等。

宋学之所以不满于汉学，主因是儒学并不只是一种知识，它具有浓厚的实践性。一个人光是读过《论语》，知道那里面谁讲了什么话、每个字句怎么解释，是远远不够的，除非他能在身心实践上实现那些箴言，否则根本没资格称为是一名儒者。宋儒之论诚意正心修身齐家，讲穷理尽性，正是有见于此。

可是实践工夫多用在修身养性上，人人自诩传道，而无裨时局，宋亡于元，明亡于清，遂不免令人诟其“平时袖手谈心性，临危一死报君王”。清初儒者为矫其弊，乃提倡经世之学，重视社会实践。此种实践性在清朝统治巩固之后，当然已无可能，是以此时所提倡之经学只能是一种道问学式的知识考订，乾嘉朴学之性格即是如此。要待鸦片战争以后，国事日非，学者才重新以经学说经世，利用西汉公羊学谈改制革命。

然而公羊学在晚清也仍是争议不断的。提倡公羊学的康有为梁启超师徒，在戊戌事变后流亡海外，固然是政治事件，但在戊戌变法前，叶德辉就刊行《翼教丛编》来捍卫他所认知的儒学了。称儒学为“教”，是因康有为想把儒学宗教化，称为孔教，故反对者也相应地说要保护这个教。当然叶德辉所谓的教，是指教化而非宗教，可是自古以来，把儒学跟佛教道教并称为“三教”，也早已成为惯例。而孔学儒学到底是不是宗教、能不能宗教化，又是争论迄今未已的。目前中国香港地区、印度尼西亚等地就都仍有孔教会在活动，是政府正式认可之宗教团体。

六、儒家型社会

处在这一连串争论中的儒家，显示的乃是极其复杂的样貌，历史上崇儒与反儒之行动，所崇与所反的，可能都只是儒家的某一部分。反儒的人，或许正是发挥着儒学的人，只是他所信所知的儒学恰好与它反对的人不同罢了。

例如秦用李斯之建议，焚书坑儒，令天下欲学诗书者以吏为师。这不是反儒吗？但李斯是荀子的学生，未必遂背其师；主张以吏为师，也有恢复古教之意。后世如清朝章学诚《文史通义》便大力强调“周孔之辨”，谓周公代表古道术、代表学在公家之时代；到孔子，就开始流于私人，以致学术渐衰，故论学应辨源溯，尊孔则不如尊周公，重私学亦不如重官学。这种以吏为师、官师合一的理想，跟李斯又有什么不同？可见崇儒与反儒，细究起来，内涵十分复杂。以上所说，尚仅限于中国内部，若再把眼光放到整个东亚儒家文化圈，上下数千年，纵横十万里，儒学影响深远绵密，内中复杂之情状，更要远超过上文所述万万。

而且我们当知：以上所说，大抵只涉及了儒家作为一个知识体系的问题，只包括这个学派的创始人、分化、传承与演变中的争议等。可是儒学在中国或东亚，绝不只有这个面向或作用。儒家除了是一个学派之外，它还是整个社会的人文知识基础。这社会中所有人打启蒙开始，就都以儒学为其基本知识框架与基础，读着《三字经》《千字文》《百家姓》《弟子规》《昔时贤文》《小学》乃至《四书》。不论尔后他为僧为道，他的基础人文知识，都脱不了儒家的基底。中国从来没有任何启蒙书是以道家法家思想来编撰的，道教佛教倒是模仿儒者编过《三字经》，可是我相信现在读着我这本书的读者中，谁也不曾见过或讽诵过它；反而是“人之初，性本善，性相近，习相远”云云，纵或不曾读过，听也听熟了。在这方面，九流十家均不能与儒家相提并论。

同样的，儒家也是社会组织及其运作的原理。其他各家学说只是个学说，儒家则不然，家庭中大体即是依循着儒家学说在运作，讲究父慈子孝兄友弟恭、敬宗法祖；其伦理关系、行为规范、应对进退、起居作息，事实上都依着儒家所说在做，故曰“百姓日用而不自知”。扩而及于宗族、乡党、社会，均是如此；各个家训、族规、乡约，无不体现着儒家的精神与实践性，以致整个社会形成为一种儒家型社会。

其他九流十家，对于如何将其学说变成一套社会生活，缺乏论述及具体实践，因此在这方面也远不能与儒家相比。至于佛教道教，既被归入“方外”，则不论它在思想上或宗教生活上影响多大，这“方内”的人间社会，终归是受儒家所主导的，佛道势力亦无法与之相争。

正因为儒家在社会上有如此巨大的作用，故历代政府均表现着尊儒之立场。自刘邦以降，皇帝例行祭孔，推尊儒术，以为教化之资。故在中国，儒学实有国家意识形态，亦即国教之地位。此尤非其他诸家所能抗衡。

中国历史上并非没有另奉宗教的皇朝，如北魏曾奉天师道，改年号为“太平真君”；李唐曾以道教为国教，奉老子为远祖；武周奉佛，以《大云经》为女主临极之验；宋奉道教，有年号曰太平兴国，皇帝且为道君。但即使在这些朝代，宗教性的信仰与治国时的意识形态仍是区而别之，分予运用的。那些佛道教，主要施用于皇室；儒家则仍是帝王用以治化的法宝。皇帝的储君养成教育、经筵教习，以及皇帝所担任的许多仪式角色，都可以显示这一点。

这种国教地位，无疑会令儒家之影响更为巨大，但亦因为如此，儒学也不免受政治拖累。特别是在近代民主革命思想冲击下，儒家学说每被质疑与帝王专制具有内在关联性，不是说它成为专制政治之工具，就是说它成为帮凶，为其服务。或根本就认为两者之间之所以能长期结合，沆瀣一气，即是由于二者一致，或可彼此帮助之故。激烈一点的人，乃因此而觉得儒学不亡，中国便永远无法摆脱封建专制。

这种思潮，历经五四之反传统，以迄“文化大革命”、批林批孔之后，于今当然阴魂未散，但其盲点已越来越明显了。因为：

一、统治者利用儒学，应被谴责的是统治者还是儒学？不责劫匪而责遭劫者，合理乎？

二、说统治者为何选择儒家而不选其他，必是儒学中有符合其专制统治之思想因素，就像批评遭强暴的女子必与强奸犯合谋一样，更是无理。

三、统治者什么时候不假借名目来遂行其统治呢？统治的本质是权力制伏，但赤裸裸的权力宰制是说不出口的，总得借个名义来说明统治是合理、合法且合乎被统治者之利益的。老百姓若信神，统治者就会说他的治权本乎神授；老百姓相信民主价值时，他就会宣称他也拥护其价值，并要大家民主地让他来统治；而在老百姓认为君王应仁爱的时代，他也当然会说我亦奉行此仁爱之学说，与民同爱。不论所利用的名义是什么，统治者信仰的其实只是权力，这才是政治之本质，名义主义口号均只是披着的斗篷而已，随时可以脱去。满清入关后，去曲阜祭孔，右文崇儒，表现得一派奉儒学为国教的样子。可是他们去蒙古也如此吗？当然不，蒙古人信喇嘛，于是清廷在面对蒙古时，就不谈儒学，只崇奉喇嘛了。故批评儒学为专制政治帮凶者，既不知儒学，亦不懂得政治。

四、儒学在历史上，并不都是只有朝廷崇奉的风光面，更多的是受到打压的部分。汉代睦弘于昭帝时推阐《春秋》之意，以为当有匹夫为天子者，上书要皇帝退位禅让，结果被霍光杀了。当时公羊家讲的“非常奇怪异义”之论，多属此类。宋代朱熹讲学被禁，政府指他为“伪学”，明代张居正亦禁书院讲学。至于历代本着儒家思想谏议君王，批评时政者，更是不可胜数。此等儒学与政治之冲突面，不能刻意忽略。

五、儒学在现实政治中甚少被落实，儒者甚少真能得君行道，一个内在的原因是：儒学本为反流俗之学，君子谋道不谋食，人不知而不愠。此种学问形态，很难曲徇流俗。

六、儒家伦理亦并不讲忠君。《论语·学而》载曾子云:“吾日三省吾身”，其中第一条就是:“为人谋而不忠乎?”忠乃是人与人相待时的普遍原则，所谓忠恕之道，尽己之心就是忠。忠并不只对君上，对所有人都应该忠。此为第一个重点。其次，在面对君王时，孔子说:“君使臣以礼，臣事君以忠。”(《八佾篇》)君臣相对待时，各有其义务，君礼才臣忠，哪有后来统治者胡乱宣传的什么“君要臣死，臣不敢不死”的愚忠观念?若君使臣不以礼，臣自然也就无义务尽忠，故荀子曰:“从道不从君，从义不从父。”再者，若君主有过失，不只臣可以消极地“不从”，更应纠正他。一个实例，是孔子弟子冉求担任季氏家臣，孔子很不满意:“季氏富于周公，冉求为之聚敛，而附益之。子曰：非吾徒也，小子鸣鼓而攻之可也。”(《先进篇》)孟子把这种情况放到整个政权上说，乃因此言汤武革命，顺天应人，“闻诛一夫也，未闻诛纣也”，确立了人民对君主的革命权。比西方政治学尚早了1500年。革命，也许说来暴烈，但子路问事君时，孔子说:“勿欺也，而犯之”(《宪问篇》)，犯之，就是不能恭顺依从君主，而须时时保持批判性的意思。这才是儒家论臣子事君的基本道理。

七、儒家的道理，与统治者的需求是龃龉矛盾的，因此在政治利用中颇多曲予假借甚至颠倒变造之处。如前述忠君说便是其一，爱国说也是。儒家自孔子以来便周游列国，哪能爱国?孔子曰:“君子怀德，小人怀土”，更明指怀土者为小人，他不只周游列国，想贡献给任何能实现他理想的地方，甚至还想渡海移民去九夷哩!后来顾炎武区分亡国与亡天下，便是发挥此旨，谓国家兴亡，属政权起灭，执政者自己要负责任;天下兴亡，则是文化问题，文化好不好、亡不亡，才是每个人都有责任的。后来的统治者却将之盗改为“国家兴亡，匹夫有责”，意思就完全颠倒了。此类事例，所在多有。

八、虽然迭遭扭曲，但在被政治利用的情境中，儒家仍然能发挥若干具体制衡作用，令中国传统政治不为恶太甚。例如税制，在孔子时，官方就想加税，孔子则一再主张十一税，孟子亦然，反对横征暴敛。此与其仁政思想，对统治者来说，均是一抑制其私欲之药。同样的还有灾异说、谏官制度等。灾异说乃“天视自我民视，天听自我民听”思想之转化，说天有灾变，即是政治上不清明，老百姓有痛苦的表现，要求君王反省罪己、改善政策。君主不是笨蛋，不会不知道老天爷能如此通灵的讲法是假的，但帝王既要假借天意，说自己是天子，本朝乃天命所归，便不能不同时也接受天象示警、灾异咎王这一套说辞。故此是“以天制君”，谏官则是以人制君。民意的监督，远而不具体，谏官制度即是代表民意来进行实际监督的。谏官与监察御史不同，并不监察百官，只负责监督皇帝，拾遗补阙，日在君主耳边聒噪。君主无不讨厌谏官，谏官无不想找到好题目劝谏，最好还能被皇帝惩罚，好留名史册。这就是人事制度的力量，君王虽极厌之，亦无可奈何。

把这些综合起来看，就可知道近世反儒而诟其依附帝制云云者多属误会。于今重新认识儒家，宜平心体察，深入探索儒学在中国社会内部丰富庞杂的内涵才好！

第十二章：道

一、道教的来历

道教是一笔难算的账，它起于何时？史学家都说起于张道陵之创教。教内人士则多说起自黄帝，既为我中华民族固有之文化、亦为固有之信仰。也有些人说其来历更在黄帝之前，如抱朴子《枕中书》便谓道教起于二仪未分时之元始天王，《隋书·经籍志》则说始于元始天尊。

此类说法，皆甚为荒邈，难以质凭。盖元始天尊的信仰本系南北朝时期之产物；而黄帝等古先圣王所讲的“道”，也与道教之所谓“道”颇不相同。

道，就是路。这些路，只要合理、走得通，就会有人走；所以人人各道其所道。且人也总是循着道路在走的，因此，道又有条理之意。在这种意义下，道皆泛称，人人都可称自己的理论或理想为道。若叙说讲述之，也称为道，成为动词，如《庄子·天下篇》：“《诗》以道志，《书》以道事，《礼》以道行，《乐》以道和，《易》以道阴阳，《春秋》以道名分。”倘若以某种道理教育后生，便可称为道教，如《牟子理惑论》云：“孔子以五经为道教，可拱而诵、履而行。”

此“道”之古义也，泛指道理，本不专指某家某氏。但为什么后来只有道家被称为道家，独专此道字，犹如古代“朕”为我之通称，后来却成了帝王专用的称谓那样，使道由达名变成了私名呢？

据庄子说：“古之所谓道术者，果恶乎在？曰：‘无乎不在！’曰：‘神何由降？明何由出？’‘圣有所生，王有所成，皆原于一。’”道术是无所不在的，圣王神明皆有道术，本是一原，后来分裂了，人各以其才性之所需与所近，采撷道之一端，成为自己的道，故形成百家争鸣之现象，各道其所道。此处，他把道分成两类，一为本原之道、一为各家之道。各家之道均是割裂不完整的，但因其本出于一原，故内部又有可以相通之处。只有统合会通这些割裂不完整的道，才能重新恢复原初大道的完整性。以庄子的角度看，先秦各家，都陷在“道术为天下裂”的境地，各道其道；只有老聃和他，最能博摄诸家、会通为一，故能符合或重返原初道的整全状态。因此，在各家都各道其道之际，这一家因自认其所讲之道才是根本的、整合的、原初的，与其他各家之道不在同一层次，才使后人特称此一家为“道家”。

道家之名，至迟在《史记·太史公自序》中已经有了，司马谈论六家要旨，谓：“天下一致而百虑，同归而殊途。夫阴阳、儒、墨、名、法、道德，此务为治者也，直所从言之异路，有省有不省耳”，就与庄子的思想甚为相似。他认为儒墨诸家皆自走其道路，这些道路各有利弊，但总归是要合一的，能合之者厥惟道家：“道家，其为术也，因‘阴阳’之大顺，采‘儒’‘墨’之善，撮‘名’‘法’之要”，故能会通合一，达到最完美的境界。这就是因道家对其道有特殊的解释与强调，故特称为道家。

但别家可不见得信采道家这种特殊的讲法，故天下仍是个各道其道的局面。且除了先秦原有的儒道墨道等等之外，方仙道等各种道亦渐崛起。

在庄子时代，即已有许多讲养生术的人，《庄子·刻意篇》中批评："吹呴呼吸，吐故纳新，熊经鸟申，为寿而已矣，此导引之士、养形之人，彭祖寿考者之所好也。"这些讲养生锻炼之术，或找不死药的方士之道，则或称为方仙道。

不论拜天神或求药方，这些方士术士们都是各道其道的，故又皆可称为道士。赵翼《陔余丛考》卷三十六考证道士之名，自周已有之。汉代称道士者，则如董仲舒《春秋繁露·循天之道》言："古之道士有言"；《汉书·王莽传》亦云："王涉素养道士西门君惠，君惠好为天文谶记"；"张丰好方术，有道士言丰贵为天子"。这些道士，即指各种方术士，并不特属于某一种宗教。修各种道的人，均可称为道，亦不仅指讲神仙方术之人，如《后汉书·第五伦传》谓伦"自以为久宦不达，遂将家属客河东，变姓名，自称王伯齐，载盐来往太原上党，陌上号为道士"，彼乃儒者而为盐贾，乃亦名为道士，则其不专指言神仙者可知矣。这时道字的用法，正如《礼记·王制》批评某些人挟"左道"云云。盖道有各式各样的道，如神农杂子技道、盘庚阴道、天一阴道、必戏杂子道、尧舜阴道、剑道、上圣杂子道等等，其中不免有不轨于正义且语涉虚妄者，故以左道名之。

汉代流行的这些道法，彼此既未必同源亦未必同时，其间各有法门，差异更是极大。例如有些术法"或饮小便，或自倒悬"，其他道便不以为然。又如方仙道，是"形解销化，依于鬼神之事"，太平道却根本不谈鬼神，"专以奉天地、顺五行为本"。五斗米道，以星斗信仰为核心，也不讲什么海上三山。据说三张曾传男女合气的黄赤之术，则亦为栾大、李少君等所弗道。少翁、栾大等人拜致天神，又跟中黄太乙之道"毁坏神坛"的作风迥异……诸如此类，皆可见其术法殊为不同。

至于它们崇奉的对象，也很不一样，文廷式《纯常子枝语》卷十八说得好："李少君之前，言神仙者不特不托之老子，并未尝托之黄帝。"因为以上这些道，显然都跟老庄没什么关系，而且早期的方术，通常只借仪式术法来达到求长生等目的，未必有精神崇拜的教主及自我精神修养之内容。如李少君告诉汉武帝祭灶就能招来精怪，得精怪则能与神通。这类仪式，根本不需教主，只以灶、星、日、月等为崇拜对象即可。其他人则或以拜斗、封禅，甚或以熊经鸟申、呼吸吐纳等仪式术法行事，甚至连崇拜对象都不需要。

它们之间的差异如此之大，自无怪乎有些道法要自称真道、正道而批评其他的道法为邪道、左道、伪技了。《老子想尔注》不是说“今世间伪技因缘真文设诈巧”“今世间伪技，诈称‘道’，托黄帝、玄女、龚子、容成之文相教”吗？葛洪《抱朴子·道意》更指责当时的各种道法是“妖道百余种”。它们彼此间之竞争状况显然是十分激烈的。

这些道法之来源与内涵，有的迄今仍不尽能明了，如被斥为“伪技”的某种存思法，是存想藏在身中的神明，谓五脏诸神都有姓名服色，而且指明了它们的高矮长短。这应当即是类似《黄庭经》的讲法，为后世上清道所实行者。但它起于何时、渊源为何，殊不能晓，唯知此与老庄实无渊源耳。它跟《太平经》所讲的存思法也并不一样。

当时另有传黄帝之道者，然不仅是黄老虚静那一套，例如兵家中的阴阳家，便有《黄帝》16 篇，五行家有《黄帝阴阳》25 卷，天文占验家也有《黄帝杂子气》33 篇，杂占十八家中则有《黄帝长柳占梦》11 卷。此外，尚有讲房中术者。所谓“优游俯仰，极素女之经文；升降盈虚，尽轩皇之图艺”（见徐陵《答周处士书》），绝非导引吐纳存神练养之技。《汉书·艺文志》方伎类房中家便收有《黄帝三王养阳方》一类书籍；后世道教备受甄鸾、寇谦之批评的黄赤之道、男女合气之术，其所依据的《黄书》，殆即此类黄帝图方之遗传。可是房中术也并不全法黄帝，另有效法彭祖及容成氏等人的，各有巧妙，非出一源。容成术，乃御妇人法。别有一种采补之技，则为女施于男者，见《汉武故事》，谓女神君欲以太乙精补霍光之精气。其复杂可知。

至于幻化之术，主要是得自某派别墨。梁阮孝绪《七录》中有《墨子五行要记》1卷、《五行变化》5卷。这几卷书，据说至隋唐间仍存，故陈子昂云其高祖陈方庆“好道，得《墨子五行秘书白虎七变法》，遂隐于郡武东山”。而其来源则甚早，葛洪《抱朴子·遐宽》说：“变化之术，大者唯有《墨子五行记》。本有五卷，昔刘君安未仙去时，抄撮其要，以为一卷。其法用药用符，乃能令人飞行上下，隐沦无方。含笑即为妇人，蹙面即为老翁，踞地即为小儿，执杖即成林木，种物即生瓜果可食，画地为河，撮壤成山，坐致行厨，兴云起火，无所不为也。”这些变化方术，既不依鬼神也不重养生，恃其术法，自成一道，与太平道等之渊源及内涵都不相同。

汉代尚有一种甚为流行的道法，就是炼丹。丹，本谓丹砂，指炼丹砂为黄金，再以此黄金为饮食器则益寿，益寿以后才能见着蓬莱仙人。后乃逐渐转变为“金丹”之说，云：“炼得金丹，吃了就能不死。”据称淮南王所编《鸿宝》即讲此神仙炉火黄白之术的书。此类书当时必甚多，《参同契》的作者曾说他所见过的便有“火记六百篇”，此丹鼎一脉也，乃是早期的化学家。从事此道者，当时恐怕也很复杂，如曹植《辩道论》言后汉方士甘始说他曾与其师韩雅“于南海作金，前后数四，投数万斤金于海”，这就不是炼金丹而是造黄金了，其分歧应甚大。

因此，综合地看，我们只能说秦汉社会通行各种道，道术之士各道其道，道只是达名，与老庄泰半无关。道教研究，首先即应着眼于这个事实，放弃早期那种单线的、从黄老讲下来的方式。反之，把各种方术士看成一家人，认为道教即出于此神仙家或阴阳家，也是不对的。

正因上述诸道，多与老庄无太大关系，故耶律楚材诗谓：“玄宫圣祖五千言，不说飞升不说仙。烧药炼丹全是妄，吞霞服气苟延年。”（《湛然居士集》卷十）其中丹鼎一脉，至《参同契》才会合黄老、易、炉火为一。但后世炼丹者，如葛洪就仍对老庄颇不以为然。上清道讲存神降真，奉《大洞真经》《黄庭经》，并不讽诵老庄，亦罕言黄帝。灵宝道、三皇文道，与黄老的关系尤其疏隔。至于讲究术法的谷道、天道、阴道、方仙道、墨子五行术等等，更与黄帝老庄毫无关联。汉魏南北朝诸道，只有天师道采用《老子五千文》教习，并奉太上老君。可是太上老君与老聃，直到陶弘景的《真灵位业图》仍是分列的，不认为是同一个人。又，北魏崔浩是信天师道的，但他"性不好庄老之书，每读不过十行，辄弃之"（《魏书》卷三五本传）。似乎也显示了天师道与老庄的关系仍是颇为松散的。所以，我们可以说，诸道士之道多半不是由黄老或老庄之学流衍而成的，它们只是流行于秦汉之间的各种道，这些道彼此并无统一的世界观或相同的修炼方式，思想来源更是复杂。它们称为某某道，就和儒者墨者自称其道为"儒道""墨道"一样。我们不能因此就把它们和老庄混为一谈。

当然，其中也有一部分是崇奉黄老之言的。如河上丈人、安期生、毛翕公、乐瑕公、乐巨公之传承，严遵等人之释解，桓帝之崇奉，均属于汉代黄老学的发展。讲此种学问者，固多神仙隐遁之士，但黄老的基本格局仍是十分清楚的。至于庄子，被注意而且被广泛研究，本在汉代以后；南北朝人讲庄子，甚至尚未发展出与道教有关的讲法；以道教观点解庄，事在唐朝。故汉代诸道可说均与庄子无甚渊源。

总之，各种道以及据其道而成的各个教，如太平道、帛和道、李家道、天师道等，其实等于许多不同的教，这些教彼此是相互竞争的，未必有共识的基础和血缘亲近关系。佛教兴起后，这些教才因皆自称为某某道，故总称为"道教"，以与"佛教"对举。《甄正论》下载："吴赤乌年，术人葛玄，上书孙权，云佛法是西域之典，中国先有道教，请弘其法。始创置一馆，此今'观'之滥觞也"，正指此事。

但奉道者仍旧是各信其道。各种道虽被归隶于“道教”这个总教名之下，却仍然自称为某某法某某道，而不以教中之“派别”来形容并予以区分。以派来分别“道教”内部各个道的办法，兴起甚晚。至于刘宋时期编集的《三洞经书目录》《正一法文经图科戒品》等，把道教典籍依“三洞四辅”的架构编到一块儿，事实上也是为了总集各道教（我们现在姑且称为道派）之书而不得不然。洞真部收上清、洞玄部收灵宝、洞神部收三皇文，四辅则为太玄、太平、太清、正一之图籍。炼丹、服食、行气、房中等神仙家之书，集中在太清部，老子《道德经》系统列入太玄部，正一、太平则是正一道、太平道的东西。这种安排，可谓煞费周章，才能让各教仍各行其是而又能在一个大框架中各就各位。同理，其他宗教之主神（教主），多只有一位，如佛教之佛陀、基督教之上帝、伊斯兰教之阿拉，道教却是“三清”。此实因各道咸有主神，既要统归为一大教，只好想出这么个一气化三清（元始天尊、灵宝天尊、太上老君）的架构，来容纳三个主要教派（上清、灵宝、正一）的教主。

在这样的巧妙安排中，我们即可以看见道派势力竞争的现象。例如三洞四辅之分，显示南北朝期间道派要以上清、灵宝、三皇文为盛，太平、正一虽历史较久远，但未必能与争锋，只好居厕辅佐地位。而三洞四辅之中，太清部讲金丹服食之道，本不奉事教主神灵；太玄部收《五千文》等经籍，勉强说应与正一同奉老君；洞玄部则讲天皇地皇人皇，不好实指，且三皇文系后渐没落，亦可不谈。故七部之中，论教主，只能谈四位：上清的元始天尊、灵宝的灵宝天尊（或太上大道君）、正一的太上老君、太平道的太平帝君。四位教主中，太平道的金阙帝君恰好又有壬辰降生的预言，所以便安排他做个未来太平世的教主，只讲“三清”。这个基本架构，始见于陶弘景之《真灵位业图》。而三清之所以以元始天尊居首，正缘陶弘景为上清道之故。他站在自己道派的立场上讲话，总仍不能摆脱门户之见。

有时也未必总称诸道为道教，仍称道或道家，《晋书·王献之传》云：“献之遇疾，家人为上章。道家法，应首过”，此道家一词，也许专指天师道。但《全晋文》卷一四六所收佚名（道学论）就是泛指诸道了。《御览》道部八（道士门）引《道学传》载叙鲍靓、陶弘景等各派道士亦然。其中如“宋文同，字文明，吴郡人也。梁简文时，文明以道家诸经莫不敷释，撰《灵宝经义疏题目》，谓之通门”，明以“道家”总括诸道。大抵相对于佛教一词，诸道可并称为道教；相对于佛家一词，则称道家。这时，“道家”一词与先秦九流十家之一的道家，所指又不相同。

道教在后世，基本上一直维持着这种教中有教的形态，如元代全真教、玄教、真大道教、太一教等等，都是在“道教”这个大总名之下，仍保持其各自一教之教名的例子。

从名义与指涉的演变中观察，“道”“道家”“道教”实在是几个很能搞乱人思维的字辞。过去的道教研究或有关道教的一些基本观念，率皆为此等字辞所扰，以致讲得烟笼雾罩、糊里糊涂。

现今学界通行的道教史观是：道教成立于东汉桓灵之间太平道、天师道创立之时。在此之前，社会上已流行各种民俗信仰及巫术等等，道教即据此加以吸收消化而成；其后乃逐渐进入士大夫贵族阶层，并出现分化现象。故在太平道、天师道出现以前，可称为道教前史，或早期道教。其内容是神仙家、阴阳家学说及民俗信仰、巫术。所谓魏晋南北朝的分化，是说那原本吸收了许多民间信仰而形成的道教，进入士大夫阶层后，逐渐醇化，淘汰了一些过于荒诞怪异不雅驯的部分，在理论上日益醇化，以符合士大夫趣味。但也有些人不强调这一点，而着眼于士大夫之炼丹求仙，故谓此时道教可分为“民间道教”及流行于贵族间的“神仙道教”。因为早期的道教活动并不以神仙长生为主。

这个架构，只具有表面的秩序化与合理性，其实大错特错。

其次，把道教史划分为教前史（或早期道教史）与道教成立以后之史两段，乃是以一个单一教系传承的观点来看待它。但事实上，如前文所述，“道教”并不是一个单一的宗教。秦汉间实为诸道并立的时代，这些道，彼此间竞争、融合、或各行其是，直到南北朝中晚期，才逐渐在“佛／道”对举的架构下，被笼统地称为道家或道教。在这个大共名底下，因诸道来源与内涵殊不相同，所以才在经书编秩及神仙品级等形式结构上运用巧思，勉强拼合成一个大系统。可是这只是形式性的统合，并非实质性的，诸道在思想与术法上的差异仍然具存。且即是在这种诸道并立、彼此违异的情况下，才形成了道法间竞争以及激荡融汇的关系。因此，我们不能以佛教、伊斯兰教、基督教的形态来看待道教。道教非一源众流，以一个教主而下衍诸派的方式相传流，亦非杂然汇收各种术数方技于一炉，以形成“一个”（大杂烩、大拼盘式的）宗教。而是多元分立、互相推荡，形成一幅交光互摄之图像的。新的道教史描述架构，应当由此开始。对于“道”的名义演变及其指涉，更应先予了解，否则道来道去，胡道乱道一通，殊非学术研究所当为也。

二、道教的性质

现在一般人想到道教与道士，都认为它们的职司就是跟超自然界打交道，交通鬼神。所以要由他们来主掌祭祀之事，或主持死丧之礼。祭祀时则往往需要牲供，与佛教僧尼办理斋天供佛及丧葬法事时仅用素菜素果不同。

但古代道士并不是这样的。

先说斋法。据《云岌七签》卷三七斋戒部的序文说：“诸经斋法，略有三种：一者设供斋以积德解衾愆；二者节食斋，可以和神保寿，斯谓祭祀之斋，中士所行也；三者心斋，谓疏瀹其心，除嗜欲也。”可见道教及道士所贵，在于精神内养，祭祀仅是次要之事。

而且这类祭祀之斋，也与现今一般人所理解的不同。

不同者何在？第一是目的。“除上清绝群独宴、静气遗形心斋之外，自余皆是为国王、民人、学真道士拔度先祖、已躬谢过、禳灾致福之斋”，亦即为别人或自己消罪孽致福祥，是一种道德性的动作，而非报酬交换式的功利性目的，斋祭了以后就要求五谷丰登、升官发财。因此《老君说一百八十戒》第一百一十八戒就说：“不得祠祀鬼神以求侥幸。”

所谓不得祠祀鬼神，正是第二个不同点。道教所重，既然在精神内养，斋供仪式自然就只属于辅助性的手段。因此修斋持戒，所重者仍然在于内养而非外求，并不是向鬼神祈拜。与现今一般人所理解的“拜拜”“拜神”迥然不同。故《三天内解经》云：“夫为学道，莫先乎斋，外则不染尘垢，内则五脏清虚，降真致神，与道合居。”《老君说一百八十戒》中，第一百一十三戒是：“不得向他鬼神礼拜”，更说明了“拜拜”非道教之礼仪。《化胡经》十二戒中也有“勿淫祀。邪鬼能乱真，但当存正念，道气自扶身”之说。

因为不拜鬼神，所以也不磕头。这是另一个不同点。《云笈七签》卷四十《金书仙志戒》云：“凡存修太一之事，欲有所礼愿，慎不可叩头。……古之真人，但心存叩头，运精感而行事，不因颊额以祈灵也”“凡修行太一之事、真人之道，不得有所礼拜，礼拜亦帝君五神之所忌也”（又见卷四十六，秘要诀法部第二十五）。因为不礼拜鬼神，因此对世俗人也不礼拜：“凡于父母、国君、官长、二千石、刺史、三公，皆设敬，不得即误礼拜”（同上），形成道教特殊的礼仪观，跟佛教极为不同。

换言之，道教之斋供，在目的、对象、仪法上，都和现在民间所见之拜祀鬼神迥异。现今民间拜祀鬼神虽多延请道士主法，古代道士或道教却是不搞这一套的。不但如此，与祭祀鬼神相关的一些活动，如求神问卦、占卜、算命之类，也非道教所允可，故《老君说一百八十戒》中第一百一十四戒即是：“不得多畜世俗占事之书及八神图，皆不得习”，第七十八戒则是：“不得上知星文、卜相天时。”拜祭鬼神或求卜问前程、占吉凶，基本上并不被认可。

除了祭祀鬼神之外，现今道士最常做的事，似乎就是主持丧礼了。但这一点也颇有今古之殊。古道士虽常设斋祈福禳灾，拔度地狱幽苦，然而他们并不临吊丧家、不视见死尸、不主持丧葬仪式。

早期道经中已有憎见血之说，道士如果见到死尸血秽，应立刻设法禳解。如《四十四方经》就说要以朱砂一铢散入水中，以洗目、漱口、洗手脚，然后再入室正寝中，把手交叉放在心口上，叩齿二十四通，念一篇咒语。吊丧当然也不行，去五次就入仙无望了。

为何如此慎重其事、反复叮咛呢？因为道教主旨，在于“贵生”。一切教义由此而发，养其生气尚且时嫌不足，怎能亲近死物？一切死事皆当忌讳，原不止临尸吊丧而已。

例如禁止杀生。《老君二七戒·上九戒》中云：“勿食含血之物”，《思微定志经十戒》第一也是：“一者不杀”。《老君说一百八十戒》中谈到不杀的则包括“第四戒不得杀伤一切物命，第二十四戒不得饮酒食肉，第三十九戒不得自杀，第四十戒不得劝人杀，第四十二戒不得因恨杀人，第七十九戒不得渔猎伤杀众生，第九十五戒不得冬天发掘地中蛰藏生物，第一百一十五戒不得与兵人为伍，第一百七十二戒若人为己杀鸟兽鱼等皆不得食，第一百七十三戒若见杀禽畜命者不得食，第一百七十六戒不得绝断众生六畜之命”等。盖繁说则有许多杀生的类别，简单讲，就直接说不杀生乃道教诸戒之首。

戒法如此，自然就影响到它的斋法。道教之斋供，虽说也要“市诸香油八珍百味营馔供具，屈请道士”来行斋（见《本相经》），但跟现在杀猪公、备三牲五礼、大鱼大肉的那种方式完全不同，而是以不饮酒不茹荤为主的；有些讲究的祭仪，甚至禁止穿皮履、系皮带参加。这正是道教祭法称之为“斋”的本义。

《庄子·大宗师》：“颜渊问道于孔子，孔子曰：‘汝斋戒，吾将告汝’，颜渊曰：‘回贫，唯不饮酒不茹荤久矣。’孔子曰：‘是祭祀之斋，非心斋也。’”斋戒的原始意义就是要人禁断酒与荤，道教称其祀典为斋，即用此意。但古人斋戒，所禁之“荤”，并不是指“腥”，所以吃肉是不必禁断的。而且斋戒主要是在祭祀之前，祭祀本身却需要备牺牲，杀猪宰羊一番。自太牢少牢之礼，以至乡射、乡饮酒，都是无酒不成礼、无血食牺牲不成祭的。子贡欲去告朔之饩羊，因其无罪却得被杀，可是孔子告诉子贡“赐也，尔爱其羊，我爱其礼”，就是这个道理。道教却在这一点上，与传统儒家礼乐文化大相径庭，直接以斋戒为典礼，称其礼为斋，且不饮酒不食肉，不以血食之物为牺牲上供。

不仅如此，祭祀鬼神且备牺牲，乃是许多宗教共通的现象。因为它来自原始社会的人祭及吃人肉风俗。有些民族猎杀异族人头为祭，有些民族把衰老的酋长杀了献祭，也有些民族选人为牺牲。像“河伯娶妻”一类故事，即保留了此种风俗。“牺牲”一词之含义，也由此而来。后来则以动物代替祭牲。祭祀之后，参与祭礼的信众共食祭牲，也是通行于许多民族的风俗。众人分食酒肉，乃是饮食祭牲的肉和血，以祈求与神合一。宗教学上把这称为“圣餐”。其礼仪一般包含几个要素：一、悲悼祭牲的死亡，二、祭牲被认为是神与人的中介，三、祭牲呈献给神之后，经过占卜或歌舞降神等仪式，确信它已被神所接纳，四、人众食用祭牲即可与神冥合，获得神的庇佑，五、人众因此而狂欢。《礼记》里记载孔子看见蜡祭时，“举国若狂”，描述的就是这种情形。

埃及、巴比伦、波斯、小亚细亚各地也都有共享圣餐的仪式，犹太人也有。至今天主教则依然保持此一传统，以面饼象征肉、以葡萄酒象征血、以被杀的祭牲耶稣为人与上帝的中介，谓饮食圣餐者可获永生。祆教、印度教都用一种果汁当作神血，以求陶醉，自觉与神合一。其他宗教也均举行圣餐。圣餐的材料随当地产品而异。希腊地区盛产葡萄，酒神狄奥尼索斯的圣餐便是面饼葡萄酒。

波斯的日神教则用面饼与水。

换言之，在一般宗教活动中，所谓圣餐，基本上就是饮酒以象征食祭牲之血，并吃祭牲之肉的仪式。唯道教不然。道教之“行厨”，固然具有圣餐的意义，但因不拜鬼神、不见尸、不近血秽，故不奉祭牲，不喝酒吃肉。《太平经》卷一百一十二：“故复有言，所戒慎矣：不效俗人，以酒肉相和。”正一道自称正一，即真正唯一之意，指责别人杀生血祭是“伪伎”。上清道也在《真诰》中指责帛家道“血食生民，逋愆宿责”（卷四），表明了它和其他道法并不相同。至宋代，各道大抵仍保留了这种基本态度，强调精神性的道德意涵，而不向鬼神去求祈。后期道教，如全真教及南派张伯端以降之讲内丹者，更是放弃或减低了斋醮、科仪、符箓的部分，而专力于用精神力量来达成“贵生”的宗旨。不进行一般宗教的崇拜活动，也不必有至上神及相关信仰，它只须信仰一种清静自养的人生观，以及如何养成内丹的方法，依之修炼便可以了。

这样的宗教，多么特殊啊！

但历史的发展，乃是诡谲的。反对各种民间巫俗方术、不拜鬼神以求侥幸、不杀牲祭祠、不处理丧葬事宜的道教道士，在发展中却经常被那些它所反对的东西羼杂进来，或它本身有时也不免从俗。以致于像宋代刊刻《道藏》时摩尼教经典即混迹于其中那样，许多民间巫俗方术都厕身于道教之林，许多道士也临尸诵经、杀牲主祭了。道教的研究者，经常看到这种情形，遂以为道教也者，即是各种民间信仰及方术巫俗之总汇，其实哪里是这样呢？

道教之所以为道教，它的基本结构正存在于它与其他宗教、其他民间信仰迥异之处。只有正视这些不同，我们才能真正开始进行道教研究。

道教的另一个特点，在于它对女性的态度。

大部分宗教都有敌视或贬视女性的倾向，佛教、基督教、伊斯兰教均是如此。基督徒虽有圣母崇拜，也并未能改善这种敌视与歧视女性的态度。天主自是男性；修道的修士，地位则在修女之上。佛教经论则记载女人有五种障碍，故不能成为梵天王、帝释、魔王、转轮王、佛。如欲成佛，须先转变其身为男人。如《法华经》卷四《提婆达多品》即载有八岁龙女变成男身，往生南方世界成佛的事。许多经典中也都允许女人发愿变成男人。如女人往生愿，为阿弥陀佛四十八愿中第三十五愿。说若有女人闻佛名号，“欢喜信乐，发菩提心，厌恶女身”，则她寿终时，便能得男身，而往生极乐净土。

道教的情况则比较复杂。其中也有主张男尊女卑的，如太平道。但整体说来，它对女性的态度毕竟与佛教基督教伊斯兰教不同，主要征象显示在两方面：一是至上神可以是女性，二是女性与男性一样都能修得正果，女人不被视为罪恶或缺陷的存在物。

道教的至上神甚为复杂，因为它不像大多数宗教那样，仅有一位至上神。它是多重至上神的信仰。原因在于它融合了各个不同的道派，所以将各派至上神以“一气化三清”之架构重新排列，以致形成了多重至上神的情况。其后，又用“继位”说来解释至上神的更替，无形中又增加了至上神的数目。这些至上神，包括元始天尊、灵宝天尊、太极金阙帝君、太上老君、关圣帝君、玉皇大帝……都是男性。但另有一些神，也有其至上神之神格，例如斗姥、西王母之类。她们不是一般原始民族拜的始祖女神，乃是统领天地宇宙及诸神灵者。这样的女性至上神现象，也影响到明清以后出现的先天道等民间信仰，产生了无极老母、瑶池金母一类讲法。而与其他宗教至为不同。

此外，像佛教认为女人不能修至佛位，最多仅能修到“度母”，基督教更是把女人看成是有缺陷的人，不准讲道。道教则男女都可修炼成仙。男仙女仙也没有位阶上的差异。像上清道的创教者魏华存就是女性。因此流行于汉魏六朝时期的上清信仰中，女仙真的故事也特别多，如萼绿华、杜兰香、许飞琼等仙女早已腾播于文人墨客的诗文中，深致景慕。与其他宗教中鄙夷女性、烧杀女巫的态度迥异其趣。

不鄙夷女性之态度，与道教对“性”的态度是相关的。一般宗教总是忌讳性事，视为不洁、视为罪恶，且亦因此而贬抑妇女。道教中有许多派别却自汉以来即颇讲房中术，“调和阴阳”的观念在道教中至为重要；男女交合而生育子孙，也符合道教“贵生”之宗旨，因此对性交与生育均不排斥。

这种态度，在宗教界无疑是极为特殊的。许多宗教均仰赖不结婚不生子的出家人为其主要传教士，道教却不。自太平道以来，它即反对出家，虽讲男尊女卑，却仍主张调和阴阳，仍鼓励男女媾精化育。正一道之天师也靠父子相传。住宫观的出家道士，乃是受了佛教影响以后才形成的。因此我们可以说：道教对性的态度，基本上采取一般世俗人的标准，例如不绝欲不禁欲，但也不鼓吹纵欲。其房中术之基本精神即是如此。

但宗教中自有一些是主张通过欲望的满足来获得灵魂之超脱的。特别是性交的愉悦、欲死欲仙之境界，辄被比拟为得证无上真理的感受。早在原始宗教时期，人神恋爱之故事，以及祭祀时神灵降附时，女巫妖媚的歌舞仪式，就显示了性交正是人所以通达于神灵世界的方式之一。如今我们在佛教密宗或印度教中还可以发现大量法器、仪式，乃至神像如欢喜佛之类，透露着此种“性力崇拜”的痕迹。道教既不以性交为讳，且有专门著作及学说，教导人们如何进行性生活，自然也就逐渐会发展到这个形态，变成一种崇拜性力、以性交为入道秘法的宗教。

故早期言房中术，仅谓：“食草木之药，不知房中之法及行气导引，服药无益也”（《真诰·卷五·甄命授第一》），后来却以房中术为成仙之唯一方法，以致发展成采阴补阳、采阳补阴等采战之说：“指女子为偃月炉，以童男女为真铅汞，取秽浊为刀圭，肆情极欲。”“红雪者，血海之真物，本所以成人者也，在于子宫。其为阳气，出则为血。若龟入时，俟其运出而情动，则龟转其颈，闭气饮之，而用搐引焉。气定神合，则气入于关，以辘驴河车挽之，升于昆仑，朝于金阙，入于丹田，而复成丹。”（《道枢》卷三《碎金篇》）男人把女子当成工具，女道姑也把男人当成工具。

因为有人纵欲了，遂反激出禁欲的态度来。原本不禁欲的道教乃开始重新解释性交的意义和房中术，甚至开始模仿佛教之禁欲与出家了。

重新解释性交的意义和房中术者，可以上清道为代表。上清道的代表经典《真诰·甄命篇第二》说：

> 元清夫人告曰：夫人系于妻子宝宅之患，甚于牢狱桎梏。……贪欲、恚怒、愚痴之毒，处人身中。……南极夫人曰：人从爱生忧，忧生则有畏。无爱即无忧，无忧则无畏。……爱欲之大者，莫大于色，其罪无外，其事无赦。赖其有一，若复有二，普天之民……莫能为道者也。

这很明显是把佛教的禁欲观引进道教中了，把男女爱欲及夫妇关系均视为桎梏。因此它也开始反对性交了，或是说在某些特定的时日不准性交，或是说性交一次会减寿30年，真是越说越恐怖了。上清本是女师所传，怎会教人绝对不可见女子呢？显见其教义已有了演变，禁欲的态度，显然比早期更强了。

然而，光靠贬抑或恐吓说性交会减寿仍是不行的，上清道又积极地将性交房中之术予以“转化”。

如何转化呢？它将男女交合虚化，视为阴阳二气之结合，而不是形体的接触，就像两个影子的参合那样：“真人之偶景者，所贵存乎匹偶，相爱在于二景。虽名之为夫妇，不行夫妇之迹也。是用虚名以示视听耳。苟有黄赤存于胸中，真人亦不可得见、灵人亦不可得接。”（《真诰·运象篇第二》）配合这个理论，《真诰》记载了一个美丽的故事，说南岳夫人紫微夫人作媒，把九华真妃许配给乩生杨羲，并借这桩人仙联姻之事，来申述这番“偶景”的大道理，把性交虚化了。

后来的内丹系统，便充分发展了这个方法。谓仙丹不是靠化学药物的合和烧炼，而是靠身体内部的元素，运用一套方法去锻炼。而那整套方法中最关键的部分，正是对性交的虚拟。

例如说以离为女，以坎为男，二者相合而生长子震，又归于少女兑，然后采少女之气以还精，即是《金丹明镜篇》所描述的金丹大道。《还丹参同篇》则说：“取金之精，活石之腋，合为夫妇，列为魂魄，一体混沌，两情感激，此丹砂也。”总之，内丹之要，在于水火既济、龙虎交媾，存姹女而结胎，胎熟丹成，婴儿坐于鼎中。整个修炼的过程，均比拟为男女性交以致结胎生子。

这恐怕是所有宗教中最奇特的一种性态度了。起于不禁欲，继而纵欲，以性交为入道之门、登仙之法，再则禁欲，又转而虚欲，且复诡谲地仍以性交为修真之秘要。转换一种方式，肯定性交，也肯定了生育。这样的性态度，自然无法真正鄙视女性。

三、道教的研究

当代论道教，蹊径互异，有人喜欢由少数民族风俗方面立论，有人喜欢由巫术方面解释道教之性质与来源，也有不少人倚仗田野调查方法进行民俗学式的讨论。我的看法，则完全与他们不同。

由巫术方面解释道教起源及性质者，其态度和喜欢就少数民族与道教之关系处着墨者实相近似，都把道教看成是非理性、原始思维的表现，故援引神话学、民族学、人类学以为谈证。而其结果，便是将道教与萨满法术、古代神仙传说、巫俗、方术相混，或将道教与民间信仰相混。一切巫俗、方技、信仰、习俗，前为道教之渊源，后为道教之流衍，越讲则道教之面目便越模糊。遂至求神、问卜、择日、命相、走阴、视鬼、招魂、送煞、安葬、荐亡等无不称之为道教；什么神祇，也都是道教所奉祀的。如此论道，岂能见道？

不只是范围上会显得豁阔无边。道教作为一个宗教，其性质也并不仅仅在这些方术上。道教固然仍保留了部分巫术，如咒语、文字符箓崇拜、星辰崇拜等。但论佛教、基督教的人，没有人会只从其真言咒语上去大谈彼与巫术之关联，甚且由此论断佛教、基督教之宗旨与性质；为何讨论道教者竟在此强聒不休，且自以为已经得窥真相呢？

由道教之不祭祀鬼神来看，它迥异于一般鬼神信仰，是非常明显的。由它的斋戒内容来说，它与一般巫俗也有根本性的差异。不能掌握这个差异，不但不能抓住道教的特质，就是在一些局部的分析上，也曾出现混淆。

例如许多人认为风水说与道教关系密切，并举《真诰·稽神枢》所述洞天福地说为证。其实道教不论风水，《陆先生道门科略》解释其教为何名称为“盟威清约之正教”时，即说：“居宅安冢、移徙动止，百事不卜日问时。”《真诰》所说的洞天福地，意义也与世俗阴宅阳宅之说全然不同。又如视鬼术，原本是古代方术中极常见之一种，乃灵媒巫祝所擅长者。但它与天师道之“劾鬼术”其实也甚为不同。视鬼术，俗谓有阴阳眼，能见鬼物之情状；或能代人入阴间与鬼沟通，民间“牵亡魂”“走阴”者皆属此类。劾鬼则不然，主旨不赖于见鬼，也不跟鬼沟通，不代鬼传递讯息，要求人间满足其需求（如迁葬、烧纸、修墓……），而是要禁制鬼物。作于东晋末年的《女青鬼律》便列出各种鬼的名字，教人怎样呼名制鬼：“子知名，鬼不动。”其他各种术法之差别，大抵类此。

至于喜欢做田野调查、搞实证研究的朋友，理论训练普遍不足，对现象缺乏解释能力，对其调查工作本身则尤其缺乏方法论的反省，甚且常遗失了历史性。忽略了他们所调查者仅为现今一时一地之现象，此类“宗教现象”未必即属于“道教的现象”，更不能以之推断“古代的道教状况”。

斋醮和道士主持丧葬法事便是明显的例子。做调查的研究人员，去拜访乌头道士，参观并记录招魂斩煞诸法事；去研究现今许多寺庙的建醮活动，考察他们如何备三牲九礼、如何拜祭。这固然是当代宗教现象之一种描述，但能以此推论道教的性质或内涵吗?

大凡宗教，在历史上都是有发展有演变的，未必能据今以推古。此乃常识。何况，历史的演变还会出现“异化”的状况，一物（A）变成了它的对立物（非A），焉能含混不别?

道教转而主持丧葬事，据李养正《道教概说》之分析，是模仿佛教及吸收民间信仰而成:“模仿佛教搞所谓‘大破地狱、血湖’等醮事，又吸收民间迷信及地方戏曲，搞超度缢死者之‘金刀断索’、溺毙者之‘起伏尸’、死于异乡者之‘追魂’、亡于分娩者之‘游血湖’；还有宣扬幽冥世界的法事，如‘解冤结’、五七返魂‘望乡台’、临终‘开路’、浮厝前‘招魂’、柩前‘斩煞’、出殡‘引丧’等等，名目繁多[①]……这些五花八门的所谓法事道场，有很多都已远离道教传统坛醮经忏法事的仪法与规式。……在遵守道教仪范的宫观，一般只依仪进行完愿、祝圣、庆诞、追七、荐祖以及早晚功课、三官经忏、玉皇经忏、真武经忏等活动[②]。”依此说，可以明显看出，正宗道教仪忏坛醮应是不经纪丧葬之事的。

目前台湾的道士，分为两种：一种行醮仪、避邪、解厄等度生之法，称为红头道士；一种兼行葬仪和追荐供养等死者仪式，即度

---

① 李养正:《道教概说》，下编，第十章第三节“坛醮及其仪式”，中华书局1989年版，第280页。

② 同上书，第281页。

死之法者，称为乌头道士。这种区别，其实即是原来的道教道士、与掺杂了佛教及民间巫术信仰之术士间的差别，是A与非A。

但荒谬的是：乌头道士反而被民间视为较正式的道士。举行法事时，红头法师仅简单装束，着世俗服，头缠红巾；乌头道士则戴黑冠，衣道袍。这其实是颠倒了的。但研究道教，而从田野调查起家者，往往便弄不清楚这其中的转折。

四、道教的资料

要研究道教，基本文献是《道藏》。对此不熟，而去乱扯田野、民俗、人类学，那是没用的。《道藏》远比佛藏数量少，因为它虽然从六朝时就开始集编，但在元朝时，佛道大斗法，道教落败，经典被焚，故前此诸道藏俱已不存。今存者，乃明代英宗正统年间（1436—1499 年）所编，故名《正统道藏》，凡 5305 卷。万历时略有增补，称为《续道藏》，180 卷。但因续藏篇幅并不多，是以一般均并入合称为《正统道藏》。

此书流通不广，卷帙又多，一般学者很少寓目，所以谈起道教多是胡扯。民国十二年上海商务印书馆涵芬楼才影印出来，后来台湾新文丰、艺文印书馆再据涵芬楼本影印。原本系梵夹本，如佛经一般，以一页页大型纸张叠合，前后各夹一片木板，予以固定。排序则用千字文，天、地、玄、黄、宇、宙、洪、荒……一个字可能包含好几部经，一部经也可能占用好几个字，因为经或长或短，短的 1 卷，多的有 320 卷，如《灵宝领教济度金书》。总计千字文排序的这部《道藏》中收了 1571 种书，可谓洋洋大观。

这部明末以前的道教文献总集，分类方式与其他书都不同，乃是三洞四辅十二类的。三洞，指洞真、洞神、洞玄。洞即洞达、洞明之意。洞真部主要收上清道经典，洞神部主要收灵宝道经典，洞玄部主要收三皇文道经典。四辅，即太玄（洞真）、太平（洞玄）、太清（洞神）、正一（对以上六部的补充）。辅，指辅助、辅佐，太玄部有辅助洞真部的意味，太平部有辅佐洞玄部的意味，太清部有辅助洞神部之意，正一则有总结之意义。这是柳存仁先生的说法。

不过，如此分类也反映了南北朝时期道教的内部势力。名为三洞的，乃是有势力的教团，四辅则被委屈为其辅佐。太平道、正一道，原是汉代就已存在的老教团，太清多是讲烧炼丹药的。隋唐以后，道教各教团之情况当然与南北朝时不同了，可是这种道经分类体系却没有调整，以致隋唐以后兴起的内丹各派，或全真、神霄、玄教、真大道教等等，被任意塞进这个框架中，有点不伦不类，找也不好找。就是早期的经典，因道派运用不同，也会放在许多不同的部类中，如《黄庭经》本是上清道使用的典籍，但在《道藏》中，洞真、洞玄、正一各部都收有《黄庭经》之传本及注释，这在使用或了解上无疑都增加了许多困难。目前只能依赖翁独健编的道藏《索引》、日本女子大学所编的《道藏目录》等工具书来协助。而关键仍是熟悉，否则很难掌握。

三洞中每一类都分为十二个部分：

一、本文：就是道经。

二、神符：符咒。

三、玉诀：等于注、疏、笺之类，也有部分歌诀。

四、灵图：包括好几种图。第一种如胡愔的《黄庭内景五脏六腑补泻图》，为唐宣宗大中年间（847—858 年）的书，描绘人的身体内部的情形。道教提倡“内视”，说在静坐时可以看见自己身体的内部；这类的书就是在告诉人们关于五脏六腑内部的情形。第二种如《洞玄灵宝五岳古本真形图》，通常称作《五岳真形图》，是描绘泰山、华山、衡山等五岳，以供道教中人前往时参考的。有点像地理图或路程指导图，据云有神秘力量，可以辟邪去厄。第三种如《许太史真君图传》，讲东晋许逊的故事，有点像现在的连环图画。第四种是有关药草的图。如寇宗奭的《图经衍义本草》，为宋徽宗时的书。第五种是讲学问、讲道理的图。比如关于《易经》的《易象图说内篇》《易象图说外篇》，元朝时张理所撰，就是以图解的方式来说明易理。

五、谱录：类似家谱，例如陶弘景编的《真灵位业图》，把道教的神分九层次排列，有高有低。乃是《汉书·古今人表》的道教版本。其他也有些是传记，如《太极葛仙翁传》或《南岳九真人传》之类。

六、戒律：与佛教戒律相似，是研究佛道关系的好材料。

七、威仪：就是道教徒每天要做的事。例如每天早上起来，必须做“早朝”，类似基督徒所作的祷告，中午、晚间也各有一次，这就是“三朝仪”。仪，就是规矩。又例如“转经轮”，转，相当于念之意，因为要一面念经一面走路，所以叫转经轮，这和佛教的情形差不多。还有所谓宝忏，也是念的，就是替人做法事、保佑他人平安、消灾祈福等仪式时所念的东西。另有斋仪、醮仪等。这类称为威仪，因为做法事时一定要很严肃，并且要有种种规矩的缘故。

八、方法。

九、众术：与方法类收的均是法术、数术之书。例如祭风之类法术。炼丹术，列在洞神部众术类。遁甲奇门、风水等亦在此类，如《黄帝宅经》是看阳宅的，《通占大象历星经》是看天文的。另有一批讲服气、内丹的书，也列入方法类。

十、记传：基本上是神仙传记，但也不乏史地书，如《茅山志》《西岳华山志》等。

十一、赞颂：犹如基督教徒的赞美诗。

十二、表奏：道士要拜表，上奏天庭之相关资料。

《续道藏》或“四辅”中虽不分类，实际上仍似有线索可寻。例如：四辅中的正一部，似乎具有排列的层次：先是经；再来是威仪类的材料，如《法箓》《宝箓》《延生保命箓》等（道教的“箓”，是礼拜道教的神之后，道士给予信心的东西，让人供在家中，可以延生保命、招来好运气）。接下来是道法，也就是方法方面的材料，如《道法会元》；再来是科仪，如《道门科范大全集》。但是一般而言，这种分类仍不可靠，仍有赖自己去摸熟。

这样一部凌乱的大丛书，据柳存仁先生《道藏之性质》一文说，有几个特征：

一、《道藏》这一部丛书中还包含了别的丛书。如《道藏》中的《修真十书》便是一部丛书，里面有好几种书，收了南宋宁宗、理宗时，著名道士白玉蟾的《玉隆集》《上清集》《武夷集》等。这三部书当是元版的。元版书一般不容易见着，除非在著名的图书馆或藏书家处才能见到；可是在《道藏》的《修真十书》中，这三部集子都有收录。不过单从目录上的《修真十书》项里并不能发现什么，必须亲自翻阅该书，从中去寻找，才知道它的面目。此外，《修真十书》中还收有道教其他的著作。这就是《道藏》"丛书中还有丛书"的特点。

二、《道藏》本身虽不是类书，其中却含有类书。如宋朝著名的《太平御览》，原书共1000卷；在《道藏》中也有《太平御览》。是整套《太平御览》都收入《道藏》中吗？还是《道藏》中的这套《太平御览》是假的？都不是。《道藏》所收录的是《太平御览》"道部"中的一小部分：第674卷至676卷，而舍却其他部分不录。但我们却不能因此说它不算类书。

又如《云笈七签》，是北宋真宗时代，编完当时大型的《道藏》之后，命道士张君房所辑的总结性的书，共122卷，类似小型的《道藏》，对入门者而言很有用。"七签"指的就是"三洞"与"四辅"。这部书也算是类书，因为其中也有分类；虽然它的分类模糊，但若熟悉其内容，就知道它的确可用。此外，许多今日早已认为亡佚的书，年代在北宋真宗时，或唐、宋之前的，有些还可以在《云笈七签》中找到。这些材料的性质不一定是道教方面的，但研究道教历史的人便知道：有许多古代道教的书，在现今可见的版本都是后出的；因为后出，所以在版本方面无大用处，不能证明原书是很早就有的。但从像《云笈七签》这些书中所引的材料——比如书中引到葛洪的《神仙传》，至少可以推知它用的是北宋时期的版本。

三、《道藏》中有许多诸子学之材料。钱大昕的《潜研堂文集》里便提及自己曾到南京朝天宫、苏州玄妙观去抄、买道经。这样做，目的在读《道藏》中所收的儒家之书，所以他说："皆吾儒所当读之书，而科仪、符箓不预焉。"（《潜研堂文集》卷二十九《跋道藏阙经目录》）。其实《道藏》中不只儒家，还有《老子》《庄子》《墨子》，甚至《韩非子》（至少是明版的《韩非子》）等。所以若要研究古书，作校勘，常常需要引用《道藏》的版本，比如孙诒让《墨子间诂》批注中就常有"《道藏》本曰"（见柳先生《和风堂新文集》）。

也就是说：《道藏》不只对研究道教的人有用，一般研究传统学术的朋友也十分必要涉猎一番。想研究道教，更须以此为津梁。

《道藏》以外，或明末以后未及收入《道藏》的道教资料，则可去查我与陈廖安所编的《中华续道藏》。

第十三章：佛

一、中国的和世界的佛教

佛教起源于印度，于汉代传入我国，历史比尔后传来之外国宗教，如祆教、摩尼教、伊斯兰教、基督教等都要久远。虽说仍是客人，但住得久了，相对于后来者，它倒已像是个主人了。中国人对它也远比祆教、摩尼教、基督教等更为熟悉，亦更觉亲切些。恰好，这位客人的老家印度，又因历史及社会原因，佛教已由盛而衰，濒临绝灭之境。它在原生地既已不能存活，自然也就只好在此安心落户，权把他乡当故乡。两相孚凑，佛教竟浸然有点属于中国本土宗教的味道，算是我们的佛教啦！

由于心理上把佛教视如本土宗教，算是自家人。所以中国人往往忘了它的“外邦人”身份，也会忽略佛教的世界性传播，很少从“世界的佛教”这个角度来看它。谈起佛教，就只知道在中国的汉传佛教，并以中国佛教为典型去理解佛教。

例如在中国，一般佛教徒与非佛教徒最大的差别，是吃不吃素。信徒受了戒，大抵就要茹素，或至少在某些时日或场合要戒荤腥，平时则以护生不杀生为号召。丰子恺先生不就出过一本《护生画集》吗？可见戒杀茹素乃佛教徒最基本最重要的伦理要求。至于出家人，那就更严格了，除了戒杀茹素，还要戒色，不能结婚的。否则叫什么出家人呢?

但持此标准去看佛教，乃大大不然。从地域上说，全世界佛教徒其实都不吃素。就算是在中国，西藏、内蒙古的佛教，云南上座部佛教，也都无吃素的戒律。吃素只是汉传佛教非常特殊的伦理，起于历史因缘中。

由时间看，佛教初起时就不吃素，因为是乞食托钵，别人施舍什么便吃什么，不能挑拣。更因佛陀认为嗜欲之戒须循中道，苦行并不可取，故不严格戒食肉类。其所谓戒荤，荤指的是香菜，如蒜葱之类，而非指鱼肉。早期来中国传法的僧人因而也不戒食肉。到梁武帝时才颁布《断酒肉文》，禁止僧人饮酒食肉。唐朝信佛教的皇帝也屡有断屠之诏，于是渐渐形成佛教徒就该吃素的社会心理，可是仍不甚严格，以致摩尼教等严格吃素的宗教常以此讥嘲僧人戒律不谨。为了竞争，佛教不得不也在吃素这方面讲究。到明末，更有云栖、株宏等几位大法师极力提倡放生戒杀之伦理，于是不但僧人要严守不吃荤腥之戒，凡居士信佛者也以此为律身修福之要津。此即所谓特殊的历史发展与机缘。

但一般中国人并不晓得我们是如此之特殊，以为此乃佛教之通相或基本性质。同理，僧人出家、守色戒，在某些地方亦不然。韩国有“带妻僧”；日本许多宗派更是可以结婚的，寺庙犹如家产企业；藏传佛教亦有双修法，或以佛母持家嗣后者，形态均与汉地迥异。只以汉地佛教去看佛教，于此便难以理会。

这种情况，不只在一般社会认知上会有差误，对学术研究也常形成干扰。例如杨宪益《译余偶拾》里谈到汉哀帝元寿元年（公元前2年）博士弟子秦景受大月氏王令太子授《浮屠经》返国，他认为这就是佛教传入中国之始。所以以下几件事他觉得恐怕都与接受了佛教信仰有关，一是桓谭《新论》云:“王翁好卜筮，信时日，笃事鬼神，多作庙兆洁斋祭祀牺牲肴膳之费”，二是《汉书·王莽传》

说王莽“每有水旱，公辄素食”（见《桓谭新论里的佛教思想》）。他只知佛教是主张吃素的，却不知那时的佛教并不吃素，提倡吃素是几百年以后的事。且因心有此茹素之成见，故看见“洁斋”便以为也就是后来那种供僧的素筵，未及注意洁斋底下分明说是“牺牲肴膳”，可见乃是杀牲祭祀。古代斋祀本来就不尽为素席，有杀牲为祀者，也有如王莽或后来天师道那样反对杀牲祭祀的，可是不论如何，佛教之茹素皆在其后。王翁信仰的，也明明是鬼神、时日忌讳、占卜那一套，跟佛教是没关系的。

又，法藏《梵网经菩萨戒本疏》卷一说：“断生命业道重故，负此重业，不堪入道，是故大小二乘道俗诸戒皆悉同制。”（初篇杀戒第一）意思是说犯了杀戒是极为严重的事，大小乘及道俗都应戒此。这就只是某些中国大和尚的看法了。其实佛教四分律中规定的正食或时食都有鱼有肉，《僧羯磨》卷中则说食生肉血或盗一钱，都是下品罪，只需对一比丘忏悔即可。

这是教相或教律教仪的问题。在佛教宗派方面，中国人都强调是大乘佛学，看不起小乘。本来称大称小，就已意存褒贬。可是在印度、斯里兰卡、东南亚一带的佛教，却是以小乘为主的，为何人家不就大而就小，要信小乘佛学呢？原来佛陀入灭后，佛教分化成十几二十部，然后再逐渐归于上座部、大众部。大众部，顾名思义，即与上座部之由长老掌权不同，是为大众说法，较接近低阶层的。后来这一部自谓大乘，便把上座部贬称小乘。在南传佛教地区，大乘不流行，上座部也不承认他们就是劣于大乘的“小乘”，对于大众部佛教，他们自有一个与中国人不甚相同的评价。

就是在大乘佛教中，一些流行的宗派，如天台宗、华严宗、禅宗，其实也都是我们自己创造的，在印度本来无之。这些宗派所讲的佛法，中国以外的佛教徒未必认同，因此才会有“大乘非佛说”或指中国佛教只是根据一些“伪经”杜撰出来的批评。

在佛教史方面。中国人相信“金人入梦，白马西来”，说是汉明帝梦到金人，所以派人迎佛法，和尚摩腾、竺法兰才以白马驮了《四十二章经》等来中土，在洛阳建了白马寺。现在洛阳白马寺作为国家重点文物保护单位，即缘于此。事实上竺法兰是三国时人，摩腾是刘宋以后人，白马寺名始见于晋，整个故事形成于齐梁，本非史实。汉明帝永平年间，汉与西域交通中绝，亦不可能遣使求法。因此这中国佛教史上第一件大事便是伪托的，此后的佛教史更是伪托不断。如禅宗说世尊拈花，迦叶微笑，固是托寓。就是达摩一苇渡江，九年面壁，创少林寺；慧可断臂求法；历代以衣钵相传，五祖弘忍半夜传法给慧能；慧能与神秀各作一偈，慧能以“本来无一物，何处惹尘埃”获弘忍赏识等，也全是伪托。而这些伪托的故事，却形塑着我们对佛教史的认知。

还有人与菩萨的关系，中国亦自有特色，与其他地方的佛教不一样。如佛教的护法神，一般就是韦陀，可是中国加上了一位伽蓝神，谁呢？关公！这不是中国特色吗？又，观世音固然是佛教中的大菩萨，可是中国人相信的那位“观音佛祖”，而且是手持净瓶杨柳枝的慈祥妇女，却绝对不是佛教中原来的观世音菩萨。

也就是说，我们的佛教和世界的佛教，往往需分别观之。中国人要理解佛教也不能不有世界佛教的视野。

二、佛教的理论

1921 年，以创办支那内学院而为国人景仰的佛学大家欧阳竟无，曾有一著名演讲：佛法非宗教非哲学而为今时所必需。欧阳氏是梁启超、熊十力的佛学老师，对佛学当然有极深之造诣。他说佛法非宗教，因一切宗教皆具四条件，佛法却不然。

一、宗教必信神，不论一神或多神，宗教又皆崇拜创教教主，信仰之、依赖之。佛法则否。心、佛、众生，三无分别，即心即佛。

从前的佛，只不过像是导师、善友一般，并不是权威，也不能赏罚我们或保佑我们，故一切宗教均不免屈折人的个性，佛法却不如此。

二、凡宗教必有其信持之圣典。对此圣典，只能信从，不能讨论。佛法颇异于此，故云依义不依语，不必凡是佛说才是究竟之语。所以是容许思想自由的。

三、凡宗教，必有其信守之信条与必守之戒约。佛法又不然，并无一定非守不可的绳墨，并不是非要让自己受苦才行。

四、凡宗教，必有其宗教式的信仰，不容理性的批评，佛法则云无上圣智，要从自证得来。

他又说佛法非哲学，原因是：

一、哲学家追求真理，但总有所执，不执于心就执于物，所以非但得不到真相反而生出许多妄见，佛法则是破执的。

二、哲学所探讨的，是知识问题。佛法则认为世间的知识只是一套假名、一种设施，来自人对物的规定性，说到底，只是虚妄分别。因此佛教依智不依识，要追求的是智不是识。

三、哲学家总想对宇宙有所说明，佛法则又说识不说宇宙，宇宙只是识心之变现。

他的结论当然是佛法最高，远胜于哲学与宗教。我们现在看，佛教有没有他所说其他宗教的那些性质呢？其实是有的。也信教主、也信“圣言量”、也有戒律和教规。理论上固然说无上圣智均要从自证得来，但若自证得来的结果，脱离了佛陀所悟得的十二因缘、四谛等，就不会被承认仍是佛法。佛法之所以为佛法，仍是以佛所说法为依据、为标准、为范围的。形式上虽可以呵佛骂祖，但理论之归趋，毕竟要在这个范围或路线上。这是佛学或佛理方面。在教仪教相上，佛教徒建寺庙、拜偶像、诵经、礼忏、持名、守戒，规矩也是极多的，与其他宗教并无不同，甚或有过之而无不及。因此，我们只能说佛教有与一般宗教相同之处，也有其特色，至于说佛法与哲学之不同，那又只不过佛法亦是一种哲学罢了。例如其他哲学家皆想对宇宙做一说明，故或说唯心或说唯物，或寻找原子、电子、夸克，佛家则说你们都错了，宇宙不过是识心所变现，三界唯心，万法唯识。这不是哲学吗？依然是对宇宙的另一种说明，虽然它的答案与其他人有些不同，破执得智等，亦是如此，乃是以否定的方式来讲知识论与存有论。

因此，佛教只能说是一种特别的哲学、一种特别的宗教。

这套哲学据说由释迦牟尼所创。释迦牟尼的身世，当然有许多属于宗教信仰式的、属于神圣教主的神话。例如说他出身高贵，乃是王子，生而天赋异禀，落地就会走路，而且走了七步，步步还会生出莲花，又一手指天一手指地说："天上地下，唯我独尊。"长而发大慈悯，出家求道。九死一生，最后在菩提树下悟道云云。此等家谱世系行谊，其实皆不必当真。

有些研究者明说这只是个虚构的人物，是太阳崇拜的隐喻，却也太忽略了信徒的心理需求。对宗教来说，某些神话乃是必要的。而且重点根本不在于是否历史上真有这样一位王子，而在于他所悟到的理。是那个道理形成了佛教，而不是王子。

这个道理即是三法印、四圣谛、十二因缘。谛（satya）指真理。佛陀所认为的四个真理是什么呢？苦、集、灭、道。苦，人生是苦。集，造成苦的理由。灭，若想不苦，唯有寂灭，进入涅槃。道，涅槃之方法。亦即苦是现象，集为原因，灭是理想，道为方法。

人生之苦，佛陀总说有以下几项：生苦、老苦、死苦、病苦、怨憎会苦（和不可爱的东西会合）、爱别离苦（跟可爱的东西分开）、五取蕴苦（一切身心之苦）。也就是人生的本质是苦。为何人生会有如斯之苦？因为人有贪、有欲、有爱取之心。那要怎样才能消灭苦呢？佛陀说：根除欲望，去掉爱与贪求。若问怎么能去掉？佛陀便指出了八种方法，又称八种途径，故名八正道。

一、正确的见解，正见；

二、正确的意念或意志，正思维或正志；

三、正确的语言，正语；

四、正确的行为，正业；

五、正确的生活，正命；

六、正确的努力，正精进；

七、正确的想法，正念；

八、正确的精神统一，正定。

如果你再追问，怎样才是正确的？答案乃是一种循环论证式的说法，就是要知道人生是苦，知苦的原因，这就是正见。你说，这不是循环论证吗？是的，但可以略加补充，那就是十二因缘。也就是要知道人之所以苦，系因十二因缘之故。

十二者，人生下来就有与生俱来之盲目意念，佛家称此为无明，因无明而有行动，因有行动而有意识，因有意识而知外物之名色，知外物之名色而有耳、目、鼻、舌、身、意六处与之相应地有感觉有认识，有六处感觉而有了与外界之接触，有接触而有苦与乐之感受，有感受而有爱，有爱而有所取，有取便有了拥有占有，这些有，构成了我们的生存生活，有生而有老死。这无明、行、识、名色、六处、触、受、爱、取、有、生、老死，合起来就称十二因缘，或称十二缘起，为佛教之人生观。

缘起同时也是佛教的世界观。缘指关系或条件，因什么条件而有了什么，名为因缘，亦名缘起，表示它不是自己生起形成的。依佛教看，诸法（一切事物）皆由缘而起，皆因缘所生，此有则彼有，此生则彼生，此无则彼无，此灭则彼灭，条件消失、缘灭，它当然也就灭了。因此一切法均无自性，亦即没有自己独立存在的性质，所以说万法皆空。

佛教乃因此而又说“三法印”。诸法无自性，故说诸法无我。因缘变灭，故说诸行无常。面对这样的人生、这样的世界，人只能追求寂灭，故说涅槃寂静。

三法印、四圣谛、十二缘起，彼此环环相扣，相互证明，为佛教义理之核心。凡合乎这几点的，才是佛教，反之便否。与之相关的，还有一个“业力流转”的观念。

我们知道，灵魂存不存在是宗教上的大问题。在佛陀时代，印度各派对灵魂是否存在，一派认为人死后即“断”，没有了；一派认为死后仍“常”，仍有某种永恒常在的精神、本质、原理或灵魂。佛教则认为诸法无我，既无我，当然无起主宰作用的灵魂、主体等。可是它又不是“断见”，不认为人死后此生因缘散了就什么都没有，而是说人此生的身心行为，在因缘中起活动起作用，这些作用（业力）就会具体存在着，人虽不在了，业力仍会延续着起作用，形成新的生命（新的五蕴），展开未来之种种现象。举例来说，我在某个场合说了一番话。说话时自有其因缘。但造此“口业”之后，我人虽不在场了，离去以后，听到这番话的人却仍可能受这话之影响，未来干出一番事业来。此即所谓业力流转。人活在因缘中，但由于也不断造业，此业又为因，因便又有果报，不断滚动，于是就形成因果轮回、业报不断的人生。

若想断了这种业报轮回之局，跳出因果，唯有涅槃一途：永断烦恼，究竟寂静。这到底是种什么样的境地，实在难以形容，只知它不是死，也不是不死。恰切的形容，毋宁是不生。因为生即是苦，永离一切苦，唯有不生。故有些经典把不生当作涅槃之异名，也有人形容佛教追求的是无生法门。佛教的“无生”和道教的“贵生”，恰好也是个理论的对比。

三、佛教的历史

三法印、四圣谛、业力流转、十二因缘这一大套观念，跟其他伟大事物一样，初始总是简单的，后来推阐发展，才越来越复杂。

印度人与中国人不同，他们缺乏历史观念，也不重文字。佛陀在世时所讲的教义和制定的戒律都没有文字纪录。如此当然易引起纷争，所以佛陀逝世后弟子500人聚集在王舍城，推举出最有学问的人担任上座，向大家诵出经典，大众认同了，就算是佛所说的教义和戒律了。又隔了一两百年，又结集一次，有700人参加；第三次结集，有1000人参加。但参加的人虽多，分歧却越来越厉害，在第二次结集时就分裂成了两派。

其实佛教的分裂早在佛陀时代即已有之。佛陀的堂弟提婆达多，本为释尊门下十大弟子之一，后来因主张修苦行，认为修行者一生都应在树下住，不可居屋，也不可以吃肉、吃酥乳，草木也不准伤害，头发指甲亦不可剪剃，在戒律上与释尊分歧，率500人离开了僧团。此后的分裂，也仍与戒律有关。例如食物可不可以第二天再吃、食盐可否放在角器中供日后使用（称为角盐净）；是过了正午就不能进食，还是太阳影子不偏过两个指头，仍可以进食（二指净）；吃完了还能不能再坐下来吃（复坐食净）；食后，能否再去别村聚落再吃（他聚落净）；坐具大小可不可以随意（无缘坐具净）；可不可以接受金银钱财（受畜金银钱净）等等，彼此意见不同，故分裂成上座部与大众部。认为上述十件事都不合法，不应做的，成为上座部，代表由佛教长老为中心的正统派。觉得都可以做的，是大众部，属于非正统派。

依教外人士看，这些都是鸡毛蒜皮的生活仪节，跟可不可以吃肉一样，和教理教义其实关系不大，何至于汹汹然就闹分家了呢？但从教内看，一个宗教，除了教理教义之外，更重要的是僧人们要过一种集体生活，所以组织化的规律、作息生活形式的一致化，乃是十分必要的。何况僧人出了家，加入僧团，要彼此同居共财，焉能不协同一致？试想我们一般家庭中人生活食衣住行若总是不协调，住起来可有多痛苦？僧团也是如此。佛教结集经典时，经、律、论三大部分，律独占其一，就是这个道理。欧阳竟无是居士，不能体会此理，故说佛法无戒律。“佛法”通圆不执，当然无必守之信条戒规，可是“佛教”却是有的。即使是尔后禅宗呵佛骂祖，也仍有《禅苑清规》一类著作及制度，以规范僧人生活。清规戒律一词，即源于此。

当然，分裂也不会仅只因戒律仪节有异，对教义体会不同，也是分裂之原因。例如佛教徒修行达到的最高果位，称为阿罗汉。修证至此便不堕轮回，断尽烦恼。可是也有人说，阿罗汉还有其局限性。例如仍有生理欲望，所以梦中还会遗精；还会对教理教义存疑；还需要前辈的指导；还会被无明覆盖等。因此阿罗汉不是究竟位，佛才是。到底要不要在阿罗汉果位上面再加一佛之果位，便引起了争论，各地佛教徒见解不一。住在都市中的“龙象众”和住在边乡的“边鄙众”，就有分歧。又据说讲梵语的部派形成说一切有部、讲俗语的形成大众部、以杂语诵戒的形成犊子正量部、以鬼语（即非雅利安系的地方语言）诵戒者形成上座部。这意味着佛教因传播于不同地域、不同人群，已逐渐开始分化。

到公元1世纪中叶，大乘佛教正式形成。它认为修阿罗汉果只能是自己得到解脱，还不能像佛菩萨般广化众生，所以称自己是大乘，把原先历史的佛陀，上升到信仰的佛陀，对佛身佛性进行崇拜。小乘各派一般主张“我空法有”，即主张我是非实有的，所谓诸法无我，但客观物质世界确实存在。大乘则俱空之，称为法我二空。

大乘崛起后五六百年，到公元六七世纪时，佛教进入密教时期。相对于密教，原先的大乘就被称为显教。也有人说密教只是大乘后期，是在大乘基础上发展起来的。不过它有几个特点：

一、崇拜对象更多。除主尊毗卢遮那佛（大日如来）外，修法者各依所持仪轨而各有崇拜，兼且有明王、护法等甚多，多为大小乘中所未见者。

二、重在修持，不像大乘较重视理论，修持守法较复杂。

三、修持方法有法术倾向，以真言、印契、曼荼罗、护摩（火供）等法，加上对气脉、身轮的讲究，形成迥异于大小乘之修行体系。

四、所依据经典也与大小乘迥异。

五、即身成佛之理念，也是大小乘所无的，故才有所谓活佛。

佛教初入中土时，乃是小乘时期，后来才有大乘，密教则到唐代才传入。但因中国佛教多经中亚传来，故是印度佛教、中亚佛教和中国文化融合而成，并非单纯的印度移植物。像中亚出身的鸠摩罗什，译经贡献厥伟；三论宗的吉藏是安息人、华严宗的法藏是康居人；而《华严经》60 卷本和 80 卷本都来自中亚，印度只发现其中一两品。可见中亚佛教因素不可小觑。此外，大小乘及密教虽均曾移植过来，但在印度的 20 种部派佛教中，只以说一切有部佛典最多；在大小乘中，又以大乘为主，密教只短暂流行过一段。大乘中，中观与瑜珈二系是印度之主流，真常唯心（如来藏系）是旁支，在中国恰好相反。这些，都是中国佛教的特点。

佛教确定传来，是在东西汉之间，开始发展是在三国时期。东汉时已有安世高所传小乘禅法，也有支娄迦谶所传的大乘般若学。接着传来《维摩诘经》和阿弥陀佛净土信仰的《大阿弥陀经》《无量寿经》等。到晋代，般若学因与玄学相发明，竟有六家七宗之盛。东晋时，南方有法显西行求法，慧远在庐山成立僧团，倡言“沙门不敬王者”，开中土莲宗净土一派；北方则有鸠摩罗什在长安大开译场，所译《成实论》成为成实宗主要经典，《中论》《十二门论》《百论》成为三论宗主要经典，《法华经》成为天台宗主要经典，影响深远。佛教的“空有双轮”，即中观、瑜伽两大系统，基本上都在此一时期及稍后具体形成。

所谓中观，或称空宗，因为他们是利用中观来达到空的。何谓中观？譬如 A 是一边，非 A 又是一边，中观就是既非 A 又非非 A，如《中论·观涅槃品》云：“非有，非无，非亦有亦无，非非有非无”，又如《大智度论》卷四十三云：“常是一边，断灭是一边，离是二边，行中道，是为般若波罗蜜。”这种非A又非非A的方法，叫双遮（否定），或双遣（去除）。如此排除一切相对性，才能看清一切因缘法都是空。三论宗或后来的天台宗，都是以此为基础形成的宗派。

所谓瑜伽行派，则是以对空提出一套解释为主的。这世间万物皆因缘生，因缘所生法，本质是空。但它在我们意识中却都是实实在在存在着的。没错！所以他们就说万物均由我人之意识中变现出来，万法唯识。那么，识如何运作，又如何变现万物呢？此派重点就在分析这个。据他们说，人有眼识、耳识、舌识、鼻识、身识，以及综合知觉的意识。靠着这些识，我们形成了对外物的知觉。这些认知背后还有一个主体意识：我，称为末那识。因此识之作用，人才会执着认为我有，法也有。而人之所以有以上这些识，还有一个根据或是根源，那就是阿赖耶识。此识又称藏识，是人积聚、含藏一切潜能及一切杂染而形成的种子。这个种子逐渐发展成熟即会显出果报的功能，地论宗、摄论宗及后来的华严宗、玄奘慈恩宗，都属这一支的发展，又或称为有宗或唯识学体系。

除这空有双轮之外，南北朝时期竺道生提出了佛性论及顿悟说，云众生皆可成佛。本来在印度，小乘以阿罗汉为究竟，所以不甚谈佛性；大乘虽谈佛性，但只有少数认为众生均可成佛，如瑜伽行派就是说“五性各别”的，以为无性有情、声闻、独觉三种众生都不能成佛。但在中国，众生皆有佛性竟逐渐成为共识，接上了在印度原本不甚流行的真常心系思想，并利用可能是中国人自己造的经典，如《大乘起信论》之类，遂形成了最具中国特点的一些宗派。例如天台宗大抵就是空宗加真常心，华严宗大抵是有宗加真常心，禅宗所谓明心见性，立地成佛，更是佛性及顿悟说之极致。

禅宗号称“教外别传”，其实就暗透消息，表明它虽号称是佛教，其实与佛教颇不相同。不只禅宗如此，天台华严亦然。玄奘当年就已有此感觉了，所以不辞劳苦，立志西行求法。果然带回了原汁原味的瑜伽行派学说，开创了以《成唯识论》为主的慈恩宗。但这一宗由于太忠实于印度佛教了，在中土反而赏音甚少，传了两代便已断绝，明代才稍稍复兴。晚清民初，经欧阳竟无等人之弘扬，才再大显于世。

四、佛教的资料

佛教是传播广远、宗派繁多的老宗教，相关文献当然至为丰富，要想研究它，有些基本文献必须掌握。

要掌握佛教基本资料倒不难，主要材料都在《大正藏》中。佛教编集经典，夙有传统。以经、律、论为三藏，历代集编，各有优点，现今可以看到的就有几十种，如《碛砂藏》《嘉兴藏》《乾隆藏》《高丽藏》等。但学界通用最广的，是日本大正年间（1912—1925年）修的这一部，故名《大正藏》。1934年编成，凡100册，收录印度、中国、日本、韩国佛典3300多部。基本上是汉文，少数日文及悉昙字母，其内容为：

一、阿含部：包含四部《阿含经》及其相关佛典（同本异译或节译）。

二、本缘部：佛陀及其弟子等人之传记或前生故事的相关经典。

三、般若部：以《大般若经》为主的般若系的经典。

四、法华部：以《法华经》三种译本为主的《法华》类相关经典。

五、华严部：《华严经》的各种译本（含同本异译及节译）。

六、宝积部：《大宝积经》及其相关经典。

七、涅槃部：大乘《涅槃经》及其相关经典。

八、大集经：《大方等大集经》及其相关经典。

九、经集部：显教经典之未被收入上列各部者，则汇集于此。

十、密教部：汉译密教经典的总汇。但不含西藏密教经典。

十一、律部：大小乘律典及相关典籍。

十二、释经论部：诠释佛经之印度论典。

十三、毘昙部：以说一切有部论典为主的小乘论书。

十四、中观部：印度大乘佛教中观学派论典之汇集。

十五、瑜伽部：印度大乘佛教瑜伽行派论典之汇集。

十六、论集部：不能归入上列（十二～十五）四种论典的其他论书。

十七、经疏部：中国人（及部分韩国人）对印度经典的注疏。

十八、律疏部：中国人（及部分韩国人）对印度律典的注疏。

十九、论疏部：中国人（及部分韩国人）对印度论典的注疏。

二十、诸宗部：中国历代各宗派的重要著述。

二十一、史传部：佛教之历史、地理及传记类著述。

二十二、事汇部：佛教工具书。为古人所编的佛教百科全书、辞典或字典。

二十三、外教部：印度宗教、道教、摩尼教、景教、袄教之相关资料。

二十四、目录部：中日韩三国之古代佛典研究所撰的佛典目录。

以上24部分，前16种是印度著述，包含经（一～十）、律（十一）、论（十二～十六），后8种是中国及日韩佛学研究者之汉文著述。另外，史传及外教部分也有一部分印度人撰述。《大正藏》还有续编30册，分7部，前5部为日本人著述，后两部为敦煌出土佛典。另有《图像部》12册，以日本真言宗或天台密教为主；《昭和法宝总目录》收历代藏经目录等。

以上《大正藏》系列，收书之多，为历来大藏经之冠，编辑及分类方式也远胜历来各藏，符合学术规范与需求。且校订精审，收集的古逸佛典又多，极具史料价值，因此学界使用最广。这是中国人当感到惭愧的。不过，因书是日本人所编，收书当然会有所偏，日本人的著述约占42册，中国人之著述约仅24册，颇不平衡，要查中国佛教资料，往往找不齐全。这时就要辅之以《卍续藏》。

此书也是日本人所编，但所收书有900余部系《大正藏》所无，大部分是中国人著述，且多是重要论著，故人或称其为中国佛教集大成之书。唐代以后的佛典，主要就要查此书。另外，查明清佛典，尤其是明末清初禅宗史料，应查《嘉兴藏》。此藏编于明末，是中国人所编藏经中收书最多的，且有228部未被其他藏经所收，内中又有240部为明清禅宗典籍，故很可参用。其他的藏经，学术上的作用均不甚大，如《乾隆大藏经》，俗称“龙藏”，寺庙请回来供养可也，学者很少用它。

汉文佛典之外，也应稍微注意藏文佛典《西藏大藏经》。其体例与汉文不同，分两部分：一称甘珠尔，为正编，包括经、律、咒；一称丹珠尔，为续编，收论疏。内中收了没有汉译的密教类佛典3000多部，也有不少显教的数据，如中观派在月称以后，瑜伽行派在法称以后的佛典，都绝少汉译，因明类尤其罕见。若要知道西藏大藏经跟汉译的异同，可以看元代的《至元法宝勘同总录》。

这几部书，再加上《敦煌宝藏》140册，对于研究中国佛教就大体够用了。《南传大藏经》《韩国佛教全书》等，若非专治佛学，便可稍缓。梵文、巴利文之修养，能有最好，若无，则治一种国学领域中的佛学，也非缺点，毕竟，汉文佛典仍是主要的依据。某些宗派，例如禅宗，几乎与印度毫无关系，所以只要善于利用上述数据书（或加上蓝吉富编的《禅宗全书》）就可以了。

五、佛教之研究

在国学领域中讲佛学，目的与信仰的或佛教的不同。为信仰而研究佛教佛学，应着重其修持解脱之法，以其义理为人生觅一归趋。为佛教而研究，旨在说明整体佛教之状况。可是在国学领域讲佛学，佛教在印度或世界其他地区之传播，便只需作为参照而不必深究；佛教内部宗派间的义理争辩，也无关宏旨；非为求解脱而问津梁，故亦无庸证悟。重点应在佛教传入中国后与中国社会、思想、文化之互动关系。

例如佛教在印度，是与政权结合的。孔雀王朝的阿育王、巽伽王朝的达那提婆王、羯陵伽国的伽罗维拉王，都被佛教称为转轮圣王（Cakravartin）或法王（Dhāmarāja）。大乘佛教形成于印度南北分立阶段，贵霜王朝统一北印度，也同样推举佛教。佛教在这些时期均具有国教之性质，政教是统合的。在中国，则除了蒙元时期和西藏地区，基本上均不如此。梁武帝想成为菩萨皇帝、转轮圣王而不可得。武则天依托佛教，假借转轮圣王以登基，也不旋踵而灭。其他的时代，帝王固多信仰佛教、护持佛教、推崇佛教者，但佛教迄未如道教般成为一些时代之国教。

晋代慧远退而求其次，倡言“沙门不敬王者”，也就是与王权成为敌体，不俯从于王权之下。这个立场，造就了中国僧人“方外”的身份，在政权底下拥有相对独立性。因此寺院常有自己的田产，可以减免税赋，罪犯出家亦可免予追究等。但这种相对独立性也很脆弱，在一个政权底下，岂能存活着如此多化外之民？因此不但儒者时有“裁汰沙门”之议，以此来增加税赋与力役；政府对僧人也有一套管理制度，将之纳入体制。南北朝时期后秦就已建立了僧尼管理机构，形成了完整的僧官制度。故看起来僧人四大皆空，可以方外云游，其实僧有度牒、有僧录，不准私自出家；犯了罪则依“僧道格”处理，依然在国家掌控之下。与在印度之情况不可同日而语，跟日本佛教也不同，其政教关系，大堪推考。中国佛教的“三武之祸”（北魏太武帝、北周武帝、唐武宗灭佛），及唐代韩愈之辟佛，宋欧阳修之主张“人其人，火其庐”，皆与此有关。

在伦理态度方面。中国佛教禁色欲，禁食肉，前面已说过了，另一特色就是重视孝道。佛教本来是提倡舍离人世的宗教，认为人生之所以苦，根源正在于人有爱（Tanhā），有爱故生欲取执着，故有贪有嗔有痴，修行之法，关键即在断爱。出家人舍离最亲爱的家人父子兄弟夫妇，即为其修行之始。这样的宗教，传进中国，碰到中国所强调的宗族伦理，特别是孝亲的观念及社会伦理规范，自然就会产生大龃龉。欧阳修说要驱逐佛教，使和尚们“人其人”，即是说要让这些出家背弃人伦者还俗，回归到人的生活，重新像个人。

换言之，在中国传统观念中，如此出家、弃父母，是大不孝的行为，简直就不是人。佛教面临这种情境，只能竭力因应。因此一方面从佛经中去找证据，说佛教也同样是讲孝道的。这些证据当然不太多，于是就自己造了一堆《父母恩重难报经》之类。另一方面则提出一套说法，来解释僧人出家与孝道并无冲突。说僧人出家是大福报，可以报七世父母之恩，还可以为父祖超荐，故出家不仅是孝，且是大孝、最孝。这，谁都看得出是牵强的曲说，但佛教大力推动此种佛教孝道运动，像敦煌所出各种孝道文书、父母恩重难报经，就有几十种，可见其推行之力。这其中影响最大的，是盂兰盆会，亦即目连救母故事。这个故事，以俗讲、变文、戏曲的各种方式，深入人心，相应地每年中元节举办盂兰盆会，普渡亡故之亲人，乃成功地转换了它的伦理困境，反而成功地深入中国社会的核心——因为它恰好结合了中国传统社会的核心价值。

在生活上。印度僧人以剃头袒右臂为常，趺坐冥思，过午不食。传入中国，也引起过不少争论。中国本以衣冠上国自居，对服制十分讲究，孔子更说过：“微管仲，吾其披发左衽”，把衣服左衽右衽看成是华夷之辨的征象。佛教是印度传来的，本来就是“夷”，在服制上亦显示其为夷，自足以激发对立，所以后来佛教在服制上就做了折中。一般僧人穿的海青或僧袍，其实就是宋代士民之常服，有正式场合或要主持佛事时，则外加袈裟。袈裟就仍是袒右臂的。只不过这时因里面已穿有海青，所以并不会真袒露出右臂来，只是斜穿着由左至右，右臂不受袈裟罩服而已。中国人本来也不喜袒胸露乳，认为露出身体十分可耻或无礼，因此如此处理，可谓两全，中国僧人一般也都不会像寺里雕塑及绘画的佛像菩萨像那般袒胸露乳。

再说剃头，中国人本来是重视头发的，所谓“身体发肤，受之父母，不可毁伤”，故剃头具有不孝的含义。而趺坐更是中国人本来没有的坐姿。古代所说的坐，乃是跪。跪而腿直立，称为跪，古诗所云：“长跪问故夫”，即是跪。跪而把屁股放在小腿上，就是坐。两腿皆并立而不分开。古人上衣下裳，两腿叉开而坐，便称为“箕踞”，会露出底裤或不雅私处，因而极不礼貌。佛教传入后，盘腿趺坐，使人联想到箕踞，故很受排斥，后来才逐渐流行。宋代以后，中国人不再跪坐了，盘腿趺坐乃成为修道人常用的姿态，道教徒也多采用之。至于过午不食，一般中国僧人是不守的。

在信仰方面。中国佛教凸显观音与弥勒。观音且由男身逐渐转为女性，其地位亦由菩萨上升为“观音佛祖”。神性神格则与水神相混，因此其道场据说在东海的普陀山上，其形象也常以鱼篮观音，踩波涛、持杨柳净瓶遍洒甘露等为主，脱离了佛教原有框架。弥勒则分两路。一路成为造反者的招牌，自南北朝后期以来，打着这个招牌起兵的，不知凡几，还形成了许多民间宗教。另一路的弥勒形象，南宋以后也变成了大肚和尚之造型，民间商家供为招财迎客之神。这都是与印度大不相同的。另一位财神，则是关公。关公成为佛教之护法伽蓝，又是武财神。这也非佛教原貌，但在中国民间却获普遍之信奉。因此佛教与中国民间信仰之关系，是非常值得探究的课题。

与此有关的，是儒道佛三教关系。佛教传入中土，初颇借助道家道教，例如以道家的“无”去说明佛家的“空”，称为格义。亦即利用人们已经晓得的观念、语言、事物，去说明人们还陌生的东西。如此格义，当然本是假借以相比附，故力求其同。后来佛教逐渐站稳了脚步，就开始申明其异，跟道教竞争信徒。“三武之祸”中，北魏太武帝、北周武帝皆因信道而汰裁佛教。佛教得势，遂亦倾轧道教。至唐，帝室虽奉道，对佛教也颇礼遇，但佛道竞争仍然激烈。当时每年朝中都要举办“三教讲论”，原先是道士排序在前，武则天时因依赖佛教建立女主登极的正当性，故改由僧尼在道士前。诸如此类竞争，无时无之，是中国佛教史中重要部分。宗教在理论上固然谈空说无，无执无相，在现实上则无不打成一团，从来是不宽容的。

佛教与儒家间，同样也有竞争排斥关系，儒家以华夷之辨及国家政经权益去批判佛教，佛教则说孔子是孺童菩萨，故儒家义理其实涵盖于佛教中，佛说则更胜于儒家云云。

三教除竞争排斥关系外，更多的是融合关系。中国佛教强调真常心，讲众生皆有佛性，明显吸收了儒学，或因在儒学环境中发展，故有此特点。儒学在宋明时期因与佛学互动频繁，所以或谓儒家已“阳儒阴释”，或云中国佛教其实就是儒家化的佛教。其间关系至为复杂。佛教道教同样有许多融合状况，如道教内丹各派都讲性命双修：以道教重命、佛教见性，两者相合为性命双修。

宋代以后，思想史上的一大趋向，便是三教融合。把儒道释混而同之，不仅是许多民间信仰的学派兼教派之共性，就是在三教内部也有此趋向，如王阳明就说：“道大无外，若曰各道其道，是小其道矣。心学纯朗之时，天下同风，惟求自尽。就如此厅事，原是统成一间，其后系统分居，便有中有旁。又传渐设藩篱，犹能往来相助。再久来渐有相较相争，甚而至于相敌。其初只是一家，去其藩篱，仍旧是一家。三教之分，亦只是此。”（朱得之《宵练匣》，引自《明儒学案》朱得之语录）在这种情况下，三教间如何互融互动，自然更堪瞩目。

这些佛教传入中国后与中国社会、思想、文化的互动关系，其实亦是了解中国文化时不可或缺的部分，要讲国学，不能不懂它！

第十四章：余论

研究国学的相关知识问题，大体说过了以后，我想略谈治国学的人的精神意态。

一、

国学一词，在近代似乎是尊隆的，因有个国字，仿佛得了国家代表队的荣衔，与国术、国医类似。但冠上一个国字，往往也就遭了鄙夷，犹如国术在体育界、国医在医疗体系、国货在商品业、国画国剧国乐在艺术圈，其实都居边缘地位。年头好时，自有人敲锣打鼓，呼喝着要保存这些国字头的东西；年头不好，则找它们晦气，认为非剪除不足以见文明。

对国字头的东西，有此态度，并不难理解。“中国”在近代本来就是个令人爱恨交织的字眼。而说它坏话的人，恐怕更要多些。

2006年辽宁一出版社要出版“中国人系列”丛书时，做了个市场调研，找出流行于国外的中国人论述，主要有下列几种，今且多有中译本，例如：

1. Arthur Henderson Smitch《中国人德行》（*Chinese Characteristics*）；

Ross & Perry, Inc.；新世界出版社。

2. L.Carrington Goodrich《中国人简史》(*A Short History of Chinese People*)；Dover Publications。

3. Virginia Schomp《古代中国人》(*The Ancient Chinese*)；Franklin Watts 出版社。

4. Lung-Kee Sun《中国人的民族性格：从全民到个体（当代中国）》[*The Chinese National Character: From Nationhood to Individuality* Studies on Modern China)]；M.E.Sharpe 出版社。

5. 林语堂《中国人》，学林出版社，2003.1(原名《吾国吾民》)。

6. 辜鸿铭《中国人的精神》，广西师大；陕西师大，2006.3。

第一种是英国传教士所写，1890 年出版，介绍清朝末期中国社会生活及中国人之性格。第二种乃概论性图书，描述 20 世纪初之中国概况，内有地图、插图及年表。第三种是《古代世界人》系列之一，主要讲商周秦汉。第四种属于国民性研究，其书也概括介绍了西方历来关于中国国民性研究的成果。第五六种乃中国人自己所写，是针对洋读者介绍中国之作。林著风行海外甚久，迄今仍是洋人了解中国文化之基本读物。辜著又名《春秋大义》或《原华》，强调传统文化的价值，解说中国人受儒家学说影响的文化性格。

这些中国人论述，大体是所谓印象研究，亦即讨论某一类人在西方社会中给予人们之印象（impression）为何。例如黑人、矮子、胖子、商人、农民，所给予人的印象各各不同。中国人，对洋人来说，亦可为此一认知对象。这个印象，在某一时期、某一社会群体中是会形成定型视野（stereotype）的，比如过去常说戏子无情、婊子无义 、农民淳朴，商人则是无奸不商，此即定型视野。洋人看中国人有其定型视野，中国人看外邦人亦然，如一般总是说德国人严谨、法国人浪漫、日本人拘谨、高丽人火爆、俄国佬则如北极熊等等。大凡一类人被此定型视野框住，就不再具有个性，只有类性，显示的只是观看者脑海中对某事物或某类人之标准化印象。

这个印象怎么来的呢？来自一些简化的意见、片断的认识、未经审慎研究就已存在的判断。就像我们常说犹太人小气、上海人势利、河南人多骗子。犹太人、上海人、河南人何尝如是？或至少不是个个如是。也许有几个犹太人小气或河南人行骗被人记住了，这个印象便留存于记忆中，然后逐渐放大，变成概括所有犹太人、上海人、河南人的定型视野。这个定型视野预存于心中，我们可能从没见过任何一位犹太人，却也"知道"犹太人是小气的。在我们要去跟一位上海人会面前，我们也可能已先认定了此君必是精明势利的。因此，此类印象，差不多就是先见或偏见的同义词。以一种简化的印象，将千变万化、各个不同的人物、事例，简化纳入某一"原型"中；或以我们过去某些个别特殊经验去认定新遭遇或即将遭遇之事。然后又以这个定型视野去左右他人，使其采取这个观点，造成感染与说服功能。

这些书不断在西方出现的逻辑，大体如此。但不幸的是：这些印象之渲染、传述、说服，例如 A.H.Smith 说中国人好面子，所以自觉不自觉地有表演意识，会使一切问题都成为形式之争，人生成了大戏台等，后来竟发展为"国民性"研究。把这些印象当成一件真正存在的事实，认真讨论中国人为何如此好面子？好面子又形成了哪些社会现象、哪些文化心理？美国牛津大学出版社 Michael Hamis Bond《中国人面子的背后：心灵洞察》（*Beyond the Chinese Face : Insights from Psychology*）一类书，均是如此。台湾"中研院"过去还做过一个集体研究计划，以行为科学、心理学、人类学各种理论，去讨论中国人讲面子、重人情之状况，配以实证分析，煞有介事（可详李亦园、杨国枢主编《中国人的性格》或杨国枢《中国人的心理》等书）。

可是所谓中国人好面子，不过是一种西方人的印象而已。若要研究，首先就该问此一印象从何而来？它在西方社会中是如何形成的？其次，应问西方人组织印象、接收讯息之心理结构为何？为何会从“好面子”这个角度去理解、去认识中国人？也就是说，对于定型视野或印象之研究，主体并不是观看对象，而是观看者，国民性研究却完全弄颠倒了，不但不去问观看者为何有此印象？如何建构此一视野？反而直接把洋人之所见，视为中国人实际存在之国民性，然后据以分析中国人为何如此？

若说中国人假如完全无此性格，洋人恐亦不会无的放矢，对中国人之印象，总有些事实依据，则印象研究理应进一步考察此等印象符合实际否？其事实依据为何？经此考察后，泰半就会发现那些概括的印象，大抵只是来自不完全之事例、时空社会环境不同之误解、高度简化之概括描述方法，以及原有观念之投射复制。

怎么说呢？就说“中国人好面子”好了。洋人不好面子吗？中古之决斗、上层社会之铺张、行事之礼仪化，哪一点不是好面子的表现？只不过他们可能称为“爱荣誉”或什么，原非中国人才好面子或特别好面子。中国人做事固然有好面子之一面，亦另有不要脸之一面，则非好面子云云所能尽窥奥妙。再说洋人看中国人，为什么会格外注意到面子问题？难道不正是由于洋人在社会上十分重视面子吗？

民国初年的一些贤达，在特殊社会环境下，没考虑到这么多，他们一方面蒿目时艰，想借洋人之说以改造中国，一方面也因留学东洋西洋，西洋有上述各式中国国民性论述，东洋也不乏渡边秀方《支那国民性论》、原惚兵卫《支那心理之解剖》一类书。留学者学习着以东洋西洋人的眼光来看中国，因此也径说中国之国民性如此如此，然后再据以“改造国民性”。

改造国民性之文化运动，始于梁启超，盛于鲁迅，衍于柏杨《丑陋的中国人》一类书，而总结于“文化大革命”之所谓“破四旧”。

为何改造国民性竟会发展到“文化大革命”？因为国民性是由传统及文化造成的，故若想改造它，就得打倒中国之封建社会与酱缸文化，革掉文化之老命。汉语、汉字、国学等等，皆当废弃。

二、

在这样的潮流中，林语堂与辜鸿铭的中国人论述，恰好就是另一番风景。

他们的书，都是写给洋人看的。与洋人描述“一个远东奇异国度”，当然有本质之不同；和国人借洋人之见以改造中国，同样有本质之异。因此，在其笔下，中国人以及中国人浸润的文化自有其异于西方之价值与尊严。

辜鸿铭《中国人的精神》主要从儒家王道这一面，来阐述中国人和中国文化是怎么回事。说明儒家不是宗教却具有宗教职能，汉语简洁且适于传情，真正的中国人拥有童心和智慧，故“永远有一种带诗意的宁静，而具有幸福感的精神状态”。并由此进而认为：在西方文明危机日益严重时，“将在中国这儿找到解决战后文明难题的钥匙”。

辜氏的书，又名《春秋大义》。相对而言，林语堂之书，就主要是从道家说。强调中国人重直觉之思维方式、乐天知命的生存态度、文学艺术崇尚自然的审美情趣，以及重视“生活的艺术”的生活方式。

两先生之书，均是在西方语境中，为中国文化及中国人之形象发声。与洋教士、汉学家描述“一个跟我们不同的古怪国度及其人民”固然不同；与中国境内，批判国民性及传统文化，以追求中国之西化、现代化者，亦截然异趣。故因时代因素，不为国人所重，待 20 世纪 90 年代以后才重新被译介回大陆。

今天讲国学，那种洋教士、汉学家、激进改造国民性人士、现代化鼓吹者所倡言的“中国性”，当然不足以据为典要，无须继承下去。辜鸿铭、林语堂所宣传的中国精神，亦非治国学者之精神起点。为什么？

辜先生的言论，乃是基于民族自尊而抗议西方的“傲慢与偏见”，故以辩护的姿态出之。他对中国文化的总体精神虽有洞见，也就是“能识大体”；可是这种精神具体落到中国人之生活世界时，那些八股、太监、辫子、小脚、纳妾等，却是不好辩护的。要勉强辩护，就会变成自大自蔽，或竟流为笑谈（如流传关于他以茶壶须配许多茶杯，来替纳妾制辩护那样）。此等事，不能从精神面谈，应由具体的婚制、礼制、社会结构等典章制度、社会仪俗方面去做分析比较，而辜先生在这方面却并不擅长。这就不免予人理不甚直之感了。

林先生论生活的艺术，同样是针对西方现代化社会中，生活之机械无聊而发，故在西方大获共鸣。可惜林先生对中国文化的解释，一样是偏执的，那种道家式生活态度，殊不足以说明中国立国之精神与制度。具体解析文献、解释历史、解说文学作品时，林先生亦多错误（详见张之淦先生《遂园书评汇稿》中对林先生《苏东坡评传》的评析）。

治国学，不是为西方人讲述中国文化，而是检点自家无尽藏，故态度与语境，本不同于辜先生、林先生。此种研究，须仔细严密，故亦不同于辜先生、林先生之凌空总摄，揽其大体。自虐、自艾、自叹、自暴、自弃、恨铁不成钢，如现代化论者及“文化大革命”论者那般，固无必要。自尊、自亢，以解救西方文化危机者自任，也有些奢望。在国民性论述中形成的论学风气，无论是鲁迅式或辜鸿铭式，又都有个不好的习惯，凡事喜欢概括、笼统而说之，然后一棒打死，或一捧捧上了天。说中国文化不好的，一句“酱缸文化”，似乎便足以概括；说中国国民性不良的，亦一句“中国文化之根柢全在道教”，似乎亦足以解释。实则问起儒家经典、道教科仪、佛家宗派义理，十九茫然。大骂理学道学的人，大抵也对理学一窍不通，只会搬弄几个“礼教吃人”“道学冬烘”的术语。捧中国文化的，前面讲过，他们对典章制度、经典文献、史事思潮，往往也一样理解有限。此等学风及精神状态，均不是我们现今治国学时所应有的。

但我的意思，也不是说治国学就应从事所谓的中立客观之了解（人文学术本无客观中立这回事，凡自命中立客观者，都是隐藏着立场的，或以中立客观为其论述策略的），而是说治国学既不须竭力论证中国人中国文化如何丑陋，亦毋庸辩护它如何优越，如何足以拯救西方。治国学，主要是诠释的工作。说明中国学术到底是什么样，又为何会如此，才是我们的事业。诠释了，才能发展之。

三、

诠释亦非易事。先前的一些先生们，不能说对中国学术便无诠解，无奈其诠析往往失中。故诠析者之精神与方法，尚需讲求。

1938 年马一浮先生与浙江大学师生南下避日寇侵袭途中，曾在江西泰和与广西宜山讲学，其“国学讲座”后来刊为《泰和会语》。里面曾揭橥“治国学先须辨明四点，方能有入”之说，曰：

> 一、此学不是零碎片断的知识，是有体系的，不可当作杂货。
>
> 二、此学不是陈旧呆板的事物，是活泼泼的，不可目为古董。
>
> 三、此学不是勉强安排出来的道理，是自然流出的，

不可同于机械。

四、此学不是凭借外缘的产物，是本心自具的，不可视为分外。

马一浮先生对国学的定义，是指六艺之学，以六艺统摄一切学术。例如以六艺统摄经史子集诸子九流；或说自然科学可统于《易》；社会科学可统于《春秋》等。故他讲国学是一种总提纲领式的讲法，跟我散开讲经史子集儒道释不同。且言国学、论六艺而云六艺统摄于一心，治国学宜先立志，须为天地立心、为生民立命、为往圣继绝学、为万世开太平，亦颇有宋明理学家气味，今日或为学者所厌闻、所惧闻，故我们也可暂时不去说这些。但不管如何，马一浮所揭示这几点，仍可以作为今日治国学者应有之心理准备。

一云国学不是零碎片断的知识，不可当作杂货。是针对清儒以来讲考据、民国以来讲学科专业分化而发。考证之弊在饾饤、在琐屑，支离而不见大体。学科专业分化，弊在切割，只有专家的一孔之见、一得之愚，而无通识，学问又无法通贯。这些毛病是极明显的，无须申说。治国学，首先就要在心态和知识结构上避免成为专家狭士，由整体上去掌握中国学术的格局、气脉、性质，寻找文史哲艺术宗教各领域通贯的气韵精神或观念。而不是琐琐屑屑地检点家当，如杂货铺掌柜一般。至于专家狭士，则连杂货挑子的货郎儿也算不上。

二云国学并非古董。此理亦甚明，只是今人不知，老是把讲国学视为复古；老以为古就不是今、今就不应古。殊不知古人云：“学而时习之，不亦说乎！有朋自远方来，不亦乐乎！人不知而不愠，不亦君子乎！”今人难道就可以不如此，偏要学以为苦、学不时习？偏要有朋自远方来则不乐？偏要人不知而大愠？马一浮说治国学要知它不是呆板陈旧的事物，而是活泼泼的，孔子这段话不就是活泼泼的吗？英人笠顿（Lord Lytton）尝云："你想得见新意吗？请去读旧书。你想找旧见解吧？请看新出版的"，读古人书，往往令人念及此语。

或曰：此不过是讲一种人生态度，岂能代表整个国学？这又是强不知以为知了。

谈中国文化，一般较常从道德说，又或如徐复观先生之说"忧患意识"，由此处说人文精神之发展，乃是由《易经·乾卦》云："君子终日乾乾，夕惕若厉，无咎"（九三）"天行健，君子以自强不息"（象）而来，确可以阐发儒者生命，知其"先天下之忧而忧"之故。但中国文化中另一重要面向或精神，也许就不易觉察了。

那一种面向或精神是什么呢？我姑且称其为乐感文化。比如《论语》一开头就是孔子说："学而时习之，不亦说乎！有朋自远方来，不亦乐乎！人不知而不愠，不亦君子乎！"独学自乐；有朋友能了解，能来共学，最好，很快乐；若人不知，亦不愠，仍是乐，君子之学的本领即在于此。乐，就是孔子自处之真精神，故他又说："饭疏食饮水，曲肱而枕之，乐亦在其中矣。"叶公问孔子于子路，子路不对，孔子便不太以为然，提醒他说"汝奚不曰：其为人也，发愤忘食，乐以忘忧，不知老之将至云尔。"（均见《述而篇》）他自己是这样的人，所以才格外欣赏颜渊，说他一箪食一瓢饮，人不堪其忧，而颜回独能不改其乐。尔后有位诗人，颇窥此境，亦深受后人推崇，以为能得孔颜乐处，那就是陶渊明。其诗云："乐天知命复奚疑？"

儒家以外，道家也一样讲乐，但庄子独乐乐的意味多，老子众乐乐的意趣深。庄子一开篇就是《逍遥游》，后面则是要知鱼之乐、要得天地之至乐。老子的理想却在于小国寡民，要使老百姓"甘其食、美其服、安其居、乐其俗"（八十章）。二者虽若不同，内在之精神仍是通贯的。

细细想来，此亦非孔孟老庄之创见创举，《诗经》里便时时表现这种乐。开卷第一首诗，同样也是讲乐："参差荇菜，左右芼之，窈窕淑女，钟鼓乐之。"钟鼓是礼乐，以钟鼓乐人，而人亦乐之，这不正是整个周文化之精义吗？孔子云："兴于诗，立于礼，成于乐。"其奥岂不在是？《诗经·小雅·南山有台》："乐只君子，邦家之光，乐只君子，万寿无疆"；《诗经·小雅·南有嘉鱼》："君子有酒，嘉宾式燕以乐"；《诗经·小雅·蓼萧》："既见君子，我心写兮，燕笑语兮，是以有誉处兮"……这些诗，即表现着周代的礼乐文化之美。

美这个字，也是与乐相关的。字从羊从大，羊大为美，意思是美味。犹如甘，也以口中含着糖来形容。吃到美味的东西，心中之乐，可想而知。现在我们口语中还常说："看你美得！"美，指人心里喜滋滋的。《国语·周语下》注即曾说过："美谓滋润也。"现在我们也常说"生活过得很滋润"一类话，形容过得惬意、愉悦。

凡此美感、快感、乐感之义，恐怕也是《易经》所重视的。如果说忧患意识可以上溯于孔子所说："作《易》者其有忧患乎？"而取验于《乾卦》，则我们从乾卦坤卦中一样可以看到和《诗经》《论语》相同的美乐精神。《易经·乾卦》是说元亨利贞四德的，"君子终日乾乾，夕惕若厉"，只是九三的爻辞，若就整个卦看，则"乾元者，始而亨者也。利贞者，性情也。乾始能以美利利天下"。由性情之美进而美利天下，才是乾卦整个卦的精神所在，乾元之德，旨在于斯。坤卦情况相似，《文言》释坤曰："君子黄中通理，正位居体，美在其中，而畅于四肢，发于事业，美之至也"，也是希望能由内美发皇至外，由独乐乐到众乐乐，美利天下的。

"黄中通理，美在其中"类似庄子说的"德充符"，或孟子说的"充实之谓美"。指的是一个人内在生命充实、丰盈、自足而显示的美。孔子说君子坦荡荡，又说君子不忧不惧，指的就是这样一种状态。这样的君子，文质彬彬，当然也就能予人以一种美感。诗云：“其人如玉”，又云：“既见君子，云胡不喜”，便是说此等人因有内在美，故表现出来的美感，能令别人看得也欢喜，苏东坡诗：“腹有诗书气自华”，即指此。庄子讲德充符的符字，说的也是内在德充者必可符应于外。这种美，便是生命美。

但个体生命活在社会中，其个人家居和群体生活，也一样有美的问题。如孔子无疑是具内在美的人，因此“子之燕居，申申如也，夭夭如也”（《论语·述而篇》）。燕居的燕，即“嘉宾式燕以乐”的燕，《礼记》也有《仲尼燕居》《孔子闲居》二篇，形容孔子退居家中闲逸燕乐之状。申申、夭夭，乃和舒、美畅貌，犹如说“桃之夭夭，灼灼其华”。此等家居闲逸之美，要如何获致呢？《礼记·内则》等篇，颇说其理则。

至于群体生活，则子曰：“里仁为美”，《礼记·少仪》也说：“言语之美，穆穆皇皇；朝廷之美，济济翔翔；祭祀之美，齐齐皇皇；车马之美，匪匪翼翼；鸾和之美，肃肃雍雍。”荀子更形容道：“井井兮有理也，分分兮其有终始也，厌厌兮其能久长也，乐乐兮其执道不殆也，昭昭兮其用知之明也，修修兮其用统类之行也，绥绥兮其有文章也，熙熙兮其乐人之臧也。”（《荀子·儒效篇》）这都是指群体生活的风俗美。孔子说读诗可以兴，可以观，可以群，可以怨。群与观，就针对这种人文美而说，故《易》曰：“观乎人文，以化成天下。”

换言之，《论语》开篇这段话，正是足以通贯理解《论语》乃至儒家道家精神之所在，为国学之要义。而其义，至今亦仍是活泼泼的。举此一例，不难隅反，读古人书岂可轻忽浅视哉？

马先生所讲的第三点，云国学乃自然流出，非勉强安排出的道理，故不可私意造作，穿凿附会，应如量而说，也很重要。

所谓自然流出，可以理解为在历史发展及相关条件中自然形成，因此不可随便附会。例如说《易经》具有现代科学乃至超科学之成分；耶稣曾来中国求道；墨子是印度的黑人婆罗门；《尚书》里的上帝就是耶和华；老子是月神崇拜；《楚辞》显示巴比伦文化乃中国文化之源等均是附会。穿凿，则是刻意求解，要解得深、解得奇。在古书文句简直、记载不详尽处，刻意穿凿以显小慧，沾沾自喜。这些，都不是治国学应有的态度。

马一浮所说第四点，云治学应向内体察，不可徇物忘己，向外驰求。也是值得重视的。中国学问自来强调是成己成物之学，能否开物成务，须待外缘；成己却是自己可以掌握的，故亦特需着意努力。所谓成己，是说做学问并不徒为口耳记诵之业，也不是要用这些知识去换学位、换衣食、换利禄、换名声。做学问，是希望让自己明是非、具见识、有能力，成为有文化的人。此即所谓成己成人，学问是落在身心实践上的。

如读“学而时习之，不亦说乎……”，只知考证“学”是指觉悟，指读书，还是指明善而复其初；研究时习之“时”是指人中时（少年、中年、老年），年中时（春夏读诗乐、秋冬读书礼），抑或是指日中时（早中晚）；讨论说与悦哪个是俗体字；辨析时习之“习”是泛指学习，还是专指诵习；辩明“愠”与“怒”“怨”有何不同……而对读书治学无真诚之喜好，老是抱怨学这些老古董不获社会重视，反对儿女选考文史科系，对别人学问不如自己而居然升等较快又常获奖心生不满……那么，这样读《论语》又有何益？纵然考证精确、论述精辟、甚或著书满家，能称得上是读过书的人吗？

另外，从前梁遇春在北大求学时，写过一篇文章，叫《还我头来及其他》。文中说：他与同学们谈话，感觉他们是全知的，对一切问题都有一定的见解，说起来滔滔不绝，“他们知道宗教是当‘非’的；孔丘是要打倒的；东方文化根本要不得；文学是苏联最高明；小中大学都非专教白话文不可；文学是进化的，因为胡适先生有一篇《文学进化论》；行为派心理学是唯一的心理学；哲学是要立在科学上面的；新的一定是好，一切旧的总该打倒；以至恋爱问题、女子解放问题……他们头头是道，无一不知”。但梁先生发现他们“观点总是大同小异——简直是全同无异。有时我精神疲倦，不注意些，就分不出是谁在那儿说话”。因此他要大声呼吁：还我头来！

还我头来，也是一种不徇物忘己的表现。治学者当时时扪扪脑袋，大好头颅，勿为他人劫去！

乙

登堂篇

国学之书目：胡适与梁启超

《国学入门书要目及其读法》是1923年梁启超应编《清华周刊》的学生之邀而作。深入浅出，对现今社会上一般毫无基础而又想略知国学门径的人，尤其适用。

目前大陆的气氛，跟五四新文化运动之后颇有些相似，整体社会是在发展现代化，可是大家又觉得有增加传统文化认识的需要。当年也是如此，两种力量相互激荡。一是向西方学习，迎接“德先生”与“赛先生”以促进现代化；一是以科学方法整理国故。这两种力量看起来仿佛是矛盾的，可实际上相辅相成，且彼此脉络潜通。这只要看五四新文化运动的代表人物如胡适之作为，便可知道了。

当时清华学校甫由清华学堂改制，学生大抵是准备出国去留学的青年，符合第一项方向。但只是出去留学，学习别人的东西，并不符合整体的社会期待及自我之期许。当时的大学生，希望自己虽未必将来就要从事整理国故的工作，但至少不能不对国学有点基本认识。因此就去请胡适先生开一个书目，好让他们得到个国学入门的门径。

胡先生明白这些年轻人的想法，所以拟书目时声明：“并不为国学有根柢的人设想，只为普通青年人想得一点系统的国学知识的人设想。”不过，胡先生野心太大，开书目时还附带了一些别的目标，例如设想该书目“还可以供一切中小学校图书馆及地方公共图书馆之用”，这便不免把将出国留学的青年家中看成公私机关的书库了。他又还想借这个书目，教人一种历史的国学研究法。这也不免把一般人的国学知识教养，和准备从事国学研究者的学力混为一谈了。

因此当胡先生《一个最低限度的国学书目》刚一刊载在1922年《读书杂志》第七期上时就立刻引发了争议。向胡先生提问的学生首先表示不满。《清华周刊》一位记者写信给胡先生，认为范围太窄，只限于思想史和文学史；可是单就思想史和文学史而言，又显得太深，举书184种，包括工具书14种，“我们是无论如何读不完的”（收入《胡适全集》第二卷）。胡先生对此，亦有一答复，略谓国学之最基本部分便是思想与文学二部，书目则可再精简为39种。

显然学生们对胡先生之说仍未尽惬意，故转而请教梁启超先生。梁先生对胡先生之书目也不赞同，觉得胡先生有些文不对题，且不顾客观现实。客观现实是什么呢？就是一般青年对国学根本不了解，也不是要做国学家，所以胡先生开的书，没必要都读，甚或“十有七八可以不读”。其次，梁先生又觉胡先生范围太偏，选了一堆小说而把《史记》等史部书全都抛开，实有不妥。（见《清华周刊》二八一期：书报介绍附刊三期，1923年5月）

所以梁先生的拟目，一是范围比较完整，凡分五大类：甲、修养应用及思想史关系书，39种；乙、政治史及其他文献学，21种；丙、韵文类，44种；丁、小学及文法类，7种；戊、随意涉览书，30种。共141种，总体上包含较广，符合所谓“国学”之含义，而书目却较胡氏所列精简。二是每列一本书，大多有导读式的说明，对初学者极为有用。三、列的书虽然仍是不少，例如廿四史，卷帙浩繁，只算一种，141种合起来，一般青年人恐怕仍是看不完的；不过，梁先生在其中均有针对读者设想之斟酌。比方将此目再精简成25种，廿四史只读前四史，算是4种。或者在随意涉览类中即表明此为随意自由翻阅之书，不必照页次读，也未必要读完。又或说小学及文法类书，若不是有志就此深造，也可不读。其他还有《乐府诗集》只需读汉古辞，余不必读;《楚辞》屈宋以外亦不必读;《廿二史札记》中论校勘者也不必读等等，七折八扣下来，读者之负荷大为轻减。这便可以显示梁先生有“优柔善入”的诗人气质与为读者设想的体贴之意。

由于梁先生的书目有这许多长处，加上梁先生、胡先生分别开列书单且又形成争论，在社会上具有话题效果，故影响甚大，即使到今天还令人津津乐道。一般社会人士，若想接触国学、增加些传统文化认知，梁先生这个书目也仍是必备的入门指南。

其实入门指南一类书最为难作。专家之学虽然专精，却常缺乏接引后学的本领，而且容易陷在专业框套中，不见大体。胡适所开书目不列《易经》《尚书》及各朝史书，而列了《缀白裘》《儿女英雄传》等十三部小说，便是一例。他开列的大型总集，如《全唐诗》《宋六十家词》《元曲选一百种》等都也不便初学。梁先生对此予以矫正，自是因梁先生对国学有比胡先生更通博的根基，且与他早年办报以启迪民智的经历有关。为初学者说法，梁先生较胡先生更有经验。

故梁目除上文所述各点之外，还有几个重要的长处，一是通博，不拘限于本身专业和学派观点，二是接引有方。以下分别做些说明。

梁先生是康有为弟子，在经学立场上是今文经派。此派疑《周礼》晚出，不信《左氏传》是《春秋》的传，对于属于古文经学派的《毛诗》也不以为然。但梁目在政治史及文献学类中不仅将《周礼》《左氏传》列入，在介绍《诗经》的注解时，唯一推荐的也是古文家系统的陈奂《诗毛氏传疏》。对于康有为批判古文经学的名作《新学伪经考》或今文学派崔适的《史记探源》，胡适都列入了，梁目却删去；只收康氏学派气味不强的《大同书》，以及曾是论敌的章太炎《国故论衡》。这些，均不仅可以证品格，且足以观识见。

因为这不是枝节问题而是整个书目的平衡，他在举《论语》时，就推荐宋学派的朱熹《集注》与汉学派的焦循《论语通释》，兼及颜李学派的戴望《论语注》。胡适未列《墨子》，他也以为："孔墨在先秦时两圣并称，故此书非读不可。"凡此等等，可见他处处留心，要提供给初学者一个通博宽广的空间。他自己在清华教人辨伪，开讲"古书真伪及其年代"，可是列书目时并不排斥伪书，告诉人伪书也可以看、该怎么看，亦是本于此一态度。

此外，胡目列了佛书 24 种，在真正最低书目中也还有 4 种，梁先生则只在随意涉览类中列了一本《大唐三藏慈恩法师传》。梁氏佛学造诣不弱，著有《佛学研究十八篇》等书，可是他觉得那是专门之学，"其书目当别述之"，故未纳入。又，小说类，胡目甚多，梁氏也不列。是他不重视小说吗？非也。梁先生曾说："小说为文学之最上乘"，并认为其感人之力最大，故倡言"欲改良群治，必自小说界革命始；欲新民必自新小说始"（论小说与群治之关系，1902 年，《新小说》一号）。对于小说，梁先生自然是极重视的，但放在整体"国学"之比重中，小说该占什么位置呢？梁先生这便不得不有所权衡了。因此，他说："一张书目名叫国学最低限度，里头有什么《三侠五义》《九命奇冤》却没有《史记》《汉书》《资治通鉴》，岂非笑话？""文学范围，最少应包含古文及小说。……苟非欲作文学专家，则无专读小说之必要。"

凡此等等，亦皆可以看出梁氏比胡适善于接引。胡先生虽企图借着书目来示人以门径，以历史的线索作为治国学的历程。可是具体说时，却又自违其例，像思想史部，按理说在康有为、章太炎、崔适之后才该是胡适自己的《中国哲学史大纲》，胡先生却把自己那本列在《四书》及先秦诸子之前，作为第一本，这岂是历史的顺序？且就算次序不错，依着历史的顺序读书，恐怕也未必就是好方法，因为从先秦读下来，读到清代，胡子都要白了。何况胡先生还主张读总集，无总集的时代才读别集，这就更令人望而生畏了。相较之下，梁先生的书单虽也大体依历史顺序排列，但一因有分类，二因各书底下说了读法，三因并不强调历史研究法，故在接引初学方面确实较平易可行。

以上介绍梁氏书目，都是对比着胡适的书目说，这固然与其缘起有关，但也想趁此机会略谈一种时代风气。

胡先生、梁先生都是引领时代的文化巨人，梁先生对胡先生拟的书目，如此不客气，直言批评，且另提了一个书目，这在人情上是犯大忌讳的。我们现在学界中人，若非仇敌，断不会干此等事。可是两君并不以为嫌。在此之前，梁启超去北大三院大礼堂讲演，就曾以“评胡适之《中国哲学史大纲》”为题，这几乎是上门骂阵了。但胡适只理解为：“这都表示他的天真烂漫，全无掩饰，不是他的短处，正是可爱之处。”梁虽对胡适《中国哲学史大纲》有所批评，而仍列入思想类必读书目中，亦是如此。这一方面可以看出两位学人的修养，一方面也可以看到一个真诚论学的时代。

梁先生曾在《治国学的两条大路》中强调：除了用客观科学方法去研究文献外，更应用内省躬行的方法去砥砺德性的学问。这个提醒，不仅可以彰明梁先生治学何以能有如斯胸襟，更对今日学人深具启发。

据吴世昌和周传儒记录的《梁先生北海谈话记》，梁先生在清华执教时，每于暑间约学生同游北海，并邀名师同来讲学。有一次，约的友人未来，梁先生遂自己讲，而且集中讨论了当时的教育制度。认为现在的学校，完全偏于智育；老先生嘛，又偏于修养。因此梁先生期望新一代学人在做学问方面，能创造一种适应新潮的国学；在做人方面，能在社会上造就一种不逐时流的新人。（本文，《饮冰室合集》失收）

这两面兼顾，“两者打成一片”的说法，也就是治国学的两条大路之说，路虽有二，人却是一，今日读先生书者，切勿歧路亡羊才好！

康有为先生的国学

一、口说

《南海康先生口说》两卷，黎祖健光绪丙申年（1896年）录，有北大、复旦、中山大学诸抄本，亦有1985年中山大学出版社印本。1987年，蒋贵麟取诸本重加校订，由台湾商务印书馆刊行，最便诵读。康氏学问博肆，著作亦夥，唯本书提要钩玄，足以见平生学术之大凡，宜其门人珍而重之也。

且康有为乃今文经学名家，今文家特重口说，康氏尤然，而其弟子遂以学派之故，亦推尊其师传口说。观其恭敬抄录、敬谨刊行之情，即可见彼等对此口说什袭珍重，非比等闲。黎祖健抄本前面且有识语谓："诸君借抄借读，切不可转手交与别人，恐有遗失；尤不可涂污折绉，以昭珍重。"盖视此书为微言大义所存，重视更在康氏其他著作之上。

康氏尝云："春秋之义全在口说"（《上卷·孔子改制一》）"董、荀、孟三子皆传孔子口说"（同上），其重口说，在近代学人中独树一帜。但口说为何较文字更为重要？西方语言学传统中有几种说法。或以为文字只是仿拟复写语言，故不及语言；语言较接近真理，文字则为间接。或以为口语代表"在场"，文字代表"不在场”。康有为重视口说，与上述关于语言“逻各斯”的争论无涉，他强调口说，大抵所重在于语言的秘密性。文字竹帛传写，是公开的宣扬、阐述、记录。口说却是私底下口耳授受的，它有局限性，也就有了私密性，而且同时也因这种私人口耳传授，暗示了它更接近真理与真相。

然而，如此认定，也只是独断的，并无足以符验的理由，或足以说服他人信受。因为康有为在谈及口说时，其态度只是“宣称”，而非论证或说明。在他，大约以此为自明之“事实”，忽略了需要对口说为何比字更重要、更真实做些解释。

而且，在指认某事乃孔子口说时，他同样也缺乏说明与论证。比如他说：“纬，即口说，当时未著之竹帛。”（《上卷·学术源流七》）“《五行传》皆孔子口说。”（《上卷·洪范》）“青、黄、赤、白、黑，谓之五帝，甚有据，（见《纬书》），孔子口说也。”（《上卷·礼制》）“三重，三统也。康成之说，必有所本，当是孔门口说，相传如此。”（《上卷·中庸一》）“正名篇，首段为孔子立名确证，必口说也。”（《上卷·荀子》）“董子‘性之名，非生欤’，与告子同义。又谓‘性者，质也’，又与《孝经纬》‘性者，生之质也’同，多是孔门嫡传口说。”（《下卷·春秋繁露》）这些所谓孔子口说，不仅都是推测语，无其他文献或历史的证据，本身也都充满着争议。似乎三统、五行、正名、重纬、以生为性，这些都是康有为所着重的，故他即以此等皆为孔子口说，用以强调它们的价值。

可是这样的宣称，其实只会带来更多疑惑，例如纬书都是孔子口说吗？若有些是有些不是，何所判定？若都是，诸纬书之内容颇不相同，如何解释其驳杂矛盾之处？若说此乃孔子口说时，记者各尊所闻，则其说均有同样的价值吗？郑玄之说三统，自是汉人之说，何以知其必有所本，且必为孔门口说？口说之传，须有师徒授受，郑玄此类说法，传自何人[1]？五帝之说，不只见于纬书，亦见于其他战国文献，甚且墨子逢日者时已有帝杀黑龙于北方之说，何以知五方五色五帝之配，本于孔子？……凡此等等，几于不可究诘，康氏云云，恐无以自立。

其所以如此，一方面是康氏学问本身的问题，一方面则是因为这本书乃是他对门弟子的讲说之辞。一时口谈，且发之于告知门人的情况下，若门人不大叩大鸣、执经问难，通常就只是如此告知一番而已。缺乏推论证明的程序，实在也是情有可原。

不过，这便也可以看出口谈记录的缺点。康门笃信口说，其实口语多松散、肤泛，征文考献亦辄不严谨。古人语录，多记交往问答或述心得语以相印铨，此类毛病尚不明显；康有为此书多涉学术源流，牵联及于典制史事，随口敷说，便多未妥之处。门弟子习于师说，且尊奉若神明，故抄纂排录，未遑责疑申难。吾人读此口说，就颇有些不为然了。

二、道教

康先生学问当然极好。但圣人气象，过于恢宏，其学既已博涉多优，又系面对门人后辈，遂不免河汉其谈。其间论佛教道教，大抵就都是错的。

《上卷·诸子二》云："道藏八百卷，肤浅。"想当年康门弟子听闻此语，殆鲜不以其师为高出《道藏》万万也，不会去怀疑康有为可能根本就没读过《道藏》。但康氏没通读《道藏》的可能性，远

---

① 康有为在《伪经考》中把郑玄归为新学，见《伪经传于通学，成于郑玄考第八》。在本书中则谓："郑康成兼传今学。……郑学杂揉古今，然今日披沙拣金，微言犹赖以存。"（孔子改制二）

高于读过。昔年此书并不流通，除刘师培曾在白云观阅藏外，读过此书者其实绝少。康氏恐怕也未读过。因此他说其书 800 卷。实则正藏 5305 卷，续藏 180 卷，远多于他所说。若康氏真读过，就不致于说得如此离谱。

他未通读《道藏》的另一个证据，是他对道教之源流颇不明白。如《诸子三》说："斋醮自寇谦之始"，甚谬。寇为北魏新天师道，寇氏之前，灵宝道士举行斋醮已有数百年历史。《诸子二》云："老学大盛于汉文、景间，其后张道陵创为五斗米道。北魏寇谦之为丹鼎，与张道陵稍异。张言符箓，寇言丹鼎"，亦误。寇不言丹鼎，他仍是天师道，但号称新天师，其道法是对张道陵旧法的改革，奉太上老君，以《云中音诵戒经》为主。康有为根本弄不清新旧天师道的关系，也不知丹鼎系统之底细，故如此乱点鸳谱。

同篇又说："道陵一派传最久，今之张天师是也。金朝王存真，即张之后学，为最盛。其弟子有丘、张、刘、马。丘氏长春最盛。今之道士，王存真派也。神仙家本与道家不同，自抱朴子著书，始合而为一。"这依然是错的。金王重阳，乃全真教，与张道陵一派道法迥异，系内丹学，又出家为宫观道士，岂可牵合为一，谓彼为张道陵后学？全真七子，无张姓者。今之道士，门派众多，亦不尽归全真。而抱朴子言丹鼎，殊薄老庄，云其始合神仙与道家为一，亦非。故此一段可谓无一不误。

神仙家与道家不同，又见《学术源流七》，云《汉书·艺文志》已分两派。但又云："今世所谓道家，不出于老子。"似是严道教与老学之分，然而《学术源流一》却称："老教分两门。一言丹鼎，葛稚川是也。一言符箓，张天师道陵是也"，又以老学总摄道教二门。《孔子改制二》更谓："老氏亦托于三清"，《下卷·春秋繁露》亦有"佛托之七纬，老托之三清，孔托尧舜以大同"之说，竟皆以老氏为道教，且径指其托古，托于三清。这不但自淆名义，老学一下子与神仙家不同，一下子又指道教；更直称老子自托于三清。三清乃南北朝以后的说法，老子怎么能托古改制奉三清为教主呢？何况，三清之中的道德天尊，一般即指老子。老子托三清，岂非自己托自己？

《上卷·易》又说："朱兼数学，主张汉《易》。邵子数学出于魏伯阳，皆老氏之学""唯陈氏邵雍言图者，则全老氏矣"，此老学皆当指道教，故《下卷·宋元学派》云"周子颇得老学"讲的就是："太极图不可谓伪，此图全出《参同契》。老氏之学，乃孔子一体，不得谓孔子无之。"但如此说老学，无论怎么讲它是孔学之一体，实在还是混淆的，康氏在此，自多支绌。而朱熹论《易》，固然谈象数，却并不"主张汉《易》"。邵雍、陈抟之学与老子无关，乃道教中说；可是邵雍之数与《参同契》其实也无关系，不得强指渊源。《下卷·宋元学派》说邵雍"先后天本九宫出"，亦是错述宗祊。后天卦就是《易经》本来的卦位，先天卦才是邵雍所定。易卦先于九宫之说，怎能说它出自九宫？先天卦卦序卦位也与九宫无关，且非由九宫出。康有为对于这些学术源流，都不免有信口开河之嫌。

同篇述道教宗旨云"老氏之学，专在元神、主魄。佛氏专炼魂。"此与《上卷·列子》"禅者说专为证明其魂，道家说专为养成其魄，纯气之守，即'载营魄抱一'也"，《上卷·诸子二》"老子于佛之意，亦有领会，然以守魄为主"，《上卷·诸子一》"谷神不死数句见于老子，而列子引以为黄帝之书。或上古有是学，至老子乃大发之世。然老子一书，莫精于此语。老子是养魄之学，后世以为胎元、以为丹鼎、以为命门火，似未足尽谷神之义"相符，虽混老子于道教，但以老学重魄，甚为显然。

但这真是一团混乱。因为《上卷·诸子一》同时又说："老子专讲养魂，近佛也。力宗太古，亦欲矫孔子"，"庄老皆有火尽薪传之说，既云不死若存，则固合灵魂而并养之"，不但说老庄都养魂，且说其近于佛，更说老之重魂是宗太古而反孔子。这不仅与前面矛盾，亦与其论孔子重魂相戾：

古制皆立庙于墓，孔子则家中立庙。孔子重魂不重魄。（《上卷·礼》）

孔子重庙祭，不重墓祭，墓祭者古则也。古制重魄，孔子重魂。（《上卷·王制一》）

孔子不封不树，重魂不重魄。重葬者，旧制也。（《上卷·王制二》）

这些都是说孔子改制，重魂不重魄，怎么又说老以养魂为复古以矫孔子呢？这是显然乖剌的。何况，“魂，阳也。魄，阴也”“孔子扶阳抑阴”（均见《下卷·春秋繁露》），故不重魄是讲得通的；老子若重元神，说他主魄，怎么讲得通？魄为阴，又岂能为胎元、丹鼎、命门火？再者，“魂为主，魄次之。魂为君，魄为臣。狂夫有魄而无魂”（同上）“学者能以魂制魄，君子也，以魂夺魄，小人也。魂善而魄恶”“智者魂用事，愚者魄用事”（《上卷·荀子》），魂魄云云，在康氏是与修养之工夫相关的。既然如此，老氏之学岂不是“专为养成其魄”的小人之学了吗？立说之不善，竟至于此。

三、佛教

佛教部分，《上卷·学术源流五》引云南李澄中《孟子与佛同时考》称佛生于周庄王三十一年；《上卷·学术源流六》又谓：“佛生于周穆王三年，或云周庄王十七年。佛先于孔子数十年而生。”显然矛盾。

《上卷·学术源流七》则说：“佛学在今已无教矣。达摩如儒之刘歆，六祖如郑康成。日本佛尚有教，中国宗耳，宗有十派。”亦误。佛教在中国净土最盛，其余天台、华严也各有流衍，岂可说当时已无教？以达摩比刘歆、康成比六祖，也嫌拟喻不伦。康成融合古今，非只承刘歆之学。中国当时既不只有宗，禅宗也没有十派，不知康氏如何计算。云门、法眼等派，至清皆已绝嗣，禅门连唐宋时的五家七派都凑不齐，哪来十派？至于说日本佛教，《下卷·汉晋六朝唐宋学派》说："日本僧，天台派也，中国僧，六祖派也"，误解与前引文相同。日本僧，有净有密有台有禅，何尝皆是天台派？

这是佛教史的问题。教理教义方面，则多此附儒说，如"佛氏地、水、火、风即儒家五行"（《上卷·礼运》）"以佛释儒书：'天命之谓性'，清静法身也。'率性之谓道'，圆满报身也。'修道之谓教'，百千亿化身也。'不睹不闻'是本体，'戒慎恐惧'是工夫，所谓'时时勤拂拭，莫使惹尘埃'也。'戒慎恐惧'是本体，'不睹不闻'是工夫，所谓'本来无一物，何处惹尘埃'也"（《上卷·中庸二》），此亦皆为妄说。地水火风，自是四大，非属五行。天命之性，拟为法身；修道谓教，拟为化身；率性为教，拟为报身。亦嫌不伦。人秉其天性，率性而行，岂遂为报身？修率性之道，为何又竟是化身千亿？而且，依康有为的看法，天命之谓性，根本没有性善义，只是说天生之质而已：

> ·"性即理"也，程子之说，朱子采之，非是。
>
> ·《中庸》"天命之谓性"三句，若子思"既有'性善'之说，则必无'修道之谓教'"一语，以性字乃是生之质也，方为确诂。
>
> ·孟子言性善，特为当时说法。（以上均见《上卷·中庸二》）
>
> ·性者，生之质也，未有善恶。（《上卷·中庸一》）
>
> ·受之天者谓之性，就天说。率（性），（王充云）勉也，（王充论）言人道。修道之谓教，圣人以道教人也，荀子所谓"其善者伪也"即此义。
>
> ·《孝经纬》《繁露》，皆言性者生之质也，言性以董

子为至。

·孟子言性善，行权耳。（以上均见《上卷·中庸三》）

·孟子但见人有恻隐辞让之心，而不知人有凶残争杀之心也。

·言性，告子是而孟子非，可以孔子折中之。告子为孔子之说。

·性无善恶。恶者圣人所立也。

·善谓其出于性也，可；谓其出于智也，可。（以上均见《上卷·荀子》）

·性只有质，无善恶。

·董子“性之名，非生欤?”与告子同义。又谓：“性者，质也”，又与《孝经纬》“性者，生之质也”同，多是孔门嫡传口说。

·荀悦《申鉴》《金楼子》《论衡》，皆言“性为生之质”。

·朱子以为有气质之性、有义理之性，非也。（以上均见《下卷·春秋繁露》）

由这些地方，都可以看到康有为反对孟子性善说，谓天命之谓性只是讲天生的材质，这种材质无善恶可言，善恶是后天圣人所立。圣人以此教人，化性起伪；人亦以行善自勉，此即“率性之谓道，修道之谓教”。依此说，故他反对孟子，也反对朱子以天理说性，而赞成告子、荀子、董仲舒等人，认为若像孟子那般以恻隐辞让之心证明人有本心善性，则吾人亦可说人有凶残争杀之心故性恶。这番见解，正确与否，姑且不论。先说性既无性善义，“天命之谓性”怎么能比拟为清静法身?康有为这不是自相矛盾吗?《上卷·孟荀》说得很清楚：

孟子“性善”之说，所以大行者，皆由佛氏之故，盖宋时佛学大行，专言即心即佛，与孟为“性善”暗合，乃反求之。儒家得性善之说，极力发明之，又得《中庸》“天命之谓性”，故亦尊《中庸》。然既以“性善”立说，则“性恶”在所必攻。此孟所以得运三千年，荀所以失运三千年也。

此处说宋儒因受佛教影响故尊孟子。但宋朝至今不过千年，云孟荀因而得运失运各三千年，亦误。不过，这且不管。依此处所说，可见康有为认为性善说是合乎佛教心性论的，《上卷·学术源流四》说：“佛言性善，宋人惑之，故特提出孟子”，即是此义。性善为何合乎佛说呢？这就是前文所举“清静法身”之说了。倘依如来藏清静心说，此清静心是合于性善说之云本心善性的。但问题在于康有为这里是在解释《中庸》，而他又反对性善说，谓“天命之谓性”只是生之质。既如此，怎能用清静心来比附？

若再进一步说，佛教的心性也只与儒家之本善性貌似，它的心性是个空性，亦非实有一本心、实有一良知之实体，故“佛言性善”也仍是错的。

“不睹不闻”与“戒慎恐惧”一段，亦复问题重重。一、勤拂拭，勿使心地蒙尘的勤拂拭，可用戒慎恐惧之工夫为喻；但尘埃既去，明镜便晰，焉能说“心之本体不可闻睹”？二、心性本空，故无一物。既是无物，尘埃便无所着。此时心已不可闻睹，如何说“不睹不闻只是工夫，戒慎恐惧才是本体”？三、康有为大概很自喜他这种比拟，所以《上卷·中庸二》又说：

《中庸》之说是不睹不闻是本体、戒慎恐惧是工夫。王阳明谓“戒慎恐惧是本体，不睹不闻是工夫”，已入佛学。此阳明两种道理，括尽二教大义。

这一段与《上卷·中庸一》所云：“王阳明谓‘戒慎恐惧是工

夫、不睹不闻是本体’。征以易之‘终日乾乾，夕惕若’，可知阳明翻案，已入佛学”，其实不同。一说阳明为佛学，已畔《上卷·儒道一》说阳明兼儒佛。但无论如何，两处均只以“不睹不闻是工夫”属于佛教，并不像上文把“不睹不闻是工夫”和“戒慎恐惧是工夫”都归为佛教，只是一顿一渐。参合起来看，就会发现康氏把《中庸》这两句牵合着佛教说，徒然治丝益棼。

这样徒乱人意的比拟还很多，如《上卷·孟荀》：“庄子‘知其无可奈何而安之’，是坚若老僧。孟子‘莫非命也，顺受其正’，是罗汉境界。‘君子无入而不自得焉’，正如佛氏地狱天堂皆成佛土，是菩萨境界。孔子‘天下有道，丘不与易’，正如佛所谓‘我不入地狱，谁当入地狱？’此佛境界也。”乍看新警，但诸语本不难解，比合于佛义之后反而可能生出葛藤。因为君子既无入而不自得，既天堂地狱皆已成佛土，更何有入不入地狱之别？此时又为何不是佛境界？“莫非命也，顺受其正”，乃孔子知天命后的耳顺境界，何以只到罗汉地位？《上卷·中庸三》说：“舜，正命也。颜子，遭命也。大德必受命。专言命学，不过借舜为模样。”颜子之遭命，不也就是知其无可奈何而安之吗？他只是坚若老僧工夫吗？舜之遭逢虐父悍弟，为何又是正命而非遭命？其“顺受其正”，是否又是罗汉境界？诸如此类，均难究诘。

康有为不但喜欢拿儒学比附着佛教讲，也常把先秦诸子或自然科学比合到佛教去：例如：

· 万物之生，皆由于地动。地动者，轮回也。

· 血脉之轮回，我气人，人亦气我，气质之轮回也。

· 地面之水，为日热力所吸，上而成雨，雨变为水，亦即轮回之义。（以上均见《上卷·学术源流一》）

· 庄子发挥“轮回”之说，与佛氏合。如“火灭薪传”“虫臂鼠肝”之类是也。（《上卷·学术源流七》）

·庄子心学最精，直出六经之外，《齐物论》之“与接为构，日以心斗”，即《楞伽》之识浪。

·庄子之学……其言“火尽薪传”，即佛轮回。其言“虚室生白”，即佛氏十方世界见大光明。（以上均见《上卷·诸子三》）

这些也无一不误。佛教的轮回说，讲的是业力流转，跟地动、血气、水气蒸发、火传薪尽、虫鼠相变都不一样，牵合比附，殊为无谓。“与接为构日与心斗”，自是讲心。庄子无“识”之观念与区分，也不应以唯识说释之。

以唯识释庄，乃晚清风气；以佛学比附儒说，也不乏健者。试看与康氏同时代的章太炎乃至稍晚的马一浮等，皆是如此。但比得好，自多博通之趣，比不好，便显得夸诞不经。康有为的情况，殆近后者。

四、西学

且不只佛教，他比附的范围极广，例如“西学多本《墨子》”“通部《墨子》，无一言养心之学，故不能行。外国耶氏似之。然耶氏能养魂，故大行于天下也”（《上卷·诸子三》）。西学多本墨子，衍晚清西学出于中国论，其误至今已不必再论。基督教似墨子，则不知康氏何所见而云然。墨家明鬼、非乐、节葬、非命，基督教哪一点似之？如此论西学、论基督教，不是夸诞不经吗？

康有为壮游万里，对西学及欧洲政教社会情状，按理说，应有相当的了解。可是看上引文字，就会发现他的了解与光绪年间不甚知两洋情事者其实相去不远。只是别人也许因不太懂就尽量少谈，康氏则以见过世面自居，不时放言高论，以骇其生徒，结果就是乱扯了一气。请看：

·罗马之政教，出于波斯，波斯出自印度（《上卷·学术源流一》）。

·亘古开国，莫大于波斯（《上卷·学术源流二》）。

·苗人名目，同于欧洲（《上卷·学术源流三》）。

·外国七日礼拜，出佛印度，开国早故也（《上卷·学术源流五》）。

·地球之聪明太略相仿，各国政教皆多从印度出（《上卷·学术源流七》）。

·外国以未时为第二日，俄国以十二月为正月，欧洲以夜半为第二日（《上卷·孔子改制一》）。

·耶氏言神，佛氏言鬼，孔子并言鬼神（《上卷·孔子改制二》）。

·孔子之祭六宗，有方明，即十字架也，耶氏行之（《上卷·礼制》）。

·孟子用贤、用杀，皆听国人曰可，亦与众共之义也，西人议院即是。

·计地球各国，以地而论，日本人最多，每里卅人。比利时亦多。

·台湾一年三熟或四熟，小吕宋四熟，多者六熟。

·外国有重扁头者，其人每用石压头令扁，犹中国之缠足耳（以上均见《上卷·王制二》）。

·印度之文甚多，皆从佛之文（《上卷·中庸二》）。

康有为喜说外国制度情事，本有其学术理由。因为他相信孔子之道是人类的公理，外国也会行、能行或曾行孔子的制度，故曰："外国之学，改制之学存焉。"（《上卷·中庸三》）在这个基础上，西学当然应该讲，且应发展出比较文化的论述来证成其理。无奈他对此未遑深入，所以一部分像海客谈瀛，搜奇猎异，讲些压扁头、稻几熟的事。一部分则显得夸诞多误。如罗马政教出于波斯，波斯出于印度，自古开国莫大于波斯；苗人名目同于欧洲；“古之夷狄，即今之客家也”（《上卷·王制一》）……都是。洋人七日礼拜，本于上帝创世七日安息之说，乃竟谓其出于印度。印度佛教早衰，历史上也仅一小时期占主流，竟称印度之文皆从佛教来。此均属妄说影响。

比附者，则如“耶氏言神，佛氏言鬼”之类。耶氏之神、佛氏之鬼，与儒家之鬼神并不相同。儒家的鬼神，乃二气之良能，魂魄之系；佛家之鬼，系轮回之报；基督教的神，是人格神第一因。岂可因鬼神字样而率意钩比？六宗方明即十字架云云，更是荒谬。康有为曾在《上卷·礼》中释方明曰：

> 六宗主阴阳之德，上不及天，下不及地，中不及四方。今文欧阳说所谓方明也。用木为之。此外皆伪说也，六宗之说纷纷，刘歆以为乾、坤六子，贾逵以日、月、星为天宗，河、海、山为地宗；马融以为水、旱、坎、坛、夜、明（据祭法）；郑君以为六星，雨师、风师、司中、司命。

在祭六宗的架构中，方明之用，无论怎么解释，会“即十字架也”吗？同理，孟子用贤用杀，征诸国人，也与英美议院制度不同。比附之迹，甚为明显。

之所以论世多附会，是因康有为不是一种比较文化的态度。其论世界、谈西学，旨不在参取他邦优长，也不重衡较彼此之是非、异同、高下，仅想将欧西摄于印度，再以孔子摄佛氏、统万国，谓孔学乃万国公理。

因此他才会说耶教礼拜、波斯罗马政教都出于印度：“印度波斯与三代制度相类”，“蒙古满洲皆天竺余音”，“印度开国甚古，当尧舜时，义理政教文字已可观”“以风水论，印度开国最先”（《上卷·学术源流五》）“外国名号皆出印度”（《下卷·春秋繁露》），“回教印度皆行夏时”（《下卷·律历》）。

在他的世界观中，“中国、印度、波斯、小亚细亚共为四大域，是开辟之始”（《上卷·学术源流一》），四大域，就是四大文明，创造了各自不同的政教文字。可是，小亚细亚部分，他甚少讨论，然后又把波斯归入印度一系，如此，事实上就只剩了中国与印度两大体系。两大之中，印度文明又常先简化为佛教文明，再以儒佛关系的架构处理之。以佛理都可被孔学包摄为主述形式，佛教文明可补孔学之缺为辅论述。中国边民族文化也都以佛教文明来指认，所以才会说“蒙古满洲皆天竺余音”。

这种世界观，反映了康有为对世界几大文明的看法，足以证明欧西之学术及至整体文明成就，他都不甚措意。过去研究康有为的人，老喜欢说他改制变法系受西学影响而然。又或以为他壮游寰宇，于欧西政教文化必有所受，或有所感会。其实不然。由这本书看，不说西学源于印度源于中土，就说彼有合于中学，另外则是批评，如说“欧洲乐太大，非中声”（《上卷·乐学》），“欧洲当元朝始刻书”（《上卷·礼运》），“西人甚美中国举士之制”（《上卷·王制一》），“诸教皆主天人相合，其义至浅”（《上卷·洪范》）等，抑扬之意，甚为显然[①]。

五、史地

世界观如此，历史观自然也非常特殊。

---

① 康有为的变法思想主要不来自西学而本于经学，详龚鹏程《康有为的书论》，收入《书艺丛谈》，佛光人文社会学院出版，2001 年，第 107—130 页。

康有为是气化论者，认为："凡物皆始于气，有气则有理。生人生物者，气也。所以能生人生物者，理也。"（《上卷·学术源流一》）如此说理气，是本于他对经学的见解，故云："《易》：'大哉乾元为统天'，《春秋》以元统天，元即气也。有气自有转运，自有力，亦动静起而形德成矣。"（《上卷·孔子改制一》）元到底是不是气，或理气关系能否如此说，当然大可讨论，但此处无法深谈，也无必要，因为康有为说气只是要就此说阴阳生化："有气即有阴阳，其热者为阳，冷者为阴。"（《上卷·学术源流一》）他不采阴阳合和以化生之说，只就阳说生。阳为热、为动，所以说："天地之大德曰'生'，'生生'之谓'易'。圣人只做得'生生'二字，天下之理只一'生'字。圣人扶阳而抑阴、尊生而抑死""有热而后生，学者热极，则可以生生矣"（《上卷·学术源流三》）"万物之生，皆由于地动"（《上卷·学术源流一》）。这都是极特殊的讲法。

阳气生物，始于苔，动物则始于介类。刚生的东西，都较粗糙无灵，故"虫类为生物之始，故其愚与草木等"，"草木与人，相去不远，观其骨节可知。人与禽兽之相近，更不待言，不过有竖立横行之别耳"，"倒生者最愚，横生者始有知觉，立生者始有灵魂"，"虫变化多，然愚矣。凡智物则不能有变化。造化之技，亦止于此矣"（《上卷·学术源流三》）。亦即造化生物，由苔介虫草禽兽而至人，人为最灵，人类之出生，则在五千年左右：

·现考人类之生，未过五千年，总之去洪水不远。或者洪水以前之人皆为洪水所灭。以历国史记考之，人皆生于洪水以后。（《上卷·学术源流一》）

·荒古以前生草木。远古生鸟兽，近古生人。人类之生，未过五千年。（《上卷·学术源流五》）

·洪水以后方有人，无五千年以上死人骨。（《上卷·学术源流六》）

最早的人类，或说在印度，《上卷·学术源流三》：“印度之白折额，为人类之始。”或说在中国，《上卷·学术源流五》：“人类始自黄帝，中国皆黄帝子孙。”古时人体态高大，胜于后世，《上卷·乐学》：“古人甚高大，今则地皮日厚，其力弱，故人短小。今人之指长短，亦异于古。”但古代文化颇为疏芜，“洪水以前，政教无可考”，至尧舜时，尧舜也不过“如今之滇黔土司头人”（《上卷·学术源流五》）。

对于上古情状，康氏以为不可考，故也说得模糊，大体是认为：“伏羲当是黄帝从祖”，“中国黄帝一大姓，中国皆黄帝子孙”，“禹将黄帝制度行之九州”（《上卷·学术源流六》），“中国始于黄帝，而实开于夏禹。皋陶言‘蛮夷猾夏’，诸子传记言‘华夏’‘诸夏’”（《上卷·学术源流五》）。

不过古事难稽，康氏自己也说：“三代上果不可考矣”（《上卷·学术源流二》）“凡太古之事宜存疑。后稷有母无父，或人伦未定，故托之天，未可知也”（《上卷·学术源流六》），对于伏羲、黄帝、夏禹的年代及关系，说得不准确或矛盾，似乎也无伤。他强调的只有两点：一是孔子以前的这些古代政教状况既难考也不重要，乃文明朴鄙之世，许多人文创制，均须等孔子；二是尧舜之盛世，仅仅是孔子托古改制的一套说辞罢了。前者如：

> ·孔子未改制以前，皆淫佚无度，而孔子以布衣整顿之。故孟子称周公，则只曰兼夷狄、驱猛兽。至称孔子作《春秋》，则曰天子之事也。
>
> ·太古时亦崇尚鬼，至孔子始定祭祀之礼，故后世淫祀颇少。
>
> ·凡《公羊》所讥者，皆旧俗也。（以上均见《上卷·学术源流一》）

·现在历学天文学皆出孔门。(《上卷·学术源流二》)

·孔子以前，未有过万里长城外。《禹贡》之方域，与周无异，知孔子作也。

·猎为孔子所定之制，因人与兽争也。古时禽兽逼人，故如此。(以上均见《上卷·学术源流三》)

·孔子以后始有姓。(《上卷·学术源流五》)

·古极尚鬼神，至孔子而翻案。

·古极淫佚，如卫灵公、卫宣公等，皆孔子未改制故也。必知旧俗之乱，乃知孔子之功。……孔子改制之功大矣，"天不生仲尼，万古如长夜"，信哉！(以上均见《上卷·学术源流六》)

·南洋诸小岛无学校，何疑于之代无学校？

·以天下分三等，一等为混沌洪蒙之天下，一等为兵戈而初开礼乐之天下，一等为孔子至今文明大开之天下，即《春秋》三世之义也。(《上卷·学术源流七》)

·今有族姓，所以别男女，孔制也。(《上卷·孔子改制二》)

·孔子之制禄，全在井田起。……命数为孔子之制，即今之品级。(《上卷·王制一》)

因上古朴鄙，孔子才创立许多制度。这个讲法就关联到"孔子改制"之说了。孔子改制的另一个含义，在于孔子是以托古的方式来改制，所以康有为又要叮咛：切不可把假托之古代圣王治世看成实事，尧舜等等，无非是孔子托古而已：

·六代之乐，皆孔子之乐所托者也。咸池、韶武，岂隔春秋二千年尚有存乎？宋乐曲《十六字调》，今只得七字，况当时乎？(《上卷·学术源流二》)

·尧舜皆孔子创议。(《上卷·学术源流六》)

·中国开于夏禹。《书》二十八篇，惟《尧典》一篇言尧舜，余只称夏殷。周公不知有尧舜，可知尧舜乃孔子追王耳。(《上卷·孔子改制一》)

·孔子最尊禅让，故持托尧舜。(《上卷·孔子改制二》)

·孔子祖述尧舜，《书》是也。宪章文武，《诗》是也。《春秋》亦托始文王，终道尧舜。(《上卷·洪范》)

·孔子托尧舜，“用其中于民”，隐言改制。(《上卷·中庸一》)

·圣人所言礼制，皆托于周公。所谓“托先王以明权”也。

·孔子法尧舜文王，于《尚书》《春秋》托之。故有两种治法。行文王之法，小康也。法尧舜之道，大同也。(以上均见《上卷·中庸二》)

由天气生物讲起，说苔介虫禽之生，文明逐渐进化，人类亦由朴鄙走向人文，至孔子而托古改制，文明大开，泽被于今：就是康有为的历史观了。可是，这只说得中国一部分，其他印度波斯巴比伦诸文明呢？大抵也是同样这个架构，说古虽有文明，但未甚足观，真正的文明，差不多均在孔子那个时代出现，故曰：“地球诸教皆起于春秋时。”(《上卷·学术源流五》)

“地球诸教皆起于春秋时”这一讲法，颇似雅斯培由世界史的角度说“轴心时期”。但雅斯培只是说世界历史有同一个进程而已，康有为更进一步，要让世界史由世界的地理关系统合起来。怎么统合呢？他讲了一个以昆仑为中心的世界观：

·昆仑者地顶也。知地顶之说，而后可以知人类之始生。

·昆仑有四大金龙池：一条额尔济河，流入俄国；一条阿母新头河，流入波斯；一条印度河，流入印度；一条黄河，流入中国。（以上均见《上卷·学术源流一》）

·昆仑为地顶，即今伊犁。昆仑既起之后，大雪山离地至三千余丈。……出天山、杭海山、大金山，走兴安岭，走大加海。四川亦近昆仑。……山西为中国地顶。（《上卷·学术源流五》）

·《汉书》诸西国皆在今昆仑山，不只葱岭岭也。佛之阿弥即昆仑。（《上卷·学术源流七》）

此即昆仑说。此说之妄诞，不足辨[①]。人类始生，只五千年左右；始生于印度或中国，而族姓、庙制、历法、乐章、祭礼、田赋、学校、畋猎、婚制，无不由孔子创立，这类宏论，也不足辨。但因他口说一条条地，颇无伦纪，所以我得费些气力将其他整理说明一番，以免读者读来一头雾水。

此外，还有一点需要补充：康有为论世界史，关联于地理；论地理，则又以地圆说沟通中西，说中西都讲地圆和地有四游："曾子《地圆篇》、《管子·地圆篇》，同体，地绕日一周，地斜故有寒暑，地一转为昼夜；《纬》书'地有四游'，皆通西学。"（《上卷·洪范》）

案：地有四游，西汉纬书《考灵曜》，云："地有四游，冬至地上行北而西三万里，夏至地下行南而东三万里，春秋二分其中矣。地常动不止，譬如人在舟而坐，舟行而人不觉。"又，《励志诗》"大仪斡运，天回地游"，李善注："大仪，太极也。……斡，转也。《春秋

① 案：昆仑，应是用庄子说。《知北游》："若是者，外不观乎宇宙，内不知乎太初，是以不过乎昆仑，不游乎太虚"，王敔注："昆仑，地之极高处，过乎昆仑则太虚矣。"

元命苞》曰：'天左旋，地右动。'《河图》曰：'地有四游……'" 引文全同《考灵曜》，若非李善误引，便是另有一本《河图》记了相同的话，或许是指河图纬《括地象》。但不论如何，它说地动是很明显的。康有为将它与哥白尼的发现等量齐观，正基于此。尔后不少人也持同样的看法，如朱文鑫《历法通志》亦引此文，说它讲"春星西游，夏星北游，秋星东游，东星南游，一年之中，地有四游。其言地球自转公转之理甚显。然而自东汉以来，无一人注意及之，而此说遂泯没无闻。不然，由此推求，中国之天学何至反落人后哉?"

无论是说它通于西学或言地球自转公转之理甚显，其实都不恰当。因为哥白尼以来，说地动者，是言地球绕日而转，太阳不动。"地有四游说" 却不然，是地与太阳都游动。亦即：在整个天的覆盖下，地在天之中央十九万三千平方公里处，浮沉升降着；地之外，是星辰列宿；"地与星辰四游升降于三万里之中"，这就是所谓的四游了。地与星辰之外万余里，是太阳，太阳也有运行的轨道。故曰："日道出于列宿之外万有余里。" 再外面，称为四表："二十八宿以外，上下东西，各有万五千里，是为四游之极，谓之四表，天旁行于四表之中，冬南夏北春西秋东，皆薄四表而止，地亦升降于天之中。"（均见《考灵曜》郑玄注）天就贴着四表，这也就是宇宙的界限了。整个宇宙观与现代看法均不相同。

这是《周髀》"天如倚盖，地若浮舟" 的说法，属于盖天说的一种，与另一种地动说（《春秋元命苞》）又有不同。那是浑天说之一类，谓 "天左旋，地右转"。康有为未详辨其差异，径称其相通，颇滋误解。

此亦可见康有为虽喜谈天学，《上卷 · 学术源流三》甚且说他曾制历书："康先生重定历，以春分为主"，但天学与其地学一般，皆多鹘突之谈。

六、天文

其书有《律历》一篇，他也很重视孔子“行夏之时”云云，且谓“通经义而不通天人之理，皆无当也”（《下卷·春秋繁露》）。但他于历学殊非专门，说“中国言历者凡二十三家”“古历一变，太初历至姚信辅一变，授时历一变，西历一变”“高、惠、文、景皆用十月为岁首，秦制也，武帝太初元年始用夏正”（《下卷·律历》）等，均误。

首先当知中国言历者甚多，远不只23家。其次，历法之变，不是古历一变，太初历又一变，授时历再变。古历，是指黄帝、颛顼、夏、殷、周、鲁历。这六历之前，历法不明，故六历无所谓“一变”。而古六历到太初历，是否又经过了一变呢？亦不然。

古六历跟太初历其实一样都属四分历系统。什么叫四分历？就是把一回归年分为365又1/4日。古代最后一个四分系统的历法，是东汉的四分历。东汉灵帝熹平年间（172—177年）刘洪的干象历以后，就不再用四分法了，把回归年缩小为365.246日，且由《易经》卦数推寻参数。这才是历法上的变革。在此之前，三统历虽以一元含三统（天统、地统、人统），算法颇与四分不同，但其回归年仍是365.25日，仍属于四分系统。因此非太初历至姚信辅为一变，乃古历至刘洪为一变。

刘洪以后，曹魏明帝时杨伟的景初历，采用了干象历的架构而更精密之，故亦有人认为历法应是至杨伟才为之一变。在此之前的古历阶段，朔望月、岁实、节气、闰月的算计，都是用平常数算出，年、月、节气均只是近似值。此后则历法有系列改变，如闰法的改变、定朔的采用、岁差的发现都是。所以由景初历至清初改行西法，可统视为一个时期，也可以就历法之变，分成许多个时期（例如祖冲之改变闰法、设立岁差，也可称为一大变），绝不只是授时历一变。

再说岁首。秦以十月为正月。汉武帝改为一月是不错的。但历法上说岁首却不是这个意思。太初历以元封七年为太初元年（公元前 104 年），以前一年的十一月朔日夜半为计算历法的起点，称为“天正月”。这才是岁首。这种“岁首建子”的惯例，要到刘宋元嘉历才改变，以建寅一月为岁首，以一月中气雨水为初气。康有为于此，实不甚了了。

康有为又说：“周朝归余于终，则均闰十二月。至今论廿四气，无中气，皆谓之闰月”，也讲倒了。无中置闰，乃古历如太初历等之办法。归余于终，如指古代，是月朔甲子日法的计算数，以天正月朔日至数为水余，并非置闰之法；如指祖冲之以后，则是章岁 391 年，章闰 144，每年朔望月 12 又 391 分之 144，把这 144 分入十二月中，每月闰分 12 分，才是所谓均闰十二月。

康有为的说法甚怪，他说：“欧洲无闰月，回回历亦然，元朝用之九执历是也”，也一样奇怪。因为他又说：“回以太阳太阴于兼闰日月而成岁。”怎么回历又无闰月了呢？谓回历无闰月，元朝九执历亦然，是以九执历为回历或受其影响者。可是，九执历也根本非元朝历，乃唐玄宗时瞿昙悉达译的印度历，故其序文明言：“九执历法，梵天所造，五通仙人承习传授。”而其渊源，却又是希腊的天文学，采 360 度圆周划分、60 进位制计法、黄道坐标、正弦函数计算法，但无行星运动之内容[①]。

被他认为受回历影响的，还有一位郭守敬，康氏说：“中国言天学，元郭守敬为第一人，郭太史每度分为一百分”“郭守敬得于回历为多”。实则郭守敬是否得于回历为多，在历学史上是一争论。郭所采用的简仪与高表，或许仅能视为受回回历学间接影响之

---

① 见江晓原：《天学真原》，第六章，辽宁教育出版社 1991 年版，第 371—374 页。

物[1]；而其成就亦不在“每度分为一百分”上。郭的重点，在于定回归年为365.242日，废弃上元积年法，创立“平立定三插法”，以及创立类似球面三角公式之算之法，计算天体黄道坐标与赤道坐标的相互变换[2]。康有为虽推崇郭，实非郭氏知音。

推许而推许错的，不只郭守敬。例如沈括，康有为说:“《梦溪笔谈》谓用二十四气，不论月。二十四气见《易纬》通卦验。”而其实沈括并不主张二十四气，他是主张十二气的。《补笔谈》卷二《象数》载其“十二气历”，是把二十四气分两组，节气置于每月的开头，中气置于每月月中，不置闰。故非二十四气，乃十二气历。康有为只有“不论月”讲对了。沈括这个历是纯阳历，废除了阴阳合历的办法，不以月之朔望定月份[3]。

凡此均可见康有为于历学一知半解。但他论历也并非全无干系，像他主张“五星无会”，就是因为他反对刘歆。刘歆三统历以十九年七闰月为一章，为小周期；大周期是“太极上元”，也就是日、月、五星交会之日，是整个历数的起点，定在23639040年。这个五星交会的讲法，在天文学上并非无稽，但科学作用不大，后来五代时七曜符天数历就主张废弃，郭守敬也不采用。康有为则可能是基于反对刘歆才不同意五星交会。但这个主张在历学上却是有价值的。

但经学上的争论也因此困扰着他，例如他相信《论语》上说孔子是“行夏之时”的，因此他要说:“回教印度皆行夏时。”可是，以《春秋》看，孔子并不见得就是行夏之时，或春秋时原本也就三

---

① 见江晓原:《天学外史》，第九章，上海人民出版社1999年版，第183—187页。

② 见徐传武:《中国古代天文历法》，山东教育出版社1991年版，第101—107页。

③ 见江晓原:《天学真原》，第六章，辽宁教育出版社1991年版，第95—100页。

正并用，并不统一。康有为据此，也主三正并用，云："于《豳风》可见孔子三正并用。'四月维夏'，夏正。'十月蟋蟀入我床下'，周正。'七月流火'，夏正。'一之日觱发'，周正。'二之日栗烈'，殷正。于此可见三正并用。非孔子作而何？"这就是完全被三正问题搞糊涂了。

且不说把《豳风·七月》的著作权归给孔子，有多么可笑；一首诗，三正并用，不更笑死人吗？三正并用，不是一个人或一首诗同时用夏正、殷正、周正，而是指春秋战国时历法不统一，《春秋》和《孟子》多用周历，《楚辞》《吕氏春秋》用夏历，《左传》也多用夏历，《诗经》中，《小雅·四月》中的四月、六月，是夏历，而《小雅·十月之交》的十月就是周历。这种历法上不统一，同时有用周正夏正殷正的现象，后来被汉人运用来讲三统，如《春秋纬·感精符》："天统十一月建子，天始施之端也，谓之天统，周以为正。地统十二月建丑，地助生之端也，谓之地统，商以为正。人统十三月建寅，物生之端也，谓之人统，夏以为正"，《春秋元命苞》："夏以十三月为正，息卦受泰物之始，其色尚黑，以寅为朔。殷以十二为正，息卦受临物之牙，其色尚白，以鸡鸣为朔。周以十一月为正，息卦受复物之萌，其色尚赤，以夜半为朔。"三正、三统、三建，均依此而说。由历史说，三统是递运的，但在公羊家，却主张通三统，这就变成了三统三正并用[①]康有为的讲法，即本于此。但拘泥家法，不悟一诗岂可并用三正，遂成笑枋矣！

① 论历有根本反对三正说的。见刘朝阳《中国天文学史论文选》，大象出版社 2000 年版，第 120—134 页。《〈左传〉与三正》《三正说之由来》《三代火出之时间》。

七、乐律

与天学历法相关者为乐律。康有为是反对把律与历牵扯在一块的，所以说："以律立法，歆之说也。律学不可以通历，易学则可以通历""《史记》律历书分为二,《汉书》合律历志为一，此则歆之谬也"。可是律历相关乃古之传统,《史记》虽分律历为两书，不像《汉书》合而为一志，论律还是与历相关的。康有为认为易学可以通历，而易学中与历相通的主要是京房的易学，京房恰好就是以律说易的。因此，他要一举推翻律与历的关系，认为以律论历都是刘歆捣的鬼，恐怕办不到。

就算是把律与历分开，康有为《乐学》一篇也多错误，如说："《毛诗》谓雅颂入乐，余不入乐。《诗》皆入乐，孔颖达说亦然。"《诗》中《雅》《颂》入乐没问题，二《南》应也入乐，其他《风》诗却多徒歌，不尽入乐。故此说便可商。其余，条辨如次：

《姜白石集》，今不解其工尺等音。

案:《姜白石集》收词曲十七首（自度曲十四，古曲填词二，为范成大填词一），旁注的是宋代俗字谱；神曲《越九歌》十首，旁注律吕字谱；琴歌古怨一首，旁注减字谱，都与工尺无关。康有为殆不知其非工尺谱也。又，姜白石诸谱，现在不懂的，不是它的音，而是它的速度。

《礼运》:"五声、六律、十二管，还相为宫也"，此句为古今主乐主脑，黄钟律也。

案：这句话并非音乐主脑理论，而是讲转调。转调包含两个观念：一是旋宫，指调高的变换；一是转调，指调式的改变。汉代转调，依据的是五音十二律之架构，故十二管指十二律，一律五音，十二律生六十音，又详《淮南子》。康有为称此为黄钟律，就是以黄钟为首的半音结构十二律。

十二管，每管五声，合六十声。加变宫、变徵为八十四调，梁至今，尚八十四调。

案：这个问题与前个问题相关。康有为拘于《礼记》说，不知《礼记》说的是五声音阶的调式，八十四调却是隋代万宝常、郑译等人在龟兹苏祇婆五旦七调的理论上发展出来的，两者完全不同，后者是以七声与十二律旋相为宫。当时郑译作《开皇乐议》时，苏夔就反对云："《春秋左氏》所云：'七言六律，以奉五声'，准此而言，每宫应立五调，不闻更加变宫变徵二调为七调。七调之作，所出未详"（《隋书·音乐志》）。也就是它与古代五音阶旋宫之法，在乐理上迥异。康氏熟于经而暗于史，于此争论盖未及知。

四声二十八调，今之花旦，从二十八调之某某旦始。

案：二十八调，是唐代宫廷燕乐的体系。宋元以后成为俗乐，词曲、说唱、器乐多用之，故又称为俗乐二十八调。但对其调性，有二解，一认为有七均，七种调高，每均各有宫、商、角、羽四种调式，合为七宫四调；凌廷堪《燕乐考原》另主张是四均七调或说四宫七调。康有为未必知俗乐与唐代燕乐的关系，也未必注意到凌廷堪的研究，但他谈花旦的渊源源于二十八调，已触及这个问题，只不过二十八调无论是四宫还是七宫，都不是四声。

二十四调至宋得十八调。

十八调，严格说，是十八律，且非由二十四调变来，乃宋代蔡元定所创。康有为甚薄蔡元定，谓：“宋儒发义理而不甚言乐，朱子与蔡元定尝学而未精”，其实蔡著有《律吕新书》《燕乐书》，乐学造诣远在康氏之上。其十八律理论，是以古三分损益法算出十二律作为正律，再以六变律合而为十八律。变律比本律高一个音差，十二律皆可为宫，六变律则不可。

古人以竹声叶调，故律亦从竹。

古计律之法，以《管子》所载考之，所谓“三分损益法”，实乃以弦长计算，非以竹声叶调。《吕氏春秋·音律篇》所载相同。以管定律和以弦定律之不同，则汉代京房已有讨论。嗣后以竹定律，著名者为晋朝荀勖的管口校正法。

唐以琵琶为主。琵琶四弦，一弦四调，故为宋十六调。

琵琶有汉胡两类，胡琵琶又有二类。四弦曲项琵琶，传自天竺；五弦直项者，传自波斯。令传敦煌曲项琵琶谱，有二十个谱字表示它有二十个音位：散打四声、头指四声、中指四声、名指四声、小指四声。

以上这些是说错的，另一些则是宗旨攸关，不好说对错。如其云：“《乐》是孔制”“六代乐皆孔子作”“孔乐行之汉，修之梁武，而亡于今”“墨子谓孔子弦诗三百、歌诗三百是”。孔子时，已有《诗三百》可歌，且康氏认为当时诗已皆入乐，既如是，怎能说黄帝以来六代乐皆孔子所作？这与论历而说“一切历学皆自孔子出”（《上卷·洪范》）一样，都是过尊孔子了。但康氏的学问，目的就在尊孔，因此这儿就不好说了。其实，若非于此太过执着，康有为倒也不是佞古的人，他说："复古学弊，在于律度过求古人尺""蔡邕谓以人声为主，求其可感发人情性。总之求其加法相生，不必泥古尺，尺无定也，要之有度便是"，就很中肯。

八、余论

康有为是晚清经学大师，其论佛、道、西学、史地、天文、乐律诸事，无不本于其经学见解。故以上所论，每一项都涉及其经学。如今文家立场、重口说、重纬、说改制、说假托、通三统等等。也有些是康氏个人的哲学，如性无善恶、理在气中、扶阳抑阴、以魂制魄等，透过其论佛道、论天地、论律历等处来看，也都与其经学主张相呼应。

正因如此，故由其所说，便可见一位经学家思想学术之局限所在。康有为论佛论道谈天说地，就显示了他经学家的拘墟之见，实在不免于固陋。康氏以天人之学自负，自许为广大教化主，以孔学总摄诸子、总摄佛老、总摄西学。而实于诸子、佛老、西学、天人之义不甚了了；论世界大势、万国公理，亦颇暗于事情。此固由其性格及知识领域所限，而亦不能不说是他经学家的立场和知识资源不足所致。只因康圣人有大名，读其书者眩其博恣，往往莫测其底里，所以我略做考辨，以见端倪。

晚清以来，公羊学一向被视为具有改革意义，公羊学家也代表着中国由"传统"走向"现代"的中间过渡者角色。殊不知，晚清公羊家虽讲改制，在客观学术史社会史的意义上也确实曾引起过巨大的冲击，但其意识形态和见解观念却多是闭塞保守的。如皮锡瑞、苏舆、廖平、王闿运，若细按之，就会发现都是如此。反而讲古文经学的人，如章太炎、刘师培等比较激进，也较通新局大势。

这个问题非常有趣，但少人注意。康有为早年维新，晚而保皇，论者多疑其为转变、为堕落、为后退、为报光绪知遇之感。其实昔之康有为，犹日后之康有为也，其学术并无早晚期的分别。那种闭塞保守的观念和意识形态，恐怕正与其经学有关。

由制度说，康氏主张："封建、学校、井田皆孔制，皆从仁字推出。"（《上卷·孔子改制二》）封建、井田、学校再加上科举选士大约就是其平治大法。但"封建、势也，非孔子本意"（《上卷·王制一》），可以不执着，仅井田、学校与选士等便足以为晚清时的中国开一局面吗？由义理说，仍在理气、性善性恶、魂魄、儒佛关系中打转，又能打开一个新境界吗？康有为崇拜孔子，推崇孔子之能改制创制，可是他自己欲学孔子，却仅能反复说孔子曾经改制创制，略略介绍孔子改制之制而已；不能从孔子的改制精神去发展，如孔子般地去创制。讲那些老制度，也不能据其制度之原理发展出新的制度思考。这其实就只是个经生，而非今文学家要道孔子、说改制的精神所在。说今文学，而说成如此，实令人感到遗憾。

但换个角度看，康有为讲得好："人莫不有杂质，如大黄性凉，而有补质。物尚尔，况人乎？"（《下卷·变化气质，检摄威仪》）谁的学问真能纯粹无瑕？以上所谈，只是针对他的错误与缺点说，也就是他书中的杂质。其余粹美之处实仍不少，亦不当一概抹杀。而就是那些杂质，善用者，也依然可以获得大黄凉补之功能。譬如经生的毛病多在于琐碎，辨训诂、校虫鱼，无当大体。而康氏之长则为综摄、为创通大义。前面我指出的他那些错误以及诞妄，对一般治经学的人来说，其实适为对症之药。寻常经生，想患这些毛病，还办不到呢！康氏的夸诞，正显示了他的博综，气象恢宏，可为饾饤琐屑者药石。

康氏论经学孔学还有一个长处，即合综汉宋，强调学者要在身心上做工夫。前文谈到他说养魂制魄，扶阳抑阴，讲的就是这种工夫。没有这样的工夫，儒学云云，就只是一个知识系统，非践履有用之学，偏离了儒学的根本。清朝乾嘉以来讲经学、朴学、汉学，即存在这样的问题，康有为说：

·江藩人品甚劣。所著《国朝宋学渊源记》，左袒汉学，于宋学则收其劣者。为诸生时，阮文达延之修《广东通志》，贿赂风行。然其挟文达之私书、文达无如之何也。

·段金坛为巫山令，贪劣特甚。孙渊如为山东粮道，受贿三四十万。可知汉学家专务琐碎，不知道理，心术大坏，若从宋学入手，断无此事。

·东原晚年自悔曰："平日读书，至此都不复记忆"，乃知义理之学，足以养心。（以上均见《下卷·明国朝学派》）

他相信学术攸关人心，乾嘉以来学术之坏，也导致了社会的败坏，故曰："廉耻坏于乾隆，风俗靡于道光。"改善之道，也须从学术或学人做起。怎么做？他服膺朱九江之教，云："朱九江先生以'四行五学'教人。四行者，惇行孝弟、崇尚名节、变化气质、检摄威仪。五学者，经、史、义理、掌故、词章也。"（同上）

《南海康先生口说》整本书就是依"四行五学"来安排篇章。《学术源流》七篇、《孔子改制》二篇可视为导论；自《洪范》到《明国朝学派》是经子；《正蒙》《通书》以下，论格物，励节、辨惑、据德、主静出倪、养心不动、变化气质、检摄威仪、孝弟、任恤、宣教、同体饥溺，是义理；《汉书·百官公卿表》《史记·儒林传》《史记·两汉儒林传》《汉书·艺文志》是史；最后论理策、文章源流、文学、八股源流、骈文、赋学等，是词章；谈律历乐学等则是掌故。康有为所有著作中，也只有这一本书最能全面显现朱九江以来的康氏一脉学风。其论义理、子史、掌故、词章者，皆非清朝朴学一路经学家所能到。

章太炎先生的国学

章太炎先生为国学大师，世无异辞；章先生本人也颇以此自许。1906 年他在日本，便发起国学振起会，对鲁迅、钱玄同等人讲说之，而且在自家门口堂皇地写为：章氏国学讲习会。1913 年，他在北京，遭袁世凯软禁时，亦以讲国学自遣。讲堂门口贴上告示说："余主讲国学会……专以开通智识、昌大国性为宗。"傅斯年、顾颉刚等人都跑去听，后有吴承仕整理的讲录《菿汉微言》行世。1922 年居上海，又作国学系列讲座，分治国学之方法、国学之派别、经学之派别、哲学之派别、文学之派别等八讲次，后来曹聚仁整理成《国学概论》，张冥飞也有一个《章太炎先生国学讲演集》的记录。《申报》经办此次讲会，有广告谓："念国学之根柢最深者，无如章太炎先生。爰特敦请先生莅会，主讲国学。"可见当时人心目中国学家之代表，就是他。晚年章先生还在苏州成立国学讲习会，一直讲到病逝为止。近人昌明国学，很少人像他如此长期一贯努力，他自称"独欲持任国学"，确乎弗愧其所言。

但是太炎先生所讲的国学，内涵究竟为何？

他曾有与钟正懋书云："仆国学以《说文》《尔雅》为根极。"（1909，见《章太炎书信集》）因此看来是以小学为主的，许多人的印象也是如此。章氏门人多研治小学；他在日本开始讲国学时，也以讲《说文解字》段玉裁注为主。1907年他与刘师培函谓:“鄙意提倡国学，在朴说而不在华辞”（同上），亦可见其微旨。他这一路数，跟梁启超、胡适等人讲国学之不同，最显著者，即在于此。

梁启超所拟《国学入门书目及其读法》，小学类只列了七种，且声明:“若非有志研究斯学者，并此诸书不读亦无妨耳。”胡适《一个最低限度的国学书目》在工具部中，文字声韵之书也完全没列，训诂书只列了一本《经籍纂诂》、一本《经传释词》。可知在梁胡诸人心目中，小学工夫只要能查字典、查书目便可，谈不上是“根极”，恐怕连“根基”都不算。不过，在世人眼里，评价乃因此而恰好相反：梁胡诸人由于不谈小学，或无小学工夫，故根基只怕就不如章先生了。《申报》说:“念国学之根柢最深者，无如章太炎先生”，便是此意。

章先生这样的路数，既为世所重，后学者承流接响，当然也就都往小学里钻。如今章黄学派遍天下，大都秉此宗风。

但我以为欲由此见章氏国学之奥，其蔽有二：

一、章氏小学，实与清儒不同，亦非今所谓语言文字之学，其后学专意于语文训诂之间，失之远矣。考章氏《国故论衡》第一篇《小学略说》即云:“（盖小）学者，国故之本，王教之端，上以推校先典，下以宜民便俗。岂专引笔画篆、缴绕文字而已？苟失其原，巧伪斯甚!”小学为什么是王教之端呢？又如何可以宜民便俗呢？这不是只钻在笔画语音上的人所能懂的，斯乃孔老夫子之云“正名”也。其详当看我的《文化符号学》，此不具述。总之是由小学看章太炎的人，大抵不能懂他的小学。

二、由小学看章氏国学，亦难以知其大体，不能见其整体规模。太炎是复杂的人，小学为其根基，固然不错，但其文学经学并不能只由小学这一路去推求。且就算兼综了太炎先生的经史文学，恐怕也仍未尽窥其所谓国学之底蕴。

为何如此说呢？且由个故事看：太炎1914年在北京遭幽禁期

间，曾经绝食，而且准备绝食至死。时弟子朱希祖侍之，太炎语曰：“余为国绝粒，虽以身殉，亦无遗憾。余殁后，经史小学，传者有人，光昌之期，庶几可待。……惟诸子哲理，恐将成广陵散耳。”（朱偰《朱君逖先生年谱》，见于《文史大家朱希祖》，学林出版社，2002年）此为绝命之词，最能见其深衷。依此说，小学就不是“根极”，而是“根基”；真正太炎先生自认为最重要的学问所在，亦即其“极”，或许应在诸子哲理方面。而这一部分，他是遗憾没有传人的。

太炎之诸子哲理，何以竟无传人？此理难知。依我看，系因其颇杂于佛学之故，或至少是原因之一。太炎门人，无究心佛理者，最高弟如黄侃，亦仅能略说魏晋玄风而已，此便不足以知太炎。

且太炎虽讲国学，但对于什么才是国学中最高之理，他恰好就不是个本土国粹派。黄侃序其《国故论衡》说：“夫见古人之大体者，不专于邹、鲁；识形名之取舍者，无间于儒、墨”，指的是太炎先生并不专宗儒家。此一立场，与一般人之想象或预期其实颇有距离。许多人以为既讲国学，尤其是从经学、小学来讲国学，大概就是儒家或以儒家为主的，太炎先生正好不是如此。早年推崇诸子过于孔子，末年虽重新推尊孔子，但他说孔子之所以高于诸子，实际上却是说孔子合于佛法。此中曲折，要弄明白，当然就很费劲了。

首先，佛学到底能不能算是国学，于今观之，或不能无疑。不过，在清末民初，可能恰有一种社会风气，知识人颇以论佛学为时尚，且亦将之视为国学或国故中的重要部分。梁启超、胡适论国学，就都曾把它列入范围。

胡适《一个最低限度的国学书目》里，曾开列了《四十二章经》《佛遗教经》《异部宗轮论述记》《大方广佛华严经》《妙法莲华经》《般若纲要》《般若波罗蜜多心经》《金刚般若波罗蜜多经》《阿弥陀经》《大方广圆觉了义经》《十二门论》《中论》《三论玄义》《大乘起信论》《小止观》《相宗八要直解》《因明入正理论疏》《大慈恩三藏法师传》《华严原人论》《坛经》《古尊宿语录》《宏明集》等廿一种佛书，外加一本梁启超的《大乘起信论考证》。讲国学，且是最低限度必读书目，佛经居然开列如此之多，不能不说是怪事。问他要书单的清华大学学生首先就质疑："做留学生的，如没读过《大方广圆觉了义经》……当代的教育家，不见得会非议他们，以为未满足国学最低的限度。"胡适答辩，则说将这些列入，乃是要留学生知道这些都是应该知道的书云云。

胡适的回答固有其道理，但也还是令人不解，因为佛书比例太高了。相对来说，道经就一本也没有。且既列了《大乘起信论》，又把梁先生的考证也算最低限度书目，便显得跟其他领域轻重失调。因此这个书目大抵只能说是显现了胡先生个人的兴趣，或民国初年知识界对佛学十分重视之气氛。

梁启超的《国学入门书目及其读法》并没有列佛书，看起来似与胡先生不同，但他在《治国学的两条大路》一文中却明白说过："我们国学的第二源泉就是佛教。"第一个，当然是儒家。可是梁先生说佛为儒之外一大源泉，佛家"所讲的宇宙精微，的确还在儒家之上"，推崇亦可谓甚至矣！

依胡先生、梁先生这样的看法，佛学自然是国学领域中该仔细研究的部分了。

由此进而观察章太炎的情况，则更有趣。太炎先生《国故论衡》上卷小学十篇、中卷文学七篇、下卷诸子学九篇，连史学都没谈，佛教问题当然更未厕列其间。章先生另有一本《国学略说》则是分小学、经学、史学、诸子、文学五部分，佛学亦未专门讨论。既如此，在章氏观念中，佛学不属于国学领域啰？是又不然。

章先生在具体阐述国学内涵时，屡以佛理说之，情况就如他作《齐物论释》时那样。同时他还与梁启超一样推崇佛学高于儒学。《国学略说·诸子略说》云：

《中庸》之言，比于婆罗门教，所谓参天地、赞化育者，是其极致。乃入摩醯首罗天王一流也。儒释不同之处在此。……若全依释氏，必至超出世间，与中土素重世间法者违反，是故明心见性之儒，谓之为禅，未尝不可。惟此所谓禅，乃四禅八定，佛家与外道共有之禅，不肯打破意根者也。昔欧阳永叔谓孔子罕言性，性非圣人所重，此言甚是。儒者若但求修己治人，不务谈天说性，则譬之食肉不食马肝，亦未为不知味也。

这一段话，可视为他论儒佛关系的总纲。重点一是区分儒佛，儒只重世间、佛超出世间，因此佛境界高于儒。其次，儒者有一种只重在修己治人，这种也很好，与从佛者可以各行其是；另一种则受佛教影响，喜欢谈天说理，或讲明心见性，但此种其实仍不及佛。所以他说王阳明、邹东廓、欧阳南野、聂双江、王塘南等皆明心见性，日事宴坐，见解都很高。王塘南云一念不动，念念相续，更是被他认为就是佛家讲的阿赖耶识。可是“释家欲转阿赖耶识以成涅槃，而王学不然，故仅至四禅四空地”。

其宗趣如此，故儒家中最高者为孔子颜回，孟荀以下大都只在世间，未超出人格。这两句话，须再做些解释：

章氏之学，本原在经学小学，这是一般人之印象。但经学可能只是他自“诂经经舍”学来之一套知识，对这套知识研练虽精，却不见得具有价值上的认同感。因此他说：“《春秋》言治乱虽繁，识治之原，上不如老聃韩非，下犹不逮仲长统。”（《国故论衡·原经》）又说：“《尚书》不过片断史料而已”;《易》则只能用来清谈，若施之于人事，必导致《礼记·经解》所云“易之失贼”，为什么？“施之人事，必用机械之心；用机械之心太过，即不自觉为贼也。盖作《易》者本有忧患，故曰其辞危。危者使平、易者使倾，若之何其不贼也?”《仪礼》安上治民、《周礼》治太平，看起来好像较有价值，但这种价值仍然是有限的。由经学发展下来的儒家，成就因而也是有限的：“儒者之书，《大学》是至德以为道本、《儒行》是敏德以为行本、《孝经》是孝德以知逆恶。此三书实儒家之总持”，“儒者之业，本不过大司徒之言，专以修己治人为务。”（均见《国学略说·诸子部》）修己治人，这不是很好吗？是，章先生也说这很好，不过并不是顶好。

因为修己治人都属于人间事，依章先生说，这就叫未超出人格。整个儒家体系中，自周公以下就都未能超出这个格局，只有孔子颜回例外：

> 孔子平居教人，多修己治人之言。及自道所得，则不限于此。……盖有超出人格之外者矣。“子绝四：毋意、毋必、毋固、毋我”，毋意者，意非意识之意，乃佛法之意根也。……欲除我见，必先断意根。毋必者，必即审慎思量之审。毋固者，固即意根之念念执着。无恒审思量，无念念执着，斯无我见矣。然则绝四即是超出三界之说。六朝人好以佛老孔比量，谓老孔远不如佛，玄奘亦云，皆非知言之论也。
>
> 孔门弟子，独颜子闻克己之说。克己者，破我执之谓。……颜子之事不甚著，独庄子所称“心斋坐忘”能传其意。……谓“如有所立卓尔，虽欲从之，末由也已”，此即本来无物，无修无得之意。然老子亦见到此，故云：“上德不德，是以有德；下德不失德，是以无德”，德者，得也。有所得非也，有所见亦非也。……皆超出人格。……佛法立人我二执，觉自己有主宰，即为人我执。信佛而执着佛、信圣人而执着圣人，即为法我执。推而至于信道而执着于道，亦法我执也。绝四之说，人我法俱尽。“如有

所立卓尔，虽欲从之，末由也已”者，亦除法我执也矣。此等自得之语，孔颜之后，无第三人能道。

孔颜之外，依他看，老庄也均尝道及此境。不过那不是儒家，暂不说。就儒家言之，孔颜之后，子思甚高，可以超出人格，但超出而不能断灭，故只入于佛法之所谓天趣。天，在中国人看来是最高了，但以佛法衡之，佛境界又更在天上。基督教所说的上帝，只居佛法的欲界天；子思所说的“上天之载，无声无臭”，则相当佛教说的色界天，与印度婆罗门崇拜梵天王相似。到孟子，又比子思更高。不说天，只说我，以我为最高，万物皆备于我。此说若一转而入佛法，就可成为三界皆由心造之说。可惜孟子只如印度之数论，立神我义，以为一切万物皆由我流出。这就容易形成我慢，比不上孔颜了。但他不论天，由色界天入无色界天，又比子思高了一层。他们都是超出人格的，然主要用心毕竟仍在修己治人，故又与婆罗门及数论不同。荀子则反对思孟，专务人事，有人趣而无天趣，故论政优于孟子。

此后儒家就分两派，一派修己治人，一派明心见性。前者不超出人格，后者超出。前者如曾子、荀子、王通、范仲淹、胡安定、叶水心、陈止斋、吕东莱、顾亭林、颜习斋、戴震等。后者如李翱、周敦颐等，宋明理学家大抵归于此派。

但明心见性之儒，并不是由孔子颜回那里直接学到这样一条思路的，乃是由佛教那儿“阴袭”或“改头换面”而来。其中程明道、陈白沙都近于四禅八定工夫。对阳明，先生亦不甚推崇，谓彼拖沓，不如心斋直截了当；王塘南胡正甫则所见高于阳明。“正甫谓天地万物皆由心造，独契释氏旨趣。前此理学家谓天地万物与我同体，语涉含混，不知天地万物与我孰为宾主，孟子万物皆备于我之说亦然，皆不及正甫之明白了当”。至于刘蕺山讲诚意，先生更不以为然，说：“诚其意根者，即堕入数论之神我。意根愈诚，则我见愈深也。……

诚之为言，无异佛所称无明，信我至于极端，则执一切为实有，无无明则无物，故曰不诚无物。”因此总括起来看，明心见性之儒，亦可称为禅，只不过乃是佛与外道共有之禅，尚未打破意根。

太炎先生论儒佛关系大抵如此。从究极处说，佛与孔老都到达了超世无我之境界，但因社会条件与需要不同，中国人平常只讲世间法，宋明有讲明心见性者，见地亦不甚高。

如此说，乃以孔老合佛也，亦以佛说论判诸儒境界。诸儒论心论性，便指其袭禅或竟是禅。如此崇佛抑儒，虽不废孔学，谓儒者修己治人，符切中国之需，且不食马肝未为不知味，未必人人均要去说心性云云，但在理趣上确是宗佛而非宗经征圣的了。马一浮尝云：“佛氏判儒家为人天乘，老庄为自然外道”（《复性书院讲录·卷一·读书法》），太炎先生差不多就是这个态度。

论儒家如此，论道家亦然。云老庄之善者，在于能契佛法，以老子说“涤除玄览”、庄子说“心斋坐忘”为证，而对此后道家道教之徒殊为不屑，作风颇类其师杨仁山。仁山作《孟子发隐》《道德经发隐》《南华经发隐》等，讲孔老佛一源，大体亦是如此。

对于杨仁山、章太炎这样的说法，我并不赞成，其详可参看我的《杨仁山笺释道书考》，此处只能略说其问题。其问题一是价值选择及文化认同上的。太炎先生讲国学，系以“昌大国性”为念，不同于一般纯知识之讲说，故能动人。然而佛法玄谈，太炎先生自己也说非目前用世所急，否则流弊即是清谈，非唯祸及国家，抑且有伤风俗，有决江救涸之嫌（以上均见《诸子略说》）。既如此，一定要合孔老于佛，什么用意呢？昌明国故，而令人知国故之最高者仅合佛法之一端，其余不过尔尔，又如何昌大国性呢？

其次，是如此说在知识上入不入理的问题。例如把孔子之“毋意”解释为断意根，把老子的“上德不德，下德不失德”解释为无得亦无不得，都可说是附会。《诸子略说》中还说庄子有近于佛家轮回之说；儒家云无极、道家云无始，则近于佛教之说无尽缘起；

又谓明儒万思默云静坐之功，若思若无思，便是佛法中的非想非非想等，也都是附会。附会最严重的，则是以唯识学去解释儒家之说性。认为佛说阿赖耶识本无善恶，故告子说性无善无不善；意根执着阿赖耶为我，乃生根本四烦恼：我见我痴我爱我慢。故孟子亦有见于我爱而说恻隐之心、说性善；荀子有见于我慢，所以说性恶；扬雄见我爱我慢交相用，故说善恶混等等，不但对荀孟性论皆颇多误解，牵引唯识，大谈阿赖耶，亦殊无必要。

在《国故论衡》里，太炎先生论因明、唯识、轮回及无生宗旨亦甚多，但主要问题相似，故此处不另予分疏。这里我要说的是：太炎先生努力以儒合佛，并用佛义来解孔解庄，除了附会之外，还显示了另一个大问题。那就是他花了许多心血，想超越宋明以来儒者辟佛与阴袭佛学各偏一端之格局，走出一条新的综合之路，把佛教纳入国学中，并强调儒佛本源不殊，只是方法因地制宜故有不同而已。这条新路向，不能说不具特识，其苦心孤诣是极值得佩服的。不过，如此做法却恰好颠倒了一个真正的学术问题。

什么是真正的学术问题？那就是：儒佛在本源上可能正是相异的。特别是从太炎先生精熟的唯识学来看，唯识与儒家乃是根本的不同，不容混为一谈。可惜杨仁山、章太炎他们那一辈人，恪于时代气氛，又受真常心系理论之影响，未发现这一点，或虽发现，例如太炎先生已由唯识学看到了孟子性善说与唯识迥异，但他未由此继续深入去看，太快就将孟子归摄于佛法之下，判其为我执、神我，而以告子之论性合于佛法。于是这个问题就滑过去了，一直要到熊十力《新唯识论》出，这个问题才被彰显出来。熊先生与支那内学院为此大开笔仗，儒家“性觉”、佛家“性寂”之不同才得阐明。也就是说，太炎先生虽看到了儒佛不同这个问题，但他对佛学较为推崇的价值观及附会以求合的解释方法，却令他未能真正去处理它，以致在《国故论衡·辩性》中纵横博辩以说无生宗旨的那些宏论，在历经儒佛大辩难以后，回过头来看，感觉格外可惜。惜其但为先生染于佛法之性论，而非国学史上论性诸说之平议也。深染佛法，于先生固无伤，然儒佛同乎异乎，先生终不能明也！

章太炎先生于1911年有信给吴承仕，说："仆辈生于今世，独欲持任国学，比于守府而已。"守府，就是保守库房的人，犹如老子为周之守藏史。孔子，在太炎先生看，也属于这种人，功在保存。故《訄书·订孔》说："孔氏，古之良史也"，拿司马迁父子和刘歆去比拟。他本治古文经学。此派经师，将六经视为史书，谓孔子有保存删述之功，不赞成把孔子尊为创制立法的圣人，故说孔子为古之良史。关联到自己身处的时代，他也会觉得自己对国学，情境相仿。都是在一个礼崩乐坏的社会中，删述以存古。

这种心情与认知，使得太炎先生讲国学偏于文献的、知识的。六经本系史料，存古并不是因古道仍堪适用，只因它是自家的东西，故存之足以令人对这个家保持文化认同及传承之统绪罢了。

1906年他到日本时发表的《东京留学生欢迎会演说辞》，说要唤起民众，首在感情，其途径有二，一"用宗教发起信心"，二"用国粹激动种性"，即是此理。就像我们保存一本先人的著作，时时玩索。其著作之内容不见得就一定至精至粹，但因是先人遗泽，读来别样感奋、别样亲切，特别能激发人立志向上。国学对现代人来说，情况大抵即是如此，故他说："说经者所以存古，非以是适今也。"(《与人论〈朴学报〉书》)

只不过，今人要看得懂那些古代先人手泽，首先就得要有训诂小学工夫，因此他讲国学从文字声韵的小学工夫开始，以此为门径。据此言之，章先生的国学，既是知识的，也是感性的，以国族主义唤起人们对国学的保存钻研之情，以及对国族的历史记忆。

由于对国学之认同，只因它是历史性的知识，并基于民族感情，故章先生在人生哲理上是另有归趋的。此一归趋，即是佛学。这在前文分析章先生之国学与佛学关系时已然说过了。

马一浮先生的国学

一、马一浮的六艺之学

相较之下，马一浮论国学就与章先生大相径庭了。章君如今归葬杭州西湖“花港观鱼”之畔，恰与蒋庄马一浮先生纪念馆衡宇相望，二氏平生宏阐国学，俱称宗师，而取径互异，适可并参。

马先生讲国学，时代较晚，1938 年避兵江西泰和时，才为浙大师生讲国学讲座，刊为《泰和宜山会语》，次年又在四川乐山开办复性书院。其所谓国学，范围颇与胡适、梁启超、章太炎不同。《泰和会语》楷定国学名义时便明确说：“（照一般）时贤所讲，或分为小学、经学、诸子学、史学等类，大致依四部立名。然四部……犹今图书馆之图书分类法耳。……依时贤所举，各有专门，真是皓首不能究其义，毕世不能竟其业。”这时贤，指的便是章太炎。因对章的国学范围不满，故马先生只以“六艺之学”来界定国学。说六艺之学而不说是经学，也就是为了要避免人家又把经和史、子、集各部割裂开来看。依马先生之见，六艺是总摄一切固有学术的，因此不能把经跟其他各部平列分类。

但国学只讲六艺，范围会不会又太窄了呢？马先生认为不会，因六艺可以总摄一切学术，六艺之教是可以贯通到一切学问里去的。例如文学艺术可归入诗乐范围，凡教人温柔敦厚、广博易良者皆属于诗教乐教；政法经济统于书礼，凡教人疏通知远、恭俭庄敬者皆属书教礼教。他讲国学而一定要讲六艺，是总摄地说，是“统之有宗，会之有元”地说，为国学立本。故反对平列地、分解地说。但六艺之学又并不只是六本书或只是经学本身，而是由六艺通贯到诸子四部的。

故马先生《通治群经必读诸书举要》之分类，仍然是：群经（四书、孝经、诗、书、礼、乐、易、春秋、小学、群经总义）；诸子（儒、诸子异家）；史；诗文总集（见《复性书院讲录》卷一）。这不是跟章太炎一样吗？不，注意，这不是胡适、梁启超、章太炎所说的那种“国学书目”，而只是通治群经的必读书目。但要通治群经，也就是要能知六艺之学，却必须通贯四部。

这岂不又太宽了吗？马先生亦以为不然，他说：“本书院意在养成通儒，并非造成学究。时人名学，动言专门。欲骛赅通，又成凌杂，此皆不知类之过。”（同上）他反对专家，所以治经者不能只读经，成为专业经生。而一般所谓淹贯四部、博通九流者，他亦以为未必能通，只是凌杂。如何才能通？四部九流均总摄于六艺，才能令人“知类通达”，六艺者，六类也。

二、马一浮学术之特点

此为马一浮论国学之大本，其与章氏不同，甚为显然。其次则反对六经皆史，反对从史学角度看六艺。《泰和会语·论六艺该摄一切学术》云：

> 《学记》：……君之所不臣于其臣者二：当其为尸则弗臣也，当其为师则弗臣也。……此明官、师有别，师之所诏，

并非官之所守也。……吾乡章实斋作《文史通义》，创为“六经皆史”之说，以六经皆先王政典，守在王官，古无私家著述之例。……“以吏为师”，秦之弊法，章氏必为回护，以为三代之遗，是诚何心？……曾谓三王之治世而有统制思想之事耶？

章氏认为六经是先王之政典，学出于王官。马一浮不以为然，云官与师不同，官守是书吏抱持档案，师却非王辖下的官，是“以道得民”的人，为诸侯之师保。而且三王不同礼、五帝不同乐，政典历代不同，故与其说保存政典，不如留意孔子如何删定，求其用心。他在《通治群经必读诸书举要》中，劈头就说：“六艺皆孔氏之遗书”，又在论如何读《春秋》时说：“学者且宜熟玩《公》《谷》《胡》传，须使义精仁熟，乃有以得圣人之用心”，便是此意。对于史学性质较浓的《左传》，并不强调。

这是驳“吾乡章实斋”。可是马一浮生于成都，六岁才返绍兴，居上虞，其乡人既可以是章实斋，亦可以是另一章：章太炎。

案：顾颉刚《浪口村随笔》卷五《王守仁五经皆史》谓：“近数十年间，康常素、皮鹿门等，拥戴孔子为教主，过神其说。章太炎、刘申叔重申章龚（自珍）之论以折之。六经皆史之说遂又腾播一时学者之口。”可见太炎正是实斋六经皆史说在民初最重要的提倡者。

太炎先生自己说经，首先去除其神圣性，云“经之训常，乃后起之义。……其意殆如后之目录，并无常义。……今所谓线装书矣”。接着就用章学诚的说法：“周代诗书礼乐皆官书。春秋，史官所掌；易藏太卜，亦官书”，然后又说：“史部本与六经同类”“纬与经本应分类，史与经本不应分，此乃治经之枢纽，不可不知者也”“史部入经，乃古文家之主张；纬书入经，乃今文家之主张也”。

经史不分，一方面是把史拉入经，一方面也是把经夷为史。六经原只是史料，孔子为古之良史云云，皆与实斋六经皆史说恰如桴鼓之应，而马先生对之，辄不以为然。

再者，章先生论国学国故国粹，深意在于强化集体记忆与民族认同，所以重其史学意义。他早在《訄书》中就有《尊史》之说，尔后更是感觉到在时代的大变动下，唯有强化民族共同拥有的历史，才能使个体因与这个历史相结合而不致于在变动的世界中迷失。章先生不太讲抽象的民族精神，也不发扬什么具体的古代观念或伦理道德，可是，通过对国学国故的拥有，人也就拥有了历史以及感情，如此即能“昌大国性”，与其他国族并立于世界上而无悔无惧。马先生讲国学，则在这个方向及归趋上也与章先生不同。

章先生讲经时，首先消解了经的常道意义；讲国学与历史，凸显的也是民族的独特性，家史国族史，正是人不能与他人共享的东西。马先生虽然也常有此类言语，例如：“一旦打开自己宝藏，运出自己家珍，方知其道不可胜用也”（《复性书院讲录·卷一·读书法》）“今人以吾国固有学术名为国学，意思是别于外国学术之谓”（《泰和会语·楷定国学名义》）等等，但其宗趣颇为异样。《泰和会语·论西来学术亦统于六艺》云：

> 六艺不惟统摄中土一切学术，亦可统摄现在西来一切学术。……故今日欲弘六艺之道，并不是狭义的保存国粹，单独的发挥自己民族精神而止，是要使此种文化普遍的及于全人类，革新全人类习气上的流失，而复其本性之善、全其性德之真。

章太炎及其他民国初叶之文化保守主义者，在他看来都只是保存国粹、护持种性而已。他自己当然也是由此种性、由此特殊的文化为出发点，但他觉得这个特殊文化是具有普遍性的。在旧世界及其规范已被西方压倒、崩溃之际，他仍认为六艺之道是永恒而普遍的价值与规范，不仅中国人该知道，外国人也必循守此道：

> 今人舍弃自己无上之家珍，而拾人之土苴绪余以为宝，自居于下劣，而奉西洋人为神圣，岂非至愚而可哀？……须知今日所名为头等国者，在文化上实是疑问。须是进于六艺之教，而后始为有道之邦也，不独望吾国人兴起，亦望全人类兴起，相与坐进此道。

外国也需要有六艺之教，并不是说他们也得读我们的经书，而是说六艺所提示的方是人类正常合理之生活，人类未来文明发展，必趋于如此，故“若使西方有圣人出，行出来的也是这个六艺之道，但是名言不同而已”（同上）。此说，在批判西方现代文明及向西方开立中国古代圣人之道这味药方方面，类似辜鸿铭。辜氏《春秋大义》导言第一段便说：

> 现在的大战，引起了全世界的注意。我想这场战争定会使有思想的人转而注意文化的大问题。……我们要承认：现代的欧洲文化在制服自然方面已取得成效，是其他文化没有做到的。但是在这个世界上，还有一种比自然界物质力量更可怕的力量，即藏在人心里的情欲。……这情欲，如果不能得到适当的调理和节制，那就不要说文化，便是人类之生存也将不可能了。

谓现代欧洲文明只重治物不重治心，故有大战这样的后果，因此向西人推荐孔子，大谈《春秋》。马一浮批评西方现代文明“在文化上实是疑问”，认为当时弃国故而骛西学者为“至愚而可哀”，相信未来世界必然仍应走且将走圣人所示的六艺之途。均与辜氏相似。

二先生治学原本就有一个极有趣的相似点：皆精通西学。辜先生不用说了，西学根柢大胜其中学。马一浮则19岁就在上海创办《二十世纪翻译杂志》，大力介绍西方文化。21岁留美，并游欧洲，习德文日文，曾以英文译《日耳曼之社会主义》《露西亚之虚无主义史》《法国革命党史》及俄国托尔斯泰《艺术论》、西班牙名著《唐吉诃德传》等，以日文翻译意大利人的《政治罪恶论》等，马克思的《资本论》也由他引进中国。其西学之精，自不在话下。因此二君此等言论，并不能视为昧于世界大势者的民族自大心理表现。他们对西方现代文明的不满，如今看来，恰好是当代学界展开“现代性批判”之先驱。而这一部分，便是章太炎所少有的。

但马先生与辜先生也有不同。辜氏采取的是避敌之锋、蹈敌之虚的论述策略，谓欧洲治物而不治心。马先生认为西方现代文明颇成问题，却采取了以子之矛攻子之盾的方法。

欧洲在启蒙运动以后，形成了普遍理性的观念，整个形上学及神学世界之瓦解，被解释为理性“除魅”的结果。在理性不断发展之下，科学理性也构造了工业化新世界，于是整体人类的历史，亦将是此一理性不断发展之历史。发展，成为进步的同义词，推动着一个普遍的历史目的论。在此论述底下，欧洲现代文明乃因此成为东方也必须接受的。欧洲除魅、现代化、工业化、科学化之进程，遂也是世界各民族均应经历的。相对于这样的论述，反对者大多采取章太炎这样的文化相对立场，强调国族文化之特殊性，以资抵抗。马先生反是。他采取的，是与普遍论一样的论式。说人既都是人，人心就都是一样的。人心既同，此理便同，中国古代圣人所说的六艺之教，自为西方所必循之路。

在这个与西方现代文明论述相同的论式中，马先生与之不同的，是西方以理性为其内核，马先生以心，说六艺只是一心之表显。这个心，可以说是仁，可以说是仁和义，也可以说是知仁勇，或仁义礼智，或五常六德。不管是东方西方，人都应该革除习气之流失，恢复本然的仁心善性。因此复性之道，不只中国要讲，西方也该讲，因为这才是人道之正途（详见《泰和会语·论六艺统摄于一心》）。

由六艺讲到心，说六艺统摄于一心，这又与章太炎不同了。

章先生论经学，严古今之别、汉宋之分。宋学剔出，只在《诸子略说》中讲讲，谈经学只就汉学说。汉学中又剔出今文，故曰："清人治经，以汉学为名，其实汉学有古文今文之别，信今文则非，守古文即是"（《经学略说》）。这是清人观念中的经学，亦是老子所说"为学日益"之"学"。马一浮所讲的，则是"经术义理之学"（《复性书院讲录·卷一·开讲示诸生》），谓"六艺之教，总为德教；六艺之道，总为性道"（《复性书院讲录·卷三·孝经大义·释至德要道》）。此种经术，用老子的语言说，乃是"为道日损"，故可总摄于一心。以汉宋来分，章先生是汉学，马先生则是讲经学的宋明理学家。[①]

宋明理学家，依章先生看，乃阴袭佛教或由禅宗改头换面而来，黄侃序《国故论衡》云："宋世高材，独欲修补儒术，周氏始作，犹近巫师，为彼土苴，非足珍腆。二程廓尔，取资禅录"，即指其事，评价并不甚高。但章黄亦因此而于宋明理学无所得，偶有所述，多见疏误。

如章先生谓张载《正蒙》近于回教，又近于景教；云朱延平默坐澄心体认天理为佛法之止观；又称梨洲服膺阳明而不以蕺山为

---

① 章先生《国故论衡》完全不谈宋明理学，偶有几处则语带讥讽，如《明见》："自汉任阴阳之术，治《易》者与之糅。中间黄巾祭酒之书，浸以成典。讫于宋世，儒者之书盈箧，而言不能舍理气，适得土苴焉"，"尚考（先秦）诸家之见，旁皇周浃，足以望先觉，与宋世鞅掌之言异矣，然不能企无生"。

然，盖有乡土之见等等，俱皆可商。相较之下，马先生途辙迥异。《复性书院讲录》载书院学规，以朱子《白鹿洞学规》、刘蕺山《证人社约》为模范。以四事教生徒：一曰主敬，为涵养之要；二曰穷理，为致知之要；三曰博文，为立事之要；四曰笃行，为进德之要。明显是由诸子主敬穷理、格物致知转来，但不依程朱的语言说，而溯求于《论语》《孟子》及六经。与宋明理学家相比，经学意味重了许多，与讲经学的汉学家相比，却又谈心说性，说理之气息甚深。

三、马一浮援佛论儒之风格

由这个“经学”与“经术义理之学”的区分，我们可以再进而观察马先生章先生与佛教的关系有何不同。因为上文已说过：章先生认为宋明理学家乃阴袭佛教或改头换面而来，马先生既是讲经学的理学家，是否亦有阴袭佛教之处呢？

马先生精研佛学，在教界及居士界皆有盛名。曾亲送李叔同赴灵隐寺受戒、为印光法师文钞作序，1924 年且组织般若会于杭州，其他《〈楞严开蒙〉小引》《重修祥峰禅师塔铭》等相关佛教著述甚多。在《泰和宜山会语》《尔雅台答问》《复性书院讲录》中更是随处可见他引用佛书、佛法、佛家名相术语来做表述，情况比章先生更甚。章先生只在论诸子学或讲玄理哲学时才用佛家义理以助说明，马先生则随处都是。自来经学家固然无人似此风格，就是宋明理学家也没有人像他这样大量资借佛说的。同时代熊十力略近于此。但熊先生对佛教的资借，大抵根于唯识学，马先生则是泛滥经藏，不拘一宗。若论采摭佛义之广，佛理与他经术义理之学的关系之密，确乎罕见其匹。

不过，我认为马先生对佛法佛学仅是资借，归宗却在儒不在佛。这一点恰好也与章先生相反。章先生看起来像是只资借佛法供做说明，实则所宗在佛不在儒，推尊孔颜老庄，亦只因他们合乎佛法而已。

试看《复性书院讲录》便知：某些时候，马先生是完全不涉及佛法的，例如《论语大义·春秋教（上、中、下）》，《洪范约义》也很少。因此，我们可以说那些佛家名义及义理均是先生有意识地引用。什么情况下他会引用，又为何要引用呢？他说：

> 1. 儒者说经，往往不及义学家之精密。以其于教相，或欠分明，如郑氏《六艺论》《孝经序》则俨然其判教规模。故谓儒者治经，亦须兼明义学，较易通悟也。
>
> 2. “六离合释”，是义家释经常用之名词。一名之中，有能有所，亦是一种析义之方法，使人易喻……依主者，谓所依为主。如言眼识，眼是所依，如臣依主，是眼之识，故名依主。持业，谓任持业用，如言藏识，识是本体，藏是业用，体持业用……三曰有财释，从他得名。四曰相违释，如言眼耳体性各别。五带数释，及举法数，如五蕴等，六邻近释，如念与慧，慧是拣择照了，念是明记不忘……中土玄名，类此者亦少……（《复性书院讲录·孝经大义·释至德要道·附语》）。
>
> 3. 五孝之义，当假佛氏依、正二报释之。佛氏以众生随其染净、业报所感，而受此五阴之身，名为正报。此身所居世界国土，净秽苦乐不同，亦随业转，名为依报。依正不二，即身土不二。此义谛实。以儒家言之，即谓“祸福无不自求之者”（《复性书院讲录·孝经大义·释五孝》）。
>
> 4. 将释此文，约义分四科：一、总显君德；二、别示德相；三、明德用；四、叹德化（《复性书院讲录·孔子闲居释义》）。

5. 今略明其义，就经文分三：一、标名数；二、辨体性；三、寄味明功（《复性书院讲录·洪范约义·别释五行）。

6. 凡说经义，需会遮、表二经。遮是遣非荡执，如言不常、不断、不一、不异等。表乃显德正名，如中正、化义、圣贤等。二氏意存破相，多用遮诠。六经唯是显性，多用表诠。设卦观象，皆表诠也。……又《易》言无方、无体、无思、无为，亦是遮诠（《复性书院讲录·观象卮言·释人大业大时大义大·附语》）。[1]

第一则，总说了他之所以利用佛学来说经的原因。第二则，以示例说明他如何借佛家分析名相的方法来释义。第三则，却是用佛家义来辅助说明，以佛义喻说。第四则、第五则，用的是佛教经时的一种办法，移用于解儒经上。第六则，以佛家释义时遮、表的诠说方式来解说。

马一浮深于西学，因此他说经特别重视分析性，逻辑感很强，可是他并不强调这是西学，只说是参考佛学而来的。可是像他讲国学，先楷定国学名义，楷定时又对自己这一行为再做一界定，说："'楷定'，是义家释经用字。每下一义，须有法式，谓之楷定。楷即法式之意，犹今哲学家所言范畴，亦可说为领域。故楷定即是自己定出一个范围，使所言之义不致凌杂无序或枝蔓离宗"云云，仍可看出与西方哲学的关系。其他人讲国学，均不及他严谨。只是这

① 《复性书院讲录·观象卮言·释德大位大·附语》："佛氏言诸法不自生、不他生、不共生、不无因生，是故说缘生。缘生之法，生则有灭。生为缘生，灭为缘灭，故彼之言生乃仗缘托境，无自性体。《易》之言生则唯是实理，故不可以生为幻，此与佛氏显然不同。……佛氏实能见性，然其说生多是遮诠，故不可尽用，《易》教唯用表诠，不用遮诠。学者当知：遮则以生为过咎，表则显其唯是一真也"，以遮诠表诠来解释儒佛之异，可以参看。

种严谨可能属于学养上的，并非他有意识地运用；有意识地运用，则在佛学。佛家因明分析之术，本来就较吾国言语浑沦者精细，因此马一浮这种做法，颇有方法学上的意义，一方面讲经之义理，一方面教人如何读经、如何释经。

考梁启超《佛家经录在中国目录学之位置》曾说佛家经录所用方法远胜于我国一般目录学，分类极复杂而周备，“吾试一读僧佑、法经、长房、道宣诸作，不能不叹刘略班志荀簿阮录之太简单太朴素”（收入《佛学研究十八篇》），又在《翻译文学与佛典》一文中说佛经大量翻译，才使得中国出现了组织的、剖解的文体，尤其是佛经的科判之学十分发达，“其著名诸大经论，恒经数家或数十家之科判，分章分节分段，备极精密。……”又谓：“隋唐义疏之学，实与佛典疏钞之学同时发生，吾不敢径指此为翻译文学之产物，然最少必有彼此相互之影响，则可断言也。”为什么佛家说经、编目都如此精密呢？梁先生说：“良由经论本身本为科学组织的著述，我国学者亦以科学的方法研究之，故条理愈剖而愈精。”所谓科学，在梁先生那一辈人的理解中，就是指它较具分析性、逻辑性、系统性。印度之思维本具有这方面的特色，且曾影响过我国六朝隋唐之经学义疏，则马一浮解经，参用其法，不是十分合理吗？①

梁启超所说的科判，基本上是分出章节段落，如道安讲经均分三部分：一、序分；二、正宗分；三、流通分。马一浮释《孔子闲居》分四科，释《洪范》分三科，即采用其法，也就是上文所引第

---

① 但马一浮并不认为佛家释义乃科学方法，他认为义学高于科学方法：“天台家释经，立五重玄义，一释名、二辨体、三明宗、四论用、五判教相。华严家用十门释经，谓之悬谈：一教起因缘、二藏教所摄、三义理分齐、四教所被机、五教体浅深、六字趣通局、七部类品会、八传译感通、九总释经题、十别解文义。其方法又较天台为密。儒者说经尚未及此，意当来或可略师其意，不可尽用其法。如此说经，条理易得，岂时人所言‘科学整理’所能梦见？”（《复性书院讲录·孝经大义·释至德要道·附语》）

四、五则。第二则说的五离合释，也是一种释经法，但不是就结构说，而是分析名相。其他运用佛家义学较重要者，还有判教之法：

> 天台据《法华》判四教……贤首本《华严》判五教……判教之名，实始于佛氏之义学（《复性书院讲录·群经大义总说·判教与分科之别》）。

佛教天台宗判四教，华严宗判五教。马一浮所谓六艺之学，亦是判教，判为六教，如温柔敦厚为诗之教，属词比事为春秋教等。又，四悉檀：

> 孔门问仁者最多，孔子一一随机答之，咸具四种悉檀，此是《诗》教妙义。四悉檀者，出天台教义，悉言遍，檀言施，华梵兼举也。一、世界悉檀，世界为隔别分限之义，人之根器，各有所限，随宜分别，次第为说，名世界悉檀。二、为人悉檀，即谓因材施教，专为此一类机说，令其得入，名为人悉檀。三、对治悉檀，谓应病与药，对治其人病痛而说。四、第一义悉檀，即称理而说也（《复性书院讲录·论语大义·诗教》）。
>
> 论政亦具四悉檀，如曰："既庶矣，富之；既富矣，教之。"……世界悉檀也。……答叶公问政曰："近者悦，远者来。"……为人悉檀也。……答齐景公问政曰："君君、臣臣、父父、子子。"……对治悉檀也。……答子张问政曰："居之无倦，行之以忠。"……第一义悉檀也。……又一一悉檀，皆归第一义悉檀，学者当知（《复性书院讲录·论语大义·书教》）。
>
> 以四悉檀配之，答孟懿子曰："无违。"世界悉檀也。……（《复性书院讲录·论语大义·礼乐教中》）。

悉檀，依陈寅恪《大乘义章书后》一文考证，乃梵语音译，意指成就。乃佛陀化导，成就众生之四种方式。天台南岳及智者两位望文生义，误解为遍施，谓佛以四法遍施众生，使之契理（收入《金明馆丛稿二编》）。其实悉檀到底是遍施还是成就，无关宏旨。天台将它发展成解释经义、消解经论异说的通则，并未违背原意。马一浮所用四悉檀说，亦径采天台，用以说明孔子教人的不同言说各属于什么性质。[1]

以上各种引用佛义的状况，都明显是从分析、诠说方法上去资借佛学。另外则是以佛说借喻，如前引文以佛家正报、依报来解喻儒者所说的孝，便是一例。这种情况在马先生讲录中极常见，如“佛说《华严》，声闻在座，如聋如哑，五百退席。此便是无感觉，便可谓之不仁”（《复性书院讲录·论语大义·诗教》），“圣人显示性德，普摄群机，故说《孝经》以为总持，犹佛氏之有陀罗尼门”（《复性书院讲录·孝经大义·释至德要道》），“若依义学定标宗趣，则德本为宗，教生为趣。行孝为宗，立身为趣。又可德教为宗，顺天下为趣”（同上），“五等之称，亦略如佛氏之五位。士当资粮位、卿大夫当加行、见道二位、诸侯当修习位、天子即究竟位、庶人可当十信”（《复性书院讲录·孝经大义·释五孝·附语》），“致唯证量，行则有境，境智不二也。行主心行而言，非指事相之著，境非缘物不起，故名为无，犹佛氏所谓‘无缘慈同体大悲’也”（《复性书院讲录·孔子闲居释义·别示德相》），“佛言菩萨视众生如一子地，即《诗》：‘恺悌君子，民之父母’之谓也”（《复性书院讲录·洪范约义·别示皇极·附语》）……简直不胜枚举，佛家各宗，如天台、华严、禅、净土，咸所资取。

① 另详周广荣《悉檀，成就也？遍施也？——天台诸祖的言语文字观及其对梵字的传习》，《天问》丙戌卷，江苏人民出版社 2006 年版。

马先生自己对此种释义方法是有自觉地使用，他不止一次引用禅家典故，说自己不惜眉毛，如“禅师家每云‘长安虽闹，我国晏然’，彼乃深证‘中和’‘位育’，实得力于念用也。此先儒所不肯说，今不惜眉毛，特为拈出。若等闲听过，吾亦不奈何”（《复性书院讲录·洪范约义·别释庶征·附语》）。这显示此法乃彼有意为之，且亦以此自负能尽经义之幽微。

四、马氏国学的宗儒旨趣

这就显然不是阴袭，乃明用；也不必改头换面；更不必排挤佛法，态度与宋明理学家殊为不同。然而，我要特别指出：这些方法、名相、典故、说理方式之借用，其实都不涉及价值判断，或者说基本上是以佛合儒的，佛家之善，在于它符合六艺之道。故他往往会说儒含佛理或禅家知道且能通于儒理。[①]

以为儒家所说能包含佛理，如《复性书院讲录·论语大义·易教下》：“《涅槃》之常乐我净四德，亦如《乾》之元亨利贞也。……有人问圆悟克勤：如何是诸佛出身处？答曰：‘熏风自南来，殿阁生微凉。’大慧宗杲即于此句下得悟。此却深得‘四时行’‘百物生’之旨”“《易》教实摄佛氏圆顿教义。……生灭即变易义；言‘不生不灭’者，即不易义；若‘不变随缘，随缘不变’，即简易义也。‘川上’一语，可抵大乘经论数部。圣人言语简妙亲切如此”；《复性书院讲录·观象卮言·辨大小》：“二氏之学，实能于费中见隐，故当为《易》教所摄。……大抵老庄皆深于易而不能无失，洁静精微，则佛氏圆顿之教实有之，非其必出于易之

① 我觉得他把复性书院办在乐山乌尤寺，本身就是最形象的说明。看起来有佛家义学之框架，也有其名相术语，但底里毕竟是儒不是佛。

书也"；《复性书院讲录·观象卮言·释德大位大·附语》："南泉未必学《易》，若问'六位时成，时乘六龙以御天'，意旨若何，却是南泉善会参"。以上这些，都是讲佛家虽未必能读儒书，但会得的理，正与儒者相符。

这是拉佛入儒者六艺之教中，为六艺所摄。还有一种，是以儒理去解释佛说，以见彼此若合符契。如"《洪范》言福极，犹佛氏言佛土净秽也"，"'保合大和，乃利贞'。禅家于大彻后，每曰'善自保任'，盖长养滋身，尤要潜行密用。故圣人分上，仍是'日新其德'，岂曰无事？洞山禅以无为无事人犹是金锁难是也"（《复性书院讲录·洪范约义·别释五福六极》）等都是。

这些言论，钩合儒佛，颇见其同。但马先生在许多地方仍不免要对儒佛之异做些分判，此类分判，便愈见先生宗趣在儒而不在佛了：

1. 禅病既除，儒宗乃显。（《复性书院讲录·卷二·题识》）

2. 圣人以天地万物为一身。明身无可外，则无老氏之失；明身非是幻，则无佛氏之失。（《复性书院讲录·孝经大义·序说》）

3. 佛有四圣六凡，儒家只明二道，但简贤智之过实无异。为二氏预记，释氏弹偏斥小，叹大褒圆，知以大拣小，以圆拣偏，未知圆大之中亦有过者，此孔子所以叹《中庸》之德也。（《复性书院讲录·孝经大义·释圣德要道·附语》）①

4.《楞严》……言世界安立生起次第，亦略如《易》

---

①《复性书院讲录·观象卮言·释教大理大·附语》五："佛氏之教，有小大偏圆。中土圣人六艺之教，唯大无小，唯圆无偏。教相本大，机则有小。以大教被小机则成为小，故简小叹大亦是权说。"

象先有风雷，后有水火，后有山泽。但彼言妄明生所，则世界为幻。此言一气成化，则万物全真。此为儒佛不同处，《正蒙》辟此最力，学者当知。(《复性书院讲录·孝经大义·释三才·附语》)

5.《论语》颜渊问仁章，《灯录》波罗提答异见王问性一段公案与《洪范》五事对勘，便见释氏疏处，不及儒者之密。(《复性书院讲录·洪范约义·别释五事》)

6.佛氏立种性差别，儒家谓之气类。种性字不妥，不若气类字用得恰当。(《复性书院讲录·观象卮言·审言行·附语》)

7.二氏之失，只是执有胜义谛，禅家谓之圣见犹存。在儒者言之，则犹不免于私小。(《复性书院讲录·观象卮言·辨小大·附语》)

8.治经仍是“穷理尽性至命”之学。儒者不明“性命”之理，决不能通六艺。而二氏之徒，乃盛谈“性命”。末流滋失。于是治经者乃相戒不谈性命。弃金担麻、买椟还珠，庄子所谓“倒置之民”也。(《复性书院讲录·观象卮言·释教大理大·附语》)

主张治经应谈性命，不能因佛家谈了所以就不谈。谈时又要明白：在说义方法上，佛家较精细，但义理却是儒家较周密。佛家所见虽高，但非中庸之道。而且佛家以世界为无明妄起，所谓万法唯识；认为我身是幻，所谓诸法无我。马一浮也均不赞成。

马一浮云六艺摄于一心，又云“一心具众理，即事即理，即理即心”。这种心学立场，乃综合程朱与陆王而说，故心兼性情理气。其理论构造及其与程朱陆王之关系，当另文处理，此不具论。兹所欲言者，为此一心学立场与佛家说万法一心实颇相似。马一浮对此，亦详乎言之，曰：“佛氏亦言：‘当知法界性，一切唯心造。’‘心生法生，心灭法灭。'万行不离一心，一心不违万行。'"（《复性书院讲录·学规》）三界唯心，此心，"以佛义言之，则曰'真如'，曰'佛性'，曰'法身'，曰'一真法界'，曰'如来藏心'，曰'圆觉'，并是显此一理"（《复性书院讲录·洪范约义·别释皇极》）。

但这只是说三界唯心，却不是万法唯识。马一浮反对唯识宗的讲法，认为唯识宗不能真正了解心，他们所讲的心，只是识，故能造作种种虚妄，那个心不是真心，万法也均是虚妄，故与儒家不同："彼以色为心所现影，二俱是妄。此以器为道之流形，唯是一真。""……张载《正蒙》所简，正此义也。……故贤首判相宗为始教。""……今言唯心唯物者，详其分齐，彼所言心者皆是器摄，以唯是识心虚妄计度，又较佛氏相宗之为言粗也。"（《复性书院讲录·观象卮言·释器大道大·附语》）这是说相宗以世界为识心所变现，故说是空；儒家以世界乃道体之流行，一心之发用，故说为真实心。[①]

相宗以识说心，依他看，只说着妄心，未说及真心。常真心系所说如来藏、佛性、真如才指真心。因此判相宗为始教，并用《大乘起信论》一心开二门之架构，讲："妄心即当人心，真心即当道心，然非有二心也，只是一心迷、悟之别，因立此二名耳。"（《复性书院讲录·观象卮言·原吉凶释德业·附语》）

相较之下，章太炎说心，便以相宗唯识为主，故《国故论衡·辨性下》云："太上有唯识论，其次有唯物论"，又说："人心者，如大海，两白虹婴之，我见我痴是也。两白蛟婴之，我爱我慢是也"，唯有断了意根，才能无我。这乃是转识成智之路，"心者，兼阿罗耶与意识，性者为末那"（《国故论衡·明见》），并不是马一浮所说的真常心。不过，真常心如来藏这个讲法，章太炎

---

① 这个分判，与熊十力《新唯识论》取径正同，无怪熊氏著作初成，即请马氏作序。

仍是承认的，他也引《大乘起信论》说："心真如相，示大乘体，心生灭相，示大乘自体相用。"（《国故论衡·明见》）但他的理论是这样的：

> 人有八识，其宗曰如来藏。以如来藏无所对，奄乎不自知，视若胡越，则眩有万物。物各有其分职，是之谓阿罗耶。阿罗耶者，藏万有，既分以起末那。末那者，此言意根。意根常执阿罗耶以为我。二者若束芦，相依以立。……意根断，则阿罗耶不自执以我，复如来藏之本。（《国故论衡·辨性上》）

如来藏在八识之外，为其宗或本，但它不起作用，只是奄忽不自知的。既如此，则断意根的力量从何而来？从前摄论宗有一支就立第九识，名阿摩罗识，或真如觉性，靠这种觉性，才能转阿赖耶识得法身。章先生说的如来藏，很像第九识，在八识之外，但它并不代表觉性。它也与《成唯识论》不同。成论以阿赖耶为染净同依，舍阿赖耶时唯舍染分，不舍净分，故不另立如来藏。章先生此处殆是混用真常心系与唯识系之说法，所以析理未莹。而且不论如何，如来藏心在章先生理论体系中是没什么地位的，章先生所强调的是断性、断烦恼，以证无生。马先生则以心性为真为常，以心为六艺之原，二者迥异，观者不可不察。

清华国学院传奇

一、

2005年是清华大学开办研究院国学门80周年，该校颇有纪念活动。5月22日历史系举办国学院的纪念会，上午由何丙棣、何兹全、张岂之诸先生讲话，下午，因我本年恰好正在北京清华担任客座教授，故也要我谈一谈。我即略说了以下几点意思：

我认为清华国学院在近代学术史上已成为一则传奇，后起者艳称其事，固然应该，但夷考其实：国学院为时甚短，1925年设立，次年8月陈寅恪才到职，也就是人事才到齐；可是来年王国维就自杀了，下一年梁启超亦因病离去，然后次年就逝世了，国学院也便结束。前后仅四年，有一半以上时间还人丁不全。赵元任、李济又常在外考古或调查方言。整个院，事实上陈寅恪独木难支，全靠吴宓之调护。在此情形下，其教学与研究，成果必然都是有限的。

四位导师中，梁、王之学，早成于国学院成立以前。王国维在清华时期大概只做了《古史新证》等，因此不能把他们的所有成就，都计为国学院之光芒。陈寅恪、赵元任则那时都还是初出茅庐的小伙子。陈那时才37岁，婚都还没结，也没有任何著作；赵亦甫于1924年译出高本汉的《中国语音研究》而已。陈氏在当时开的课，也只集中在六朝及佛教，如"梵文文法""佛经翻译文学""西人东方学之目录学"之类。他的《隋唐制度渊源略论稿》成于1939年，亦即十年以后。故亦不能将陈赵，乃至李济后来之事功统计到清华国学院的头上，以夸大其学术表现。

再说，清华国学院之学风亦非无可议之处。梁启超、吴宓之学，看来无甚影响。陈寅恪似乎影响最大。可是清华国学院毕业诸生，其实治梵文、佛教史、西北史地、中古史者甚少，教学效果实属可疑。

其次，导师与学生大抵皆只采用一种实证史学之方法，无论王国维之说"二重证据"或陈寅恪，乃至学生如王力、高亨、刘盼遂、姚名达、姜亮夫、谢国桢等，均只是语言学加上考证罢了。其考证，以"材料"为"证据"、以繁琐为精密，能创通大义者，其实并不甚多。也就是普遍缺乏理论之兴趣，因此为学者固有余，却无甚思想上的开创性，缺少思想家。

再者，既名为"研究院国学门"，简称为"国学院"，而根本没有辞章与义理的课程和教育，只有考据，国学云乎哉？老实说，其学反而与西方或日本之所谓"汉学"较为接近。

又次，当时以清华的背景，特聘赵陈由海外来任教，自有镕铸东西的雄心，可是这亦只是形式上的。真要融铸东西，谈何容易？国学院没有比较文化的研究方向，连赵元任、陈寅恪，对西方文化也并不深知，何况其他？国学院在这方面亦乏表现。

虽然如此，清华国学院仍是值得回味的一页传奇。此次清华所办会议，名称是"清华国学院与21世纪中国学术"。21世纪学术如何不可知，就20世纪看，整个学术发展正是国学院之背反。例如，当时办的是国学院，后来则不再有这种统包性的学科，均采西式学术分科方式，国学分化为中文、历史、哲学等系所。又如当时所聘，除赵元任、李济较接近专业学者外，梁启超、王国维、陈寅恪均系通人。择聘师资之标准，本来也就要求他们能够对中国文化“全体”有所研究。可是大家都晓得：后来整个学术界所要或所培养的，都不是通人而是专家。

此外，国学院之教育目标，是要“培养以著述为毕生事业之国学专才”。用韦伯的话说，就是要培养以学术为志业的人。这样的目标，尔后亦罕嗣响。因为大学之目标，已变成了培养从事某种职业的人，或根本就是养成以政治为志业者的温床。

还有，国学院强调导师，远采牛津剑桥之制，近挹中国书院之风；开学日即由梁任公主讲书院之精神，希望导师带学生。后来之教育也恰好不是如此的，所谓好教授，只是会写书做研究而已，升等考评，皆不重导师功能。凡此等等，回头再看国学院，不是令人起无限幽思遐想吗？其足以针砭当世者，岂浅鲜哉！

二、

我在清华大学所办“清华国学院八十周年纪念会”上所讲，大意略如上文。然其中所述各点，其实均可补充，今兹分述如下。

一是陈寅恪所代表的学风问题。

陈寅恪出身世家，但 13 岁（1902 年）就东渡日本。两年后返南京。旋以考取官费留日，乃又赴日本就学。一年后，因病返国，才考入吴淞复旦公学读书。1909 年毕业后，又赴德国柏林大学留学。继而游学于瑞士。1913 年，入巴黎大学。同年返国，1918 年再出国，入美国哈佛大学主修梵文及其他学问。三年后，又转往柏林大学研究院，研究梵文及东方古文学等。在哈佛之同学友人，有汤用彤、梅光迪、吴宓等；在柏林之同学友人为傅斯年、俞大维、毛子水等。[①]

陈氏在欧美所学，转历多师，但基本上以语言研究为主。在哈佛时，随蓝门（Lanman），习梵文巴利文。在柏林，随鲁斗（Henrich Lü eders）继续读梵文、巴利文。陈氏较精熟之外文，事实上也仅以此为主，故他《与罗香林书》曾说："外国文字，弟皆不能动笔作文"，可见他对其他外文，均只求识读，非能精通。

陈氏友人及学生常艳称他的外文能力，说他懂二三十种外文。实则吉尔吉斯语、高加索语、吐火罗语、坚昆语等，陈先生之所谓"懂"，大概只是略识而已。既不能动笔写文，亦罕能用在其研究中。真在其研究中起作用的，既非英文、德文、法文、日文，也不是中亚诸国文字，仍只是梵文、藏文、巴利文。

这些语文的研究，正是彼时欧美东方学（包括汉学、印度学）之一种风气。当时欧洲著名的汉学家高本汉、沙畹、伯希和、马乐伯、卫礼贤，都擅长用这种通过语文考证以研究中亚乃至中国史地民俗之方法。陈寅恪无疑深受其影响。戴密微甚至说：陈寅恪在巴黎时很可能去听过伯希和讲授的各种课程。这个推测，未必便是。但戴密微之所以如此说，岂不是因为看出陈寅恪治学的门径与伯希和相近吗？

因此，当年清华国学院的主要学风，乃是由传统经史学曲折转向欧美汉学式之研究。另一位导师赵元任，同样也是这种语言研究路数。他本修习数理与音乐，乃哈佛物理博士，赴欧与高本汉论学，译其《中国语音学研究》后，便一直以语音学及方言调查为主，可说既沿续着欧洲汉学重语言的特征，又结合了他自己的科学背景，更进一步地科学化了。

名为"国学"的研究院，使用的，或盛行的乃是一套这种西

① 对陈寅恪生平资料之叙述，我主要参考汪荣祖《史家陈寅恪传》，北京大学出版社 2005 年版。转引该书之资料，皆不另注。

方人看东方中国之“汉学”方法，当然是种吊诡，落入东方主义而不自知。但当时陈寅恪并未发觉这有什么不对，他在写给妹妹的信中反而说：“如以西洋语言科学之法，为中藏文化比较之学，则成效当较乾嘉诸老更上一层。”此虽针对中文与藏文而说，但在其他领域，大抵也可适用，可代表彼时诸君之主要抱负和观点。

陈寅恪后来的研究，并不局限于此一观点和方法。可是他初返国门，任教于清华时，可说基本状况即是如此。此一时期，上课主要就是讲梵文和西方的“东方学”，研究也以中古佛教史为范围。对中古佛教史之考证，则集中于语文方法之应用。

蒋天枢《陈寅恪先生编年事辑》尝云陈氏在1927—1935年间，于佛经用力最勤，于有关典籍“时用密点圈识以识其要，书眉、行间，批注几满，细字密行。……行间书眉所注者，间杂有巴利文、藏文、梵文等，以参证古代译语”。此即其治学之基本状况。

具体的研究，如《大乘义章书后》，批评天台宗智者大师把“悉檀”之“檀”跟“檀施”之“檀”混为一谈，不知悉檀乃Siddhanta之音译，意译为理或宗；檀施则为Dana之译，二者毫无关系。《三国志曹冲华陀传与佛教故事》，则谓华陀二字，古音与印度Gada（神药）音近，“当时民间比附印度神话故事，因称为华陀，实以神药目之”。又《魏书司马芝传跋》考曹洪与临汾公主侍者共事之“无涧神”，乃无间神之讹。无间，乃梵文Avici之音译，意译为阿鼻地狱。《西游记玄奘弟子故事之演变》一文，又考证孙悟空大闹天宫是两个原本不相干的印度民间故事：闹天宫，本于印度《顶生王升天因缘》，孙悟空则来自印度记事诗中巧猿Nala造桥渡海，直抵楞伽之故事。至于猪八戒在高老庄招亲，陈寅恪也疑心那是从牛卧苾刍而惊犯宫女的故事衍变来。凡此等等，都是利用他对梵文和印度故事的熟悉知识，以破昔贤之妄，以辨中印影响之迹。[①]

当时国人对于此等语文知识，极为陌生，故于他所言，不免惊其河汉，为之低首下心。蓝文征回忆道："上课时，我们常常听不懂。他一写，哦！才知道那是德文、那是俄文、那是梵文，但要问其音、叩其义，方始完全了解。"（陈哲三《陈寅恪先生轶事及其著作·谈陈寅恪》第95页）

此，大概就是当时人们读陈寅恪此类文章之感受。对印度史事、文献及语文缺乏相应之知识，亦根本无从判断他说得对不对。

但是，穿过语文障碍后，这些考证的价值其实颇为可疑。华陀的古音是否真与Gada相近，就值得讨论。纵令相近，又何以证明华陀不是他本来之姓名，而是民间比附印度神话故事，取药神之名以称其人？何况，这个考证，是假设当时社会上已广泛流行着印度药神的故事，深中人心，故才会将华陀比附于这个故事。这个假设，在文中非但缺乏论证，甚且更将假设变成结论。如其考证曹洪侍奉无间神那样，想借以证明"释迦之教颇流行于曹魏宫禁妇女间"，在方法上是完全不能成立的。

曹洪所拜的无涧神，经他考证，说是无间神，看起来很有道理。可是无间神是什么神呢？若云乃阿鼻地狱之神，则释迦之教，阿鼻地狱固无神也。若云即是民间所说的泰山府君、十殿阎罗之类，世人拜之者多矣，又何至于仅因拜这类神，就要系狱？

再说，孙悟空、猪八戒的故事，与印度故事只是相似而已，陈寅恪却以其相似而说影响。仿佛是某甲吃饭，我也吃饭，陈先生便出来考证道：原来某甲之吃饭，乃是受我影响使然。有这个道理吗？更不要说那些故事跟《西游记》其实还真不太像了。明明是孙悟空大闹天宫，偏说是两个本不相干且又与西游故事并不像的两个印度故事之拼凑。明明是猪八戒招亲，偏说是牛卧苾刍之变貌。这

① 以上各文皆收在《金明馆丛稿二编》中。

不是考证，只是一肚皮印度知识无处张皇，故于史册小说中去捕风捉影罢了。

在这些考证中，陈先生也没告诉我们：何以中国人就一定想不出孙悟空大闹天宫、猪八戒招亲这样的故事，必须受启发于印度。印度那《顶生王升天因缘》和巧猿造桥故事、牛卧苾刍惊扰宫女故事，又在什么时候普传于中国民间，以致文人涉笔，可以取法于斯？

陈先生这个时期的考证，在方法跟实际上，往往站不住脚，可说是十分明显的。可是，前文已说过，时人惊于其语文知识和记问之博，于此机关，大抵均未觑破。

看不破这一层，事实上就仅能停留在语文知识跟史料排比上，对于“历史解释”这个部分，或无法着力，或仅能如陈先生那般，胡乱解释以说其渊源影响。陈先生或清华国学院所培养的学者，不少人就表现了这个现象。我怕得罪人，就恕我不再一一举例了。

造成这种现象，或许也不是陈寅恪或他那个时代学人的过失，而是时世风气使然。

当时德国史学流行的是历史语言考证学派，兰克所说“重建过去如当时发生一样”（wie es eigentich gewesen），及倪不尔（Barthold Georg Niebuhr）所主张的：把神话和不实的记载排除在史著之外，让隐晦的真相重新建立起来，而建立之方法，即是语文考证云云，乃是风靡一时之法。傅斯年当时在德国，学的也同样是这套方法，因此返国以后便致力于建设历史语言研究所，提倡重建史实，且希望把历史学建设成为像生物学、地质学那样的科学。

历史研究机构，而特标名为“历史语言研究所”，就显示了语文考证方法在其中的重要性。要把历史学建设成为一门科学的雄心，更表现了那一代史学家企图客观重建历史事实的理想。这个理想及其考证方法，透过清华国学院以降诸史学教育机构，一代传一代，影响迄于今。

但兰克代表的，其实是19世纪的史学。“重建过去如当时发生一样”的客观史学路数，到20世纪早已迭遭批判。史家逐渐发现：客观的历史事实固然曾发生于过往的时空中，但那是已经消逝之物。今人当时既不在场，如何认知这已消逝之物，就构成了认识论上的难题。客观史家相信只要依凭证据（文献或物质的），即可不涉主观地重建过去。如今看来真是天真可哂。因为那些“证据”其实只是“材料”。材料需要解读，并放入历史脉络（经重构后的脉络）中，才能视为证据。同一文献，或一砖一木等物质性材料，不同的人就会有不同的解释，因而也显示出不同的证据力。

其次，历史既已消逝，则今人之说历史如何如何，说的其实就都是今人对过去的理解与认识。换言之，客观的那个历史非但只存在于那个过去的时空，亦非今人所能把搦；凡今人所讲的历史，都是当下人对过去的思维、想象、解释。克罗齐所谓“一切历史都是当代史”或柯林伍德所说“一切历史都是思想史”，就是这个意思。就这个意义来说，客观历史实不可求，求也无意义。[①]

兰克以后，批判的历史哲学，经李凯尔特（Heinrich Rickert）、韦伯（Max Weber）、齐美尔（G. Simmel）、胡塞尔（Edmund Husserl）、海德格尔（Martin Heidegger）、雅斯培（Karl Jaspers）、伽达默尔（Haus Georg Gradagger）及法兰克福学派之推动，在德国颇有发展。在法国则有萨特（Jean-Paul Satre）、雷蒙·阿隆（Raymond Aron）、里科（Paul Ricoeur）等人之提倡，亦早已蔚为巨流。不但没有人相信史实可以重建，更直指史家号称可以“排除自我主观”只是虚妄。历史事实和材料本身不会说话，必须靠人去解释它。正因为如此，所以历史学不同于科学，或者说它不同于自然科学，而应该是

① 详韩震主编：《二十世纪西方历史哲学》，第一章《对当代西方历史哲学之综述》，北京师范大学出版社2003年版。

精神科学或人文科学或什么。

这些讨论，非陈寅恪那一代人所能知，他们也没有想过这些问题。因此，从现在的历史认识来说，或许陈先生的考证，并不只是在枝节上或方法上出现了我上文所指出的各种错误或疑难，更是令人惋惜其空掷气力，为了一个虚诞不可达成的理想，透过语文考证，编织了许多“戏论”。

这些戏论，若以现今历史叙述学派之见观之，固然皆可视为陈先生自己对历史的叙述，在讲一个他自己编造的故事，自抒其情（晚年陈先生的史考，尤可以由此一角度去把握），因而别具意义。但从陈先生初返国倡行科学实证考史之风，后又随傅斯年创办中研院史语所的角度看，便是从根本上、整体地出了问题，令人深感遗憾。

三、

第二个值得探讨的，是陈寅恪与吴宓之间学术价值取向的问题。

吴宓在哈佛留学时就极佩服陈寅恪。《文集》载:“宓于民国八年在美国哈佛大学得识陈寅恪。当时即惊其博学，而服其卓识。驰书国内诸友谓古今中西新旧各种学问而统论之，吾必以寅恪为全中国最博学之人。……寅恪虽系吾友而实吾师，即以诗一道，历年所以启迪余者良多。”其余此类言论甚多，世所稔知，不必赘录。向清华校长曹祥云推荐并邀聘陈寅恪的，也是吴宓。待陈抵清华应聘，吴宓有诗赠之，云:“经年瀛海盼音尘，握手犹思异国春。独步羡君成绝学，低头愧我逐庸人。冲天逸鹤依云表，堕混残英怨水滨。灿灿池荷开正好，名园合与寄吟身。”抑己崇人，倍申绸缪之情，允为学林佳话。[1]

学林传述这样的佳话久矣，但谁也未曾由此产生疑问：吴宓为什么会如此倾仰陈寅恪呢？

看来这不应是个问题，而其实大有蹊跷。因为吴宓会倾心陈寅恪，真是件太奇怪太奇怪的事了！

为什么这么说？吴宓在哈佛时，受教于新人文主义大师白璧德（Irving Babitt, 1865—1933），便服膺其说。返国后，即于1922年1月创办《学衡》杂志，大申白璧德之教。《学衡》创办时，吴宓在东南大学，因此学术史上常以《学衡》代表南京之学风。可是杂志主编是吴宓，吴氏旋与东南大学诸友为编务起龉龃，不少人退出编务，不再与闻。该刊遂随吴宓转至东北大学、清华大学任教而亦转到北方。且基本上是吴宓一人主持，该刊之观点也最能反映吴宓的学术取向与文化关怀。而亦因这个原因，外界看清华，颇不乏将之视为新保守主义之阵地者。因为随后梁实秋由清华毕业，赴哈佛，再返清华，也是服膺白璧德而推阐其说的。

可是，白璧德的新人文主义，主要特征，或其立说之主要目的，恰好就是要反对当时流行的德国式“严格的科学研究方法”（sterng wissenschaftliche methode）。陈寅恪呢，则刚刚好便是德国这一学风在中国的第一代提倡者或示范者。吴宓既醉心于白璧德之说，何以又倾服陈寅恪之学？两者冰炭，何以竟融于一冶欤？

---

① 吴宓讲的“名园”自是指清华园。但他对此园之历史有点误解。他有诗说：“水木千年长清华，云是先朝故侯家。武清列郡椒房宠，天香种出上苑花”，乃是以清华园为“先朝故侯”的园子。这个先朝，并非指清朝，而是明朝；故侯则武清侯也。武清侯枝园林，名为清华园，因此吴宓说现在这个清华“云是先朝故侯家”。其实不然。武清侯的清华园，在勺园附近。现在的清华，却是康熙所建熙春园。此园于道光间分为东西两园，东仍名熙春，西园取名近春，分给四皇子奕宁，东给五皇子奕谅。咸丰时再改名为清华。内中工字殿，后来就成了王国维、梁启超他们工作的工字厅。

白璧德所主张的人文主义，强调的是人如何完善的问题。素朴的人，通过人文教养之教育，逐步提高，故与浪漫主义着重自我之申张，途辙迥异。既讲究人文教养，因此阅读经典便是必须之事。经由阅读经典，特别是文学经典，人才能学到标准与纪律。人文主义又常被称为古典主义，道理正在于此。

但白璧德所主张的“新人文主义”，并不同于在欧洲文艺复兴以后发展起来的人文主义。他认为旧的人文主义颇有流弊，因为人文主义者强调研读经典，其弊乃导致人文主义学者以钻故纸堆为高，流于玩物之自鸣得意，摩挲古典以为乐，以此优游岁月。对此，他主张研究古典亦须与现代相联结。如何联结？他提出比较与历史方法。比较古今，吾人所研习之古，乃能对现代具有比较及启发之意义；历史方法，则是观察中古发展至今之轨迹。因此，白璧德并非古典主义者，他所谓的新人文主义，重点实在“中和”。例如古与今之中和，不执古之道以御今之所有，亦不站在科学进步观的角度，贵今贱古。

让我援引一些白璧德的言论来说明以上这些观念吧。在他1908年出版的第一本著作《文学与美国的大学》中，白璧德言道：

> 旧人文主义……在某些方面已过时且不足以适应时代之需。……它会导致超美学的（ultra-aesthetic）享乐主义的生活态度。即退回到自己的象牙塔中，在古典文学中寻求精致慰藉的那种倾向。……未能以更广阔、有机的方式将它们与当代生活联系起来。因此，古典文学注入新生命和兴趣，不可能指望借由重振旧人文主义来达成，而是要在研究古典文学时更广泛地应用比较和历史的方法。……这些方法必须为观念所渗透，且通过绝对价值感（a sense of absolute values）而得到加强。……每个作者的作品……应把它们当作古代与现代世界一脉相承的发展链条上的环

节而予以研究。（第六章·合理的古典研究）

现在不妨总结一下我们寻求人文主义定义的成果。我们发现人文主义者在极度的同情与极度的纪律及选择间游移，并根据他调节这两个极端的情况，而相应地变得更加人文。……正像有人告诉我们的那样，圣弗朗西斯融合了他身上老鹰与鸽子的品质：他是个温顺的老鹰。……就最实用的目的而言，适度，乃是人生最高的法则。（第一章·什么是人文主义？）[①]

第一段就是区分新旧人文主义，强调古今应联系贯通起来，“古典人文研究，将通过日益密切地接触现代人而获益匪浅；同时，就崇今者来说，他们也只有彻底承认古人的前导之功，才能厕身人文学科的行列。古典以现代为前景，就不会有枯燥呆滞之弊；现代以古典为依托，则能免于浅薄和印象主义之弊。”（第七章·古与今）“一名古典教师应履行的最高任务，就是运用想象力，去将过去的东西重新阐释为今天的东西。……我们既缺乏对现代有充分观察的古典教师，又缺乏具有足够古典背景的现代文学教师，这是实现人文方法复兴的主要障碍。”（第四章·文学与大学）

既要古又要今，就是第二段所说的中和原则。他认为人文主义最核心的精神，在于人不走向极端，能够“叩其两端”“取两用中”。其修养工夫所在，即在其借平衡调适两端，而让自己得到较高的质量，让一切极端均能中和。在人身上体现出适宜、适度、适当的性质。因此他说：“再没有比走向极端的多元论（pluralism）更不具人文或人文主义特性的了。只有那种同样走向极端的一元论（monism）才可与之相比。”（第一章·什么是人文主义）

---

① 见〔美〕白璧德：《文学与美国的大学》，张沛、张源译，北京大学出版社 2004 年版。我在译文方面有些改动。

中和的原则，不仅表现在古与今方面，也表现在传统与创新、个人与历史、自由与限制、理性与感情、民主与贵族、人与自然等各项对立极端之中和。用白璧德的话说，此即人之律（Law for man），在一与多之间保持平衡。而其所以能平衡者，则由于人内心“高上意志”与“卑下意志”之对峙中，人对自己内在的制约（inner-check）力量［见其《民治与领袖》（Democracy and Leadership），1924。吴宓的译介见《学衡》卅二期，一九二四年八月］。①

人文主义一词，自其拉丁文辞源观之，最初之词意就是“信条与纪律”，因此它原本确实是贵族而非平民的，重理性而非如浪漫主义那么感性。但白璧德所主张的新人文主义，讲究的却是“正确的平衡”。此即他与欧洲旧人文主义大不相同之处。

顺着这个区分，白璧德非但不满于旧人文主义之“在古典文学中寻求精致慰藉”这种享乐主义生活态度，更不满当时流行的德国式古典研究方法。他说：

> 在中世纪那个极端时期，人类精神（the human spirit）……沉迷于超自然的梦幻中。现在，它又走向另一个极端，力图使自己和现象界合为一体。这种科学实证主义传播甚广，它使人与自然日趋同化，特别是对教育影响巨大，某些教育机构正成为科学大工厂。（第四章·文学与大学）
>
> 就语言受制于“事之律”而言，它是文献学；若它表达了“人之律”，则它是文学。……今天，我们所知道的文献学家，并不会因为有了“促进人类进步”这个培根主义的捧场，就与他们的原型：（古罗马）亚历山大语

① 吴宓之译介，张沛、张源认为他用“理欲关系”来解释高上意志跟卑下意志，乃是误读。

法学家有何不同。……跟出色的老式语法或考证（textual criticism）相比，大量时下流行的 Quellenforschung（德文：来源研究）实处于较低水平。……今天的学生，往往把一切都当成文献考据，把文学、历史和宗教本身都变成“一串故事”。没完没了的收集资料，可是面对这些材料却无法从中提炼出恒久的人类价值。……我们的大学亦因而陷入了文献学的独裁统治之下，现行学位制度，对好学深思之士毫无促进作用，只鼓励在研究工作中展示出娴熟技术的人。……古代经典研究的德国化，不仅对经典本身是毁灭性的打击，就整个高等文化说，亦是一大灾难。（第五章·文学与博士学位）

依他看，德国化的学风“鼓励人放弃一切自发的思考，仅在某一小块知识领域当别人观点的纪录或仓库”，“情愿把自己的心灵降低到纯粹机械功能”（第六章·合理的古典研究）。其毛病，一在只重视材料，运用考证去达成知识之累积。二在专业分工，造成切割，且又服膺“事物法则”。

这些批评，至今看来，仍是非常准确的，今日学风仍有此弊。但我并不想借题发挥，仍回到它与吴宓、陈寅恪的关系上看。陈寅恪入哈佛就学前，就拟赴柏林大学就读，因故不果，乃转至哈佛。去哈佛后，仍又至柏林读书，可见他所倾心学习的，正是德国式的学风。就是在哈佛期间，彼似亦未闻白璧德之教，用力所在，端在梵文、印度学等。其入手径路，恰好就是白璧德所批评的，非文学与思想之路，而是文献学式的语文考证。

吴宓为白璧德学说之主要传述者，却对白璧德反对德国式科学研究方法这一点未予措意，而钦服于陈寅恪之博学，不是异常奇怪吗？

四、

接着这个问题往下谈，就涉及第三个值得注意的问题：知识分子内在的矛盾性。

像吴宓这样，既服膺白璧德之新人文主义，又佩服陈寅恪的文献考证之学，两者皆出于赤忱，浑不觉其为矛盾，其实并非一特例。在吴宓身上还可以发现同时存在许多这样的矛盾。

例如吴宓既讲新人文主义，自然是强调理性与感性应予中和的。他阐述白璧德高上意志与卑下意志之“内在制约”观念，援用了宋明理学家的术语：以理治欲，亦可见吴宓比白璧德更重视理性之作用。可是衡诸事实，吴宓本人的生活，却是情胜于理的。不唯其诗词足以体现这种人格特质；他苦恋毛彦文引起的风波，也证明了他长期处在情理交冲之中，徘徊往复，理不胜情。

如此行不践其言、理不胜其情，讲人文主义之学说，而表现为浪漫主义的态度，出现深刻的内在矛盾，恐怕正是吴宓这个人最富悲剧性的所在。就像他既讲人文主义又佩服文献考证之学那样。

但这真的只是吴宓个人的问题吗？看来又未必。清华国学院另一位导师王国维早就表现出这种情况了。

王国维早岁治诗词，又治哲学，天才超卓，俱臻上流。但在编《静安文集》时却慨乎言之，曰：“哲学上之说，大都可爱者不可信，可信者不可爱。余知真理，而余又爱其谬误。”治哲学，本是欲求真理，但王国维却深刻感觉到“治哲学的人”并不只是个理性的存在。在理性上，人固然能认同某种哲学，承认它是真理，可是人的感情未必就能喜欢它、接受它。也就是说：治哲学的人，本身是复杂乃至矛盾的，故信与爱未必可以合一。

更糟的，是哲学中某些说法又挑激着你的感性，你虽明知它非真理、明知它是谬误，却仍免不了要喜爱它。这种爱，是没办法的，就如吴宓喜欢上毛彦文般，“爱上了不该爱的人”，难道不知它不应该吗？当然知道。知道了还止不住去爱，正是因那可爱者藏有绝大之魅惑，而去爱的感性欲念，又非理性所能抑扼。这才是人生之悲剧，无可奈何。

通常人治哲学，即是欲解决此类困惑，使人神智清明，可朝真理之途迈进。但王国维却在研究哲学时更深刻地发现了这个矛盾。而这个矛盾又是不可解的。因此，他已想遁离哲学。在上文所举那段话后面，他接着就说：“诗歌乎？哲学乎？他日以何者终吾身？所不敢知，抑在二者之间乎？”在哲学中无法获得安顿的灵魂，想要到诗歌中去寻求庇护了。但是，内在的悲剧性，让他立刻也明白了：诗歌恐怕也与哲学相似，均无法使他得到安顿。徘徊于矛盾中的王国维，因此才想到也许可以站在两者之间。

“诗歌与哲学之间”的这个“之间”是什么意思呢？情理之间，可能是均衡得中，亦即兼有两端而得到白璧德所说的“正确的平衡”；亦可能是既不情也不理，不取两端而得中，如庄子所谓：处乎材与不材之间。王国维到底要选择哪一种？

在编《静安文集》时已陷于苦恼的王国维，当时可能还是想兼善得中的，但随后他的行为，却已让我们看到了：他实际上采取了双遣得中的方式。诗歌与哲学，两皆不治，转而从事一种“不哭，不笑，只是理解”的考史工作，治西北史地与上古史，游心于辽远绝世之处。

到清华国学院时期的王国维，就属于这一状况，才情顿敛，渊然穆然，繁华落尽。文学哲学皆已不讲，唯事文献考证而已。可是，这内在的矛盾或悲剧性，真能用此等遣荡弃去之法逃掉吗？

恐怕是不行的。在文献考古中不着声情、不见悲喜的王国维，示人的，或许只是表相；在他内心，那种彷徨矛盾之感，“他日以何者终吾身”的人生大问题，不会如此就消失了。他后来选择了投水自尽，举世震惊，各界解读不一。陈寅恪以文化担当之怀解之，谓其不忍于文化沦胥，故举以身殉云云，只是其中一说而已。纵令王国维投水之顷、触机之发，有此文化担当，也不能说他暮年就已完全解决或摆脱了那种情理交冲，以致矛盾无从的生命困境。那种内在的畸裂，正是他人生悲剧性的根源，与其自戕，不会毫无关系。

同样地，陈寅恪的学问虽显学究相，表现出白璧德所评析的一切德国文献学者科学研究方法的特征，可是他与其同时及后辈讲文献考证的学者有个绝大的不同，那就是他本质上乃是个诗人。

“文献的”与“文学的”，在白璧德的区分中截然泾渭。陈寅恪的研究，也表现着文献考证的性质。他从不教文学课，也不论文学，后来笺证韦庄诗，亦声明“若有以说诗专主考证，以致佳诗尽成死句见责者，所不敢辞罪也”（《韦庄秦妇吟校笺》）。亦即：虽论文学，所谈的也是考证文句与史事部分，并不论其文学性。可是，陈寅恪本人却是懂诗且能作诗的人。他在学术研究活动中，显然压抑着他自己的文学感性，操作着语文知识与科学化方法去进行考证；而在作诗时，才尽情表现感性的一面，两者是分开的。

这也同属于一种矛盾。饶于诗情者，偏要从事非文学性的文献考证，非矛盾而何？及至暮年，遭逢时变，“高楼冥想独徘徊，歌哭无端纸一堆”（《柳如是别传》上册，页5），论《再生缘》、论柳如是，借事抒情，才融诗情与史考为一。但在笃守史事考证矩矱的学界，对此却不无微词。

如汪荣祖《史家陈寅恪传》北大版《弁言》就说：“陈寅恪晚年所写的《论再生缘》与《柳如是别传》乃是时空剧变后的产物，颇多逾越学术规范的情绪与伤感掺杂其中。……当代史家何炳棣以及过世的著名学者严耕望与钱钟书诸先生都不能理解，何以陈氏晚年穷‘惊天动地’的心力写此两本并无甚高学术价值的书？”因此汪先生就认为陈先生毕生学术贡献主要仍在中古史部分。

如此评价，自是已习惯于“学术规范”的史学界人士一般之意见。而亦由此可见陈寅恪一类人之悲哀。因他必须理与情分，才能从事所谓的学术研究，一旦他不再安于此种畸裂的生涯，想要兼摄两端时，很可能就会遭到两端同时的反对，不再承认他是我辈中人，于是兼得者竟兼失之。陈先生倡导开启了民国后的史学考证学风，这个学风后来走得比陈先生还要窄、还要专、还要强调客观与科学方法的情理歧分，以致最终陈先生情与理合的作品竟不能获得考史者的认同，这不令人哭笑不得吗？

生命的矛盾，也可在胡适身上发现。胡适倡发文学改革，形成五四新文化运动，主张以科学方法整理国故等等。其主张，基本上是个西化派，所用的说词，如全盘西化、全心全意地现代化、充分世界化，都是主张改造中国的。其文化态度及社会形象，无疑是激进的。当时吴宓、梅光迪、胡先骕、柳诒徵等人之所以要创办《学衡》以相抗衡，就是为了反对胡适或胡所代表的学风。《学衡》被视为文化保守主义之代表刊物，亦因系相对于胡适的“激进”而说。

可是，清华大学办国学院，主要推动者却是胡适。吴宓《清华开办研究院之旨趣及经过》详述了胡适在清华由留美预备学校扩充改制为大学之际，热心奔走，向清华师生宣传“中国办大学，国学是最主要的”；而办研究院，须先办好国学一门。（见《清华周刊》三五一期）

其后吴宓于1925年担任研究院筹备委员会主任委员，制订章程，即决定设立国学门。国学门成立后，胡适又奔走推荐王国维来任导师。王本不愿就，后来经溥仪之劝才应聘。溥仪之“谕旨命就”，或许也与胡适有关。在北大倡言革命，以反传统著称的胡适，在清华却以办国学院为务。办《学衡》以与胡适所代表之学风相抗衡的吴宓，则在清华与胡适联袂创筹国学院，这不也是甚显怪异之事吗？

由此，亦可见胡适的文化观其实是矛盾的，看来激进，实则有文化保守主义的一面。一方面说全盘西化，打倒传统，一方面充满了古典主义的精神。不但借“科学方法整理国故”之名钻入故纸堆中；他对文学与思想的评述，也显示着他仍然非常注重标准与纪律，而其审美的标准或人性的典范，则均来自古典。他的古代研究，非常像白璧德所说的比较与历史之法：说明那些古代著作如何“表明了古代思想是通过何种方式过渡为中世纪思想与现代思想的”。他所倡导的五四运动，非常像白璧德所描述的浪漫主义狂飙，反传统、反权威、追求个体自由、申张自我；可是胡适自己却往往只视之为中国的文艺复兴。白话文及科学方法所造成的革命，他也将之溯源于古已有之的白话文学传统和宋明理学格物致知之传统。五四的“文艺复兴”，更是古已有之，接续着禅宗与宋代理学的两次文艺复兴而来，并非新创的东西。[①]

这是胡适在学术或文化观方面的情况。观乎此，便知他为国人开立“必读书目”这类举动，原非无故而然。他重视阅读经典，殊不下于人文主义者。至于他立身为人处世之近于白璧德所说的平衡与克制，那就更为明显了。他从来不是个感情的自然主义或浪漫派，因此不曾如吴宓般燃烧起情焰，炙伤了自己与家人。

他像白璧德所形容的新人文主义者，一切讲求适度。胡适的“适”，虽取名于适者生存之意；但纵观其一生，并不采优胜劣败的丛林自然法则，毋宁更近乎“适当”之意，故“他警惕过度自由，也防范过度的限制，他采取一种有限制的自由和有同情的选择”（白璧德《文学与美国的大学》第二章《两种类型的人道主义者》）。这样的人，与他申言易卜生主义、推崇明代公安派“独抒性灵，不拘格套”、倡导起浪漫主义运动的那一面，岂非矛盾并存乎？

---

① 详胡适英文专著 The Chinese Renaissance: The Haskell Lectures 1933, Chicago: The University of Chicago Press, 1934。

以上这些矛盾，性质非一，然均可见其生命的畸裂或杂糅。当时知识分子普遍具此内在矛盾的人格生命，实为值得探讨之问题。

五、

最后要谈的，是清华国学院涉及的大学体制问题。

清华初扩充为大学时，大学部仅十一系，另立研究院，研究院仅设国学一门。研究院与系并不相隶属，其体制则兼采中西之长，中是中国古代的书院制，西是英国牛津、剑桥的书院制。因此有所谓导师。学生开学入学时必须行拜师礼。这都不是美式的系所制度，强调的是导师对学生学问及人格整体的照顾及导引。教育之目的，是“培养以著述为毕生事业”之国学人才，学科内容则包括中国历史、哲学、文学语言、文字、音乐及东方语言。故其专业分工并不细致，仍保持传统“国学”一词所具有的统包性质，跟国学院结束后分化了的中文系、历史系相比，自显其异。

当时清华国学院之所以采此制度，我想必与筹备主任吴宓有关，也必与白璧德思想有关。因为白璧德恰好最关心大学教育，其新人文主义就意在力矫彼时美国教育之弊。清华为留美预备学校，所用又为美国的庚子获赔款，吴宓乃至陈寅恪、赵元任又都归自美国，依常理，创办研究院必会援用美国制度。乃竟不然者，厥因新人文主义对美国之大学教育已有一批判之反省，故吴宓才会改弦更张，想由中国与英国书院制度来构建一所具有人文精神的现代书院。

依白璧德之见，美国的大学中，人文精神已遭遇到功利主义自下而上的威胁，专业化由上而下的威胁，以及几乎无法阻挡的商业化和工业化之威胁。特别是数量化的时代，白璧德认为大学更应认识“质”的重要，培养有质量的人。

因此，在他的想法中，更关注的乃是专门性大学（college）而非综合大学。他《文学与美国大学》一书所指的大学，就是college。这个词一般都称为学院，但白璧德之所以用college称大学，而不用university，正表明他心目中实施人文教育之场所，乃是college而非综合大学。college在时代洪流中应当格外捍卫人文主义的传统与标准。他所期望于这些小学院的，乃是“在自由文化精神的激发与指导下，教授为数有限的几门标准课程”（上引书，第四章）。他说：

> 这些小学院若能认识到自身的优势，不陷入自然主义之谬误，而把人文意义上的发展和单是扩大规模相混淆；又不让自己被规模和数量所震慑，那么这些小学院就幸运了。尽管全世界都醉心于量化的生活，大学却必须牢记自己的任务，是让自己的毕业生成为高质量的人……力求在老旧的世袭贵族和新兴的金钱贵族之外，培养我们社会所需的性格与智力贵族，以资抗衡。

大学假如不培养金钱贵族，自然就不会以职业出路为教育目标。观乎此，便知清华国学院为什么会要办成个小型的书院，又为什么不以学生就业，或配合社会工商军事之需为教学宗旨，只希望培养一批能好好读书做学问的人。

清华国学院之书院体制，采摭英国牛津、剑桥，也与白璧德学说有关。白璧德反对专业化，也反对读书只为了某个特殊的功利目的。故若一名学生未广泛阅读，只一心专注于他的论文，以求写了毕业，获得学位，最令其鄙视。他所强调的“学术的闲暇”或“高雅的业余者”（elegant amateur），类似中国古代所谓“君子不器”或“游于艺”之类，多识前言往行以自畜其德，悠游澡浴于学问之海，并不自限于某一知识领域，也不把自己当成一名处理知识问题的职业技工（详见其书第九章）。而这种理想，他以为已不可见于德国的学术研究风气，亦不可见于美国之新型大学，只可求诸英国剑桥、牛津等校：

> 也许只有在英国，那种高雅的业余者之理想，才得以幸存且延续至今。（第四章）
>
> ……这种学术闲暇的传统和旧式的人文主义，在英国的大学中尚有一定的保留。但即使在牛津与剑桥，人文主义者和闲暇者也正受到专门的科学家和忙碌的人道主义者的排斥；在我们美国的大学教师中，这种情况就更多了。（第九章）

吴宓等人规划清华国学院时，不以美国大学为模型，而取法于牛津、剑桥，显然就与白璧德这类评价有关。只不过，白璧德理想中的大学教育，其实较注重的是大学部本科教育，清华国学院则因其体制原本就属研究机构，故德国式研究气味，又较白璧德所向往的广阅泛览以获文化熏陶之“学术之闲暇”有所不同耳。

白璧德的想法，当然有他的时代背景。人文主义者通常溯源于文艺复兴；但文艺复兴固然提倡了人文精神，其人文精神却主要是建立在理性上的。理性的弘扬，渐渐就促进了科学的发展，并使人越来越重视科学、相信科学，而形成了科学主义。要求人文学、社会学都得效法科学，或成为科学。教育上，也就出现了科学主义的大学观。代表人物，就是白璧德所大力抨击的培根。

培根认为社会之发展需要科学，科学人才之培养必须以科学教育为内容，大学则为承担此一工作内涵及使命之地。其所谓科学，又专以通过归纳法获得的知识为准。因此大学就成为教导学生使用科学方法去掌握知识，以贡献于社会之机构。19 世纪初，英国就开始为大学到底应维持古典人文教养教育，抑或发展科学教育而产生了论战，斯宾塞（Herbert Spencer）、赫胥黎（Thomas Henry Huxley）等都主张科学主义教育，以致一批重视科学技术教育、旨在培养各种实用科技人才的新型大学在各主要工商城市涌现，老牌的古典大学，如牛津、剑桥，也增设了自然科学系科，开始培养科学人才。此风于19世纪后期传入美国，与其功利主义思想结合，迅即蔚为洪流。自然科学与技术实用学科地位日高，人文教育备受冷落，白璧德之感叹，即为此而发。

不过，白璧德并非孤军奋战。在他之前，19世纪有托马斯·阿诺德（Thomas Arnold）、梅修·阿诺德（Mathew Arnold）、纽曼等人，主张大学教育旨在培养绅士。20世纪，白璧德稍后则有萨顿（George Sarton）、赫钦斯（Robert Maynard Hutchins）等人依然倡导推动人文教育，且影响深远。

萨顿乃科学史家，其说亦号称新人文主义，但目的在实现科学的人文化。认为科学固然重要，但我人应注重科学的人文意涵，让科学重新与人文联系在一起，从而建立一种建立在人性化科学上的新文化。他称此为新人文主义。

赫钦斯主持芝加哥大学，则主张发展理性、培养人性，是教育永恒不变的目标，大学就是针对此一目标，促使学生理性及道德能力充分发展健全而设的。为达此教育之永恒目标，赫钦斯建议设立一套永恒学科。谓此学科“细绎出我们人性的共同因素，因为它使人与人联系起来，使我们和人类曾经想过的最美好事物联系起来，并因为它对于任何进一步的研究，和对世界的任何理解都是重要的”。此学科由两大类科目构成：一是与古典语言和文学有关的学科，学习之途径就是阅读古典著作；另一类，可称为“智性课程”，主要包括文法、修辞、逻辑、数学等具有永恒性内容的学科。这些学科，不但配合永恒的教育目标，也与那些因时代需要而设的应世谐俗学科不同。那些学科常随时代需要而枯荣，当令时，至为热门；

过时了，就毫无价值。[①]

这些人的主张，均显示白璧德这类思想其实涉及了近代大学教育性质的大争论。

中国在晚清开始改制，建立学堂以来，其实走的就是日本德国之路，以富国强兵为务。五四运动引入“德先生”与“赛先生”，继而是科学玄学论战。一时之间，科学主义大盛。不但把自然科学知识看作文化中最有价值的东西、把科学方法视为唯一正确的方法，科学也是一切知识的标准与范例。这种科学主义（scientism）的倡行大将，正是胡适之。可是他推动清华国学院成立时，北大已先期设立研究所国学门，因此他推动清华再设国学院时，或许有不同的想法。但更重要的是吴宓直接主持筹备工作，故清华国学院之设置，竟可关联于那场在欧美激烈争论了百年来的上述大问题。清华国学院也因而在整个中国科学化大学运动中，自成一处异样的风景，独申其人文主义大学之风格。

据蓝文澄《清华大学国学研究所始末》载，当时清华的学生，感觉到的这个风格是：

> 各位先生传业态度的庄严恳挚，诸同学问道心志的诚敬殷切，穆然有鹅湖、鹿洞遗风。每当春秋佳日，随侍诸师，徜徉湖山，俯仰吟啸，无限春风舞雩之乐。院中都以学问道义相期。故师弟之间，恩若骨肉；同门之谊，亲如手足。

这样的描述，充分显示了当年清华国学院的人文精神或人文化气息。只不过，中国式的人文大学，重点更在人的精神兼容相即，

---

① 另参刘宝存《科学主义与人文主义大学理念的冲突与融合》，《学术界》2005 年第 1 期，总 110 期。

与白璧德、赫钦斯等美国式的思考，注重课程架构者不同。陈寅恪有首诗也谈到这个“人”的问题，他说:“天赋迂儒自圣狂，读书不肯为人忙。平生所学宁堪赠? 独此区区是药方。”（北大学院己巳级史学系毕业生赠言，一九二九）诗是写给北大学生的，料想此亦是他平日在清华勖勉其生徒之语。读书治学，乃为己之学，非功利之途。以此为教，亦显然具有人文精神。

但问题是：一、清华大学在后来的发展中，自己切断了人文主义大学的这条路。先是将国学院结束，师资并入中文系、历史系，一切均依现代分科专业化的方式做。那个仿效牛津、剑桥和中国古代“鹅湖、鹿洞”的体制和风格，遂戛然中止了。继而在50年代院系大调整时，又把人文及社会学科移出清华，清华遂成为一所工科学校，以自然科学著称，转而成了科学主义式的大学代表。国学院这一段历史，放在清华的变迁史上看，更强烈显现出这两种大学路向的盛衰与差异。

二是清华国学院虽然在体制上效法牛津、剑桥乃至中国古代书院，人员相处，也有古代师弟相从、优游论道之乐，然而其学问却是科学化的。非是论道，只是治学。其学风深受当时德国科学方法之影响，已如前述。如此畸裂，乃是极为可惜的。

为什么人文化的教育并不宜采用科学化的方法呢?

让我举个例子。古代中医的教育，多是父子师徒式的个别性传授，不同于现代大学的普传性质。而传授时，让徒弟看医书或方录，亦不提供现代医学教育那种系统性理论性的说解，只做一些要点的诠释或指点。徒弟大抵只靠背诵文献、观摩师父视疾用药，和本身具体的治疗实践，综合其经验，才能逐渐悟出个道理。在整个教学中，教者与学者，都不可能拥有客观中立的知识，只是在每一个个别经验中开发每个人不同的领悟程度而已。现代大学的中医教育就不同了。教与学的关系，不再由师徒间双方自己决定，而是通过行政程序，将学生分派到某一课程规划中。古代医方医案医经，那些在古代文本中密切结合的部分（哲学、诊断、治疗）也被析解开来，分别放入不同的名目之下，操作着一种“系统化”的意识，把知识装配到一个新的整体中去，并尽量让它逻辑化。治疗或医方，则尽量使它具有非个人化、可量化、可操作实验之性质。如此如此，终于把整个中医教学变成是一种独立于良师之外，自明的、知识导向日益增强的独立化过程。

这种知识传承方式，迥异于古代的教学。试问：孔子与其弟子，或在宋明书院如鹅湖、鹿洞之教学，是采前一方抑或后一法？当然，孔门教学或书院论道，也会有类似现代大学普传、系统、理论化、客观知识性的讲授，但它主要是前一种，大量语录便是证明。特别是对学生道德修养、文化品味、感性生活、群己关系方面之教育，亦即涉及学生人生观价值观审美能力之部分，尤其仰赖该方法。现代大学教育也明显地在这些地方难以着力，只能偏重在知识教育部分。而人文教育者所重视的，恰好也就在这些地方。就算仅就知识说，现代科学化、系统化的知识教育，也是有问题的。一如上面所举中医教学之例，总让人感觉不对味儿。

正因如此，虽然现代大学体制广泛采用了科学化的知识传授办法，但人文主义者仍在努力设法平衡或矫正之，也发展出了不少教法。

例如拉康（Jacques Lacon）的精神分析，就是在深有体会现代大学体制与精神分析具有不兼容之性质后，再试图发展出一种迥异于用一套理论知识去分析的教学法。1964年拉康创立的巴黎弗洛伊德学院，就一反过去分析学家分析病人的方式，另采病人自主讲述与分析之形式。故其所获得之知识，并不是一种中性的、普遍的、客观化的东西，他是由每个主体自己进行的个别行为。它不可重复，也不可普遍化。但在整个治疗过程中，病人及参与讨论对话的教师，都发生了实际的内在变化，获得了新的认知。因此有些人将他的教学法与禅宗的教学相比较。[①]

举拉康为例，并非以之为榜样，而是说在思考科学化大学教育与知识之关系时，有不少人士是走得比清华国学院诸君更远的。在大学中开创一种人文知识的教育方式，亦多已有人尝试，可惜当时清华国学院对此未遑注意！

① 相关问题，请参考杜瑞乐：《儒家经验与哲学话语：对当代新儒学诸疑难的反思》，《中国学术》2003年4月第2期，第1—37页，商务印书馆，总14辑。

图书在版编目（CIP）数据

国学入门 / 龚鹏程 著. —北京：东方出版社，2014.8
ISBN 978-7-5060-7680-7

Ⅰ. ①国…　Ⅱ. ①龚…　Ⅲ. ①国学—基本知识　Ⅳ. ① Z126

中国版本图书馆 CIP 数据核字（2014）第 188071 号

国学入门
（GUOXUE RUMEN）

作　　者： 龚鹏程
责任编辑： 简以宁　杨　灿
出　　版： 东方出版社
发　　行： 人民东方出版传媒有限公司
地　　址： 北京市东城区朝阳门内大街 166 号
邮政编码： 100706
印　　刷： 龙口市新华林文化发展有限公司
版　　次： 2015 年 5 月第 1 版
印　　次： 2019 年 5 月第 4 次印刷
开　　本： 660 毫米 × 960 毫米　1/16
印　　张： 21.5
字　　数： 245 千字
书　　号： ISBN 978-7-5060-7680-7
定　　价： 48.00 元